RELIGIONS ET IA

Plongez dans un monde où
la technologie rencontre
la spiritualité : découvrez
comment l'IA redéfinit les
pratiques religieuses

RELIGIONS ET IA

Plongez dans un monde où
la technologie rencontre
la spiritualité : découvrez
comment l'IA redéfinit les
pratiques religieuses

VIncent Lefebvre

A mon fils Auguste

TABLE DES MATIÈRES

PRÉFACE

Par Dr. Alexander Goodwin, professeur au Centre
pour l'Étude de l'Intelligence Artificielle
Chers lecteurs,

En tant que professeur au Centre pour l'Étude
de l'Intelligence Artificielle, j'ai eu l'immense
privilège d'explorer les intersections fascinantes
entre la technologie et la foi. C'est avec un
profond respect et une curiosité insatiable que
je vous présente ce livre, une œuvre qui
explore avec audace et perspicacité le rôle de
l'intelligence artificielle dans le domaine de la
spiritualité et de la religion.

Nous vivons à une époque où la technologie, et
en particulier l'intelligence artificielle, façonne
de manière indélébile tous les aspects de
notre existence. L'IA n'est plus une simple
curiosité scientifique; elle est devenue une
partie intégrante de notre quotidien, influençant
la manière dont nous travaillons, apprenons
et même pratiquons notre foi. Ce livre se
penche sur cette influence, explorant à la fois
les opportunités extraordinaires et les défis
éthiques que l'IA présente pour les traditions
spirituelles et religieuses.

À travers les pages de cet ouvrage, nous examinons comment l'IA peut enrichir la pratique religieuse, offrant des expériences personnalisées et approfondissant l'engagement spirituel. Nous abordons également les questions éthiques complexes soulevées par l'IA, notamment en matière de vie privée, d'équité et de moralité. Ces discussions sont cruciales pour s'assurer que l'IA est développée et utilisée d'une manière qui respecte et valorise la dignité humaine et les croyances spirituelles.

Ce livre est également un appel à une collaboration interdisciplinaire. Il souligne la nécessité d'un dialogue ouvert entre les développeurs d'IA, les leaders spirituels, les éthiciens et les fidèles. Une telle collaboration est essentielle pour naviguer dans le paysage complexe de l'IA dans un contexte spirituel, garantissant que son développement et son utilisation servent le bien-être de l'humanité tout en respectant la diversité des croyances et des pratiques.

Enfin, ce livre est une invitation à envisager un avenir où l'IA et la spiritualité coexistent harmonieusement. Un avenir où la technologie enrichit la vie spirituelle et religieuse, tout en préservant l'humanité et la profondeur de nos expériences spirituelles. C'est un avenir plein de potentiel, mais qui exige de nous une approche équilibrée, consciente et éthique.

Je vous invite à vous plonger dans ces pages

avec un esprit ouvert et curieux, prêt à explorer les nombreuses façons dont l'IA peut influencer et transformer notre compréhension de la spiritualité et de la religion. Que ce livre soit un guide, un compagnon de réflexion et une source d'inspiration pour vous sur ce voyage fascinant.

Avec mes meilleures pensées,
Dr. Alexander Goodwin

INTRODUCTION

"Ce que nous savons est une goutte, ce que nous ignorons est un océan."

Isaac Newton

Présentation de l'IA et des religions

Imaginez un monde où la technologie et la spiritualité se rencontrent, où l'intelligence artificielle n'est pas seulement un outil de progrès technologique, mais aussi un miroir reflétant nos croyances les plus profondes. L'IA, dans son essence, est une quête de l'humanité pour créer des machines qui non seulement pensent, mais qui peuvent aussi apprendre, s'adapter, et peut-être un jour, comprendre. Cette quête, à la fois audacieuse et complexe, nous amène à repenser notre relation avec la technologie, et plus largement, avec notre propre humanité.

D'un autre côté, les religions du monde, avec

leurs richesses et leurs diversités, offrent un panorama de croyances, de traditions et de pratiques qui ont façonné l'humanité depuis des millénaires. Chaque religion, avec ses textes sacrés, ses rituels, et ses enseignements, représente une manière unique de comprendre le monde, la vie, et l'existence elle-même. Ces systèmes de croyances, bien ancrés dans l'histoire et la culture, continuent d'influencer profondément la vie de milliards d'individus.

Lorsque l'IA rencontre ces traditions anciennes, des questions fascinantes émergent. Comment les différentes religions perçoivent-elles l'avènement de l'IA ? Quels sont les points de convergence et de divergence entre les principes éthiques de l'IA et les enseignements religieux ? Et surtout, comment cette interaction peut-elle façonner notre avenir commun ?

Ce livre est une exploration de ces questions. Il ne s'agit pas seulement de comprendre l'IA en tant que phénomène technologique, mais aussi de découvrir comment elle s'entrelace avec les croyances et les pratiques religieuses, offrant ainsi une perspective nouvelle et enrichissante sur deux des forces les plus puissantes qui façonnent notre monde.

Objectifs et portée du livre

Ce livre a pour ambition de t'emmener dans un voyage de découverte, où les mondes de l'intelligence artificielle et des religions se croisent et interagissent de manières inattendues. L'objectif est double : d'une part, explorer comment l'IA, en tant que frontière de l'innovation humaine, s'inscrit dans le contexte des croyances et pratiques religieuses, et d'autre part, examiner comment les religions, avec leurs profondes racines historiques et culturelles, répondent et s'adaptent à l'ère de l'IA.

La portée de ce livre est vaste et multidimensionnelle. Nous allons naviguer à travers des discussions sur l'éthique de l'IA, en les comparant et les contrastant avec les principes moraux issus de diverses traditions religieuses. Des études de cas concrets illustreront comment l'IA est déjà utilisée dans des contextes religieux, et quel impact cela a sur les communautés de croyants et sur la société en général.

En outre, ce livre se veut un espace de réflexion sur les implications futures de ces interactions. Comment l'évolution de l'IA influencera-t-elle les pratiques religieuses ? Les religions peuvent-elles façonner le développement de l'IA de manière éthique et responsable ? Ces questions et bien d'autres seront explorées, offrant une perspective riche et nuancée sur l'intersection de la technologie et de la spiritualité.

CHAPITRE 1: FONDEMENTS DE L'IA ET PERSPECTIVES RELIGIEUSES

"Dans la vie, rien n'est à craindre, tout est à comprendre."
Marie Curie

1.1 Histoire et développement de l'ia

1.1.1 Les Origines de l'IA : Des Rêves à la Réalité

Un retour sur les premières conceptualisations de l'intelligence artificielle dans l'histoire et la littérature.

L'histoire de l'intelligence artificielle commence bien avant l'avènement des ordinateurs modernes, dans les récits et les mythes de civilisations anciennes. Pensez aux légendes de créatures animées par une force mystérieuse, comme le Golem de la tradition juive, une figure façonnée dans l'argile et animée par des incantations et des symboles. Ou encore, aux automates de la mythologie grecque, tels que Talos, un géant de bronze qui protégeait l'île de Crète. Ces histoires, bien que mythologiques, reflètent une fascination ancienne pour l'idée de créer une forme de vie artificielle, une entité capable d'imiter les actions et peut-être même la pensée humaine.

Au fil des siècles, cette fascination s'est manifestée dans la littérature et la philosophie. Au 13ème siècle, le savant arabe Al-Jazari a conçu des automates mécaniques, préfigurant l'idée d'entités artificielles intelligentes. Plus tard, au 18ème siècle, les automates mécaniques, comme le célèbre joueur d'échecs de Kempelen, ont captivé le public, bien qu'ils fussent des illusions mécaniques plutôt que de véritables intelligences.

C'est dans la littérature du 19ème et du début du 20ème siècle que nous voyons une réflexion plus profonde sur les implications de l'intelligence artificielle. Des œuvres comme "Frankenstein" de Mary Shelley, qui raconte l'histoire d'une créature artificielle dotée de conscience, aux récits de science-fiction d'auteurs comme Isaac Asimov, qui a posé les bases de l'éthique de l'IA avec ses célèbres "Trois lois de la robotique", la littérature a non seulement anticipé l'émergence de l'IA, mais a aussi commencé à poser des questions sur son impact éthique et social.

Ces premières conceptualisations de l'IA dans l'histoire et la littérature ont posé les fondations d'une quête qui continue aujourd'hui : créer des machines non seulement capables de simuler l'intelligence humaine, mais aussi de la comprendre, de l'imiter, et peut-être un jour, de la surpasser. Ces récits, à la fois imaginatifs et prophétiques, ont ouvert la voie à l'ère moderne de l'intelligence artificielle, où les rêves de nos ancêtres commencent à devenir réalité.

L'émergence de l'IA comme domaine scientifique dans le milieu du 20ème siècle.

L'IA en tant que discipline scientifique formelle débute véritablement dans les années 1950. Cette période est marquée par plusieurs événements et réalisations clés qui ont jeté les bases de l'IA moderne. Un des moments les plus significatifs fut la publication en 1950 de l'article "Computing Machinery and Intelligence" par Alan Turing, mathématicien et cryptanalyste britannique. Dans cet article, Turing pose la question désormais célèbre : "Les machines peuvent-elles penser ?" et propose le test de

Turing, une méthode pour évaluer l'intelligence d'une machine en se basant sur sa capacité à imiter l'intelligence humaine.

En 1956, le terme "intelligence artificielle" est officiellement adopté lors de la conférence de Dartmouth, un événement organisé par John McCarthy, Marvin Minsky, Nathaniel Rochester et Claude Shannon. Cette conférence est souvent considérée comme l'acte de naissance de l'IA en tant que domaine de recherche indépendant. Les participants de cette conférence, qui comprenaient certains des esprits les plus brillants de l'époque, étaient animés par l'idée que les machines pourraient non seulement simuler, mais aussi exécuter des tâches requérant de l'intelligence humaine.

Dans les décennies qui ont suivi, l'IA a connu des périodes d'optimisme intense, appelées "l'été de l'IA", entrecoupées de périodes de réduction des financements et de scepticisme, connues sous le nom de "l'hiver de l'IA". Malgré ces fluctuations, le domaine a continué à progresser, avec des avancées notables dans des domaines tels que la résolution de problèmes, l'apprentissage automatique, la reconnaissance de la parole et de l'image, et plus récemment, l'apprentissage profond.

L'émergence de l'IA comme domaine scientifique au milieu du 20ème siècle a marqué un tournant dans notre compréhension et notre interaction avec la technologie. Elle a ouvert la voie à des avancées qui étaient autrefois de la pure science-fiction, transformant progressivement notre manière de vivre, de travailler et de percevoir le monde qui nous entoure. Cette période a non seulement posé les fondations techniques de l'IA, mais a également commencé à soulever des questions éthiques et philosophiques qui continuent de résonner aujourd'hui.

1.1.2 Les Pionniers de l'IA : Turing, McCarthy et Autres

Figures clés qui ont posé les fondations de l'IA moderne

Nous plongeons maintenant dans les histoires des figures emblématiques qui ont jeté les bases de l'intelligence artificielle moderne. Leurs contributions ont non seulement façonné le domaine de l'IA, mais ont également influencé de nombreuses autres disciplines.

1. **Alan Turing** : Souvent surnommé le père de l'informatique moderne, Alan Turing était un mathématicien et cryptanalyste britannique dont les travaux ont été cruciaux pour le développement de l'IA. Sa machine de Turing, un concept théorique, est à la base de l'ordinateur moderne. Son article de 1950, "Computing Machinery and Intelligence", a posé les fondements de la pensée sur l'intelligence artificielle, notamment avec le

célèbre test de Turing, qui propose une méthode pour évaluer l'intelligence d'une machine.

2. **John McCarthy** : McCarthy est célèbre pour avoir introduit le terme "intelligence artificielle" lors de la conférence de Dartmouth en 1956, un événement considéré comme le point de départ officiel de l'IA en tant que domaine de recherche. Il a également développé le langage de programmation LISP, qui est devenu un standard pour la programmation en IA en raison de sa capacité à traiter des données symboliques, contrairement aux données numériques.

3. **Marvin Minsky** : Co-fondateur du Massachusetts Institute of Technology's AI laboratory, Minsky a été une figure de proue dans le domaine de l'IA. Il a travaillé sur des théories concernant la façon dont les machines pourraient apprendre et raisonner. Minsky était également connu pour ses travaux sur les réseaux neuronaux, qui sont à la base de nombreuses applications d'IA contemporaines.

4. **Claude Shannon** : Considéré comme le père de la théorie de l'information, Shannon a joué un rôle clé dans le développement de l'IA. Son travail sur la théorie de l'information a fourni une base mathématique pour la communication numérique et le traitement de l'information, des éléments essentiels à l'IA.

5.   **Herbert A. Simon et Allen Newell** : Ces deux chercheurs sont célèbres pour avoir développé le "Logic Theorist", souvent considéré comme le premier programme d'intelligence artificielle. Leur travail a ouvert la voie à la compréhension de la résolution de problèmes complexes par les machines.

Ces pionniers de l'IA ont non seulement posé les bases techniques du domaine, mais ont également influencé la manière dont nous envisageons l'intelligence, qu'elle soit humaine ou artificielle. Leurs travaux continuent d'inspirer et de guider les chercheurs et les praticiens de l'IA aujourd'hui, témoignant de leur héritage durable dans le domaine.

Discussion sur les contributions majeures et les idées révolutionnaires..

Les contributions majeures et les idées révolutionnaires apportées par ces figures emblématiques ont non seulement façonné le domaine de l'intelligence artificielle, mais ont également révolutionné notre compréhension de l'intelligence et de la cognition.

1.   **Alan Turing et le Test de Turing** : La contribution la plus célèbre de Turing est sans doute le test de Turing, une expérience de pensée conçue pour évaluer la capacité d'une machine à imiter l'intelligence humaine. Ce test a profondément influencé la manière

dont nous mesurons l'intelligence artificielle et a posé des questions fondamentales sur la nature de la conscience et de l'intelligence, qui restent pertinentes aujourd'hui.

2. **John McCarthy et la Formalisation de l'IA** : McCarthy a non seulement introduit le terme "intelligence artificielle", mais a également contribué à formaliser le domaine, en définissant les objectifs et les méthodes de recherche en IA. Son travail sur le langage de programmation LISP a permis de développer des programmes capables de manipuler des symboles et de réaliser des raisonnements abstraits, une avancée majeure pour l'époque.

3. **Marvin Minsky et la Théorie des Réseaux Neuronaux** : Minsky a exploré l'idée que le cerveau pourrait être simulé à l'aide de réseaux de neurones artificiels. Bien que sceptique quant à l'efficacité des premiers modèles de réseaux neuronaux, ses travaux ont ouvert la voie à des recherches ultérieures qui ont finalement conduit aux avancées actuelles en matière d'apprentissage profond.

4. **Claude Shannon et la Théorie de l'Information** : Shannon a révolutionné la compréhension de la communication et du traitement de l'information avec sa théorie de l'information. Ses travaux ont fourni les bases mathématiques essentielles pour le codage et la transmission des données, des éléments fondamentaux pour le développement de l'IA.

5. Herbert A. Simon, Allen Newell et la Résolution de Problèmes : Leur développement du "Logic Theorist" a montré pour la première fois que les machines pouvaient non seulement calculer, mais aussi "penser" en résolvant des problèmes logiques complexes. Leur approche a ouvert la voie à la compréhension de la cognition artificielle et à la modélisation de processus de pensée humains.

Ces contributions, à la fois profondes et variées, ont jeté les bases de ce que nous connaissons aujourd'hui comme l'intelligence artificielle. Elles ont non seulement permis des avancées technologiques, mais ont également posé des questions philosophiques et éthiques sur la nature de l'intelligence, qu'elle soit biologique ou artificielle, interrogeant ainsi notre propre compréhension de l'esprit humain et de sa relation avec la technologie.

1.1.3 L'Évolution des Technologies d'IA

De la logique symbolique aux réseaux neuronaux : comment les approches en IA ont évolué

Dans cette partie nous explorons le parcours fascinant de l'intelligence artificielle, depuis ses premières incarnations basées sur la logique symbolique jusqu'aux réseaux neuronaux sophistiqués d'aujourd'hui. Cette évolution reflète non seulement des avancées technologiques, mais aussi un changement dans notre compréhension de ce que signifie "penser".

1. **La Logique Symbolique** : Aux débuts de l'IA, dans les années 1950 et 1960, l'approche dominante était celle de la logique symbolique. Cette méthode consistait à utiliser des symboles pour représenter des problèmes et à appliquer des règles logiques pour résoudre ces problèmes. Les programmes comme le "Logic Theorist" de Newell et Simon et le "General Problem Solver" étaient des exemples typiques de cette approche. Ils étaient conçus pour imiter le raisonnement humain en manipulant des symboles et en appliquant des règles de logique formelle.

2. **Les Limites de la Logique Symbolique** : Bien que cette approche ait connu des succès initiaux, elle s'est heurtée à des limites importantes. La logique symbolique nécessitait une programmation manuelle de chaque règle et ne pouvait pas facilement gérer des informations ambiguës ou incomplètes. De plus, elle ne pouvait pas apprendre de nouvelles informations de manière autonome, ce qui limitait son application à des domaines très spécifiques.

3. **L'Émergence des Réseaux Neuronaux** : En réponse aux limitations de la logique

symbolique, les chercheurs ont commencé à explorer les réseaux neuronaux dans les années 1980. Inspirés par le fonctionnement du cerveau humain, les réseaux neuronaux sont composés de couches de "neurones" artificiels qui traitent les informations de manière parallèle. Cette approche permet aux systèmes d'IA d'apprendre à partir de grandes quantités de données, en ajustant les connexions entre les neurones en fonction des patterns observés.

4. **L'Ère de l'Apprentissage Profond** : Avec l'avènement de l'apprentissage profond dans les années 2010, les réseaux neuronaux ont atteint un nouveau niveau de sophistication. L'apprentissage profond utilise des réseaux neuronaux avec de nombreuses couches cachées, ce qui permet de traiter des données complexes et de réaliser des tâches telles que la reconnaissance d'images et la traduction automatique avec une précision sans précédent. Cette approche a conduit à des avancées majeures dans des domaines variés, de la médecine à la conduite autonome.

Cette évolution, de la logique symbolique aux réseaux neuronaux et à l'apprentissage profond, montre comment l'IA est passée d'une tentative de modéliser le raisonnement humain à une capacité d'apprentissage et d'adaptation autonomes. Chaque étape de cette évolution a apporté de nouvelles perspectives et de nouveaux défis, reflétant notre quête continue pour comprendre et reproduire l'intelligence sous toutes ses formes.

Les grandes étapes technologiques : des premiers ordinateurs aux systèmes d'apprentissage profond

Nous examinons maintenant les grandes étapes technologiques qui ont jalonné le chemin de l'intelligence artificielle, depuis les premiers ordinateurs jusqu'aux systèmes d'apprentissage profond actuels. Cette progression illustre non seulement l'avancée technologique, mais aussi une transformation profonde dans notre approche de la création et de l'utilisation de l'intelligence artificielle.

1. **Les Premiers Ordinateurs (Années 1940-1950)** : L'ère de l'IA a débuté avec l'avènement des premiers ordinateurs, comme l'ENIAC (Electronic Numerical Integrator and Computer). Ces machines, bien que rudimentaires selon les standards actuels, ont posé les bases du calcul numérique et ont ouvert la voie à la conception de systèmes plus complexes.

2. **L'Ère de la Logique Symbolique (Années 1950-1970)** : Avec des ordinateurs plus avancés, les chercheurs ont commencé à explorer l'IA à travers la logique symbolique, comme le montrent des projets tels que le

"Logic Theorist" de Newell et Simon. Cette période a été marquée par un optimisme quant à la capacité de l'IA à imiter le raisonnement humain.

3. **L'Introduction des Réseaux Neuronaux (Années 1980)** : Les premiers réseaux neuronaux, inspirés par la structure du cerveau humain, ont été développés. Bien que limités, ces systèmes ont introduit l'idée que l'IA pourrait apprendre et s'adapter de manière autonome.

4. **L'Ère de l'Internet et de la Collecte de Données (Années 1990-2000)** : Avec l'explosion de l'internet, une quantité massive de données est devenue disponible, fournissant le carburant nécessaire pour entraîner des systèmes d'IA plus sophistiqués. Durant cette période, l'accent a été mis sur le traitement du langage naturel et la reconnaissance des motifs.

5. **L'Avènement de l'Apprentissage Profond (Années 2010 à aujourd'hui)** : L'introduction de l'apprentissage profond a marqué une révolution dans le domaine de l'IA. Grâce à des algorithmes avancés et à la puissance de calcul accrue, les systèmes d'IA sont devenus capables de réaliser des tâches complexes telles que la reconnaissance d'images, la traduction automatique, et même la création artistique. Cette période a vu l'émergence de systèmes comme AlphaGo de DeepMind et GPT-3

d'OpenAI.

Chaque étape de cette évolution technologique a apporté de nouvelles possibilités et de nouveaux défis, poussant constamment les limites de ce que l'IA peut accomplir. De simples machines exécutant des tâches programmées, nous sommes passés à des systèmes capables d'apprendre, de s'adapter, et même de créer, ouvrant ainsi de nouvelles perspectives fascinantes pour l'avenir de l'intelligence artificielle.

1.1.4 L'IA dans la Société : Acceptation et Craintes

Comment l'IA a été perçue et intégrée dans la société au fil du temps

L'intelligence artificielle a été perçue et intégrée dans la société au fil du temps. Cette analyse nous permet de comprendre non seulement l'évolution technologique de l'IA, mais aussi son impact culturel, social et éthique.

1. **Les Débuts de l'IA et l'Optimisme Technologique (Années 1950-1960)** : Aux premiers jours de l'IA, l'enthousiasme était palpable. Les avancées technologiques étaient souvent accueillies avec un mélange d'émerveillement et d'optimisme. Les gens imaginaient un futur où les machines prendraient en charge les tâches laborieuses,

libérant l'humanité pour des activités plus créatives et enrichissantes.

2. **La Science-Fiction et la Perception Publique (Années 1970-1980)** : La science-fiction a joué un rôle crucial dans la formation de l'opinion publique sur l'IA. Des films et des livres dépeignant des futurs dystopiques où les machines surpassent ou se rebellent contre leurs créateurs ont alimenté une certaine méfiance et crainte vis-à-vis de l'IA.

3. **Les Hivers de l'IA et le Scepticisme (Années 1980-1990)** : Les "hivers de l'IA" sont des périodes où les promesses de l'IA n'ont pas été tenues, conduisant à une réduction des financements et un scepticisme général. Ces périodes ont été marquées par une prise de conscience des limites de l'IA et une compréhension plus nuancée de ses capacités.

4. **L'IA dans l'Ère Numérique (Années 2000 à aujourd'hui)** : Avec l'avènement de l'internet et l'explosion des données disponibles, l'IA a connu un renouveau. Les progrès en matière d'apprentissage automatique et d'apprentissage profond ont conduit à une intégration plus large de l'IA dans la vie quotidienne, des smartphones aux assistants personnels virtuels. Cette intégration a suscité à la fois admiration pour les capacités de l'IA et inquiétudes quant à la vie privée, la sécurité de l'emploi et l'éthique.

5. **L'IA et les Questions Éthiques et**

Sociétales Actuelles : Aujourd'hui, l'IA soulève des questions éthiques et sociétales importantes. Les débats se concentrent sur des sujets tels que la biais algorithmique, l'impact sur le marché du travail, la surveillance, et la responsabilité en cas d'erreurs ou de dommages causés par des systèmes d'IA. Ces discussions reflètent une prise de conscience croissante de l'impact profond de l'IA sur la société et la nécessité d'une régulation et d'une réflexion éthique.

En résumé, la perception et l'intégration de l'IA dans la société ont évolué de l'optimisme initial à une compréhension plus complexe et nuancée, marquée par des avancées technologiques impressionnantes, mais aussi par des préoccupations éthiques et sociales significatives. Cette évolution reflète notre relation en constante évolution avec la technologie et notre quête pour équilibrer les bénéfices de l'innovation avec ses implications morales et sociétales.

Les débats éthiques et les craintes suscitées par l'IA, de la science-fiction à la réalité

Abordons maintenant spécifiquement les débats éthiques et les craintes suscitées par l'intelligence artificielle, en traçant un chemin de la science-fiction à la réalité.

1. **Influence de la Science-Fiction** : La

science-fiction a longtemps façonné les perceptions publiques de l'IA, souvent en présentant des scénarios où les machines deviennent trop intelligentes ou se rebellent contre leurs créateurs. Des œuvres comme "2001, l'Odyssée de l'espace" ou "Terminator" ont introduit l'idée d'une IA potentiellement dangereuse, alimentant des craintes qui se reflètent dans les débats actuels.

2. **Craintes de la Suprématie de l'IA** : Un sujet récurrent dans les discussions éthiques est la crainte que l'IA ne devienne trop puissante ou autonome, échappant au contrôle humain. Cette inquiétude est alimentée par des progrès rapides dans des domaines comme l'apprentissage profond, suscitant des questions sur les limites à imposer à l'IA pour garantir la sécurité et l'éthique.

3. **Biais et Discrimination Algorithmiques** : Un autre débat majeur concerne le biais algorithmique. Il y a une prise de conscience croissante que les systèmes d'IA peuvent perpétuer ou même amplifier les biais humains s'ils ne sont pas correctement conçus et surveillés. Cela soulève des questions sur la manière dont les données sont collectées et utilisées, et sur la nécessité de garantir que l'IA soit équitable et non discriminatoire.

4. **Impact sur l'Emploi et l'Économie** : La crainte que l'IA remplace les emplois humains est une préoccupation majeure. Alors que

l'IA peut augmenter l'efficacité et ouvrir de nouvelles possibilités, elle pose également des défis en termes de redéfinition des rôles professionnels et de la nécessité de requalifier les travailleurs.

5.   **Questions de Responsabilité et de Sécurité** : Qui est responsable lorsque l'IA commet des erreurs ou cause des dommages ? Cette question de responsabilité est cruciale, surtout dans des domaines comme la conduite autonome ou les soins de santé. Il en va de même pour les questions de sécurité, notamment en ce qui concerne la protection contre les utilisations malveillantes de l'IA.

6.   **Équilibre entre Innovation et Régulation** : Un défi clé est de trouver le juste équilibre entre encourager l'innovation dans le domaine de l'IA et mettre en place des réglementations pour prévenir les abus et garantir la sécurité. Cela nécessite une collaboration entre les développeurs d'IA, les législateurs, les éthiciens et le public.

En résumé, les débats éthiques et les craintes suscitées par l'IA reflètent une tension entre les incroyables possibilités offertes par cette technologie et les risques potentiels qu'elle pose. Ces discussions sont essentielles pour guider le développement de l'IA de manière responsable et éthique, en veillant à ce que les bénéfices de l'IA soient partagés de manière équitable tout en minimisant ses risques.

1.1.5 L'IA Aujourd'hui : Applications et Impact

Un aperçu des applications actuelles de l'IA dans divers domaines.

Dans cette partie nous explorons l'étendue et la diversité des applications actuelles de l'intelligence artificielle, soulignant comment elle s'est infiltrée dans de nombreux aspects de notre vie quotidienne et professionnelle.

1. **Santé et Médecine** : L'IA a révolutionné le domaine de la santé, offrant des avancées significatives dans le diagnostic, le traitement et la recherche médicale. Des systèmes d'IA analysent des images médicales avec une précision parfois supérieure à celle des humains, aidant à détecter des maladies comme le cancer à un stade précoce. De plus, l'IA assiste dans la recherche de nouveaux médicaments, réduisant le temps et le coût de développement.

2. **Finance et Économie** : Dans le secteur financier, l'IA est utilisée pour la gestion de portefeuille, la détection de fraudes, et l'analyse prédictive des marchés. Les algorithmes d'IA peuvent identifier des tendances et des modèles dans d'énormes ensembles de données beaucoup plus rapidement et avec plus de précision que les

méthodes traditionnelles.

3. **Technologie et Communication** : L'IA est omniprésente dans les technologies que nous utilisons quotidiennement. Des assistants virtuels comme Siri ou Alexa aux recommandations personnalisées sur les plateformes de streaming et les réseaux sociaux, l'IA travaille en arrière-plan pour personnaliser et améliorer notre expérience numérique.

4. **Transport et Logistique** : L'IA joue un rôle clé dans le développement des véhicules autonomes et dans l'optimisation des systèmes de logistique. Elle permet non seulement d'améliorer l'efficacité et la sécurité des transports, mais aussi de réduire les coûts et l'impact environnemental.

5. **Éducation et Formation** : L'IA transforme l'éducation en offrant des expériences d'apprentissage personnalisées. Des systèmes d'IA peuvent adapter le contenu et le rythme d'apprentissage aux besoins individuels des étudiants, rendant l'éducation plus accessible et efficace.

6. **Sécurité et Surveillance** : L'utilisation de l'IA dans la surveillance et la sécurité est à double tranchant. D'une part, elle améliore la capacité à détecter et prévenir les menaces, mais d'autre part, elle soulève des inquiétudes concernant la vie privée et la surveillance de masse.

7. **Art et Créativité** : L'IA s'est également frayé un chemin dans le monde de l'art et de la créativité. Des algorithmes génèrent de la musique, de l'art visuel, et même des écrits, repoussant les frontières de la créativité et remettant en question notre conception de l'art.

En résumé, l'IA d'aujourd'hui est un outil polyvalent qui a un impact profond et varié sur de nombreux domaines. Sa capacité à traiter rapidement de grandes quantités de données et à apprendre de l'expérience la rend indispensable dans notre monde de plus en plus axé sur les données. Toutefois, cette omniprésence soulève également des questions importantes sur l'éthique, la sécurité et l'impact sociétal de l'IA.

L'impact de l'IA sur l'économie, le travail, et la vie quotidienne

Examinons maintenant plus en détail l'impact de l'intelligence artificielle sur l'économie, le travail et la vie quotidienne, mettant en lumière les transformations profondes qu'elle engendre dans ces domaines.

1. **Impact sur l'Économie** : L'IA est un moteur de croissance économique majeur. Elle optimise les processus de production, réduit les coûts et stimule l'innovation. En analysant de vastes ensembles de données,

l'IA aide les entreprises à prendre des décisions plus éclairées et à anticiper les tendances du marché. Cependant, elle pose aussi des défis, notamment en termes de disruption des industries traditionnelles et de nécessité d'adaptation aux nouvelles réalités économiques.

2. **Transformation du Marché du Travail** : L'IA redéfinit le paysage du travail. D'une part, elle automatise des tâches répétitives et laborieuses, libérant les travailleurs pour des tâches plus créatives et stratégiques. D'autre part, cette automatisation soulève des inquiétudes quant à la sécurité de l'emploi dans certains secteurs. La transition vers une économie davantage axée sur l'IA nécessite une requalification significative de la main-d'œuvre et une réflexion sur les modèles de travail futurs.

3. **Changements dans la Vie Quotidienne** : L'IA a un impact considérable sur notre vie quotidienne. Des assistants personnels intelligents aux systèmes de recommandation sur les plateformes de streaming, l'IA facilite et enrichit notre expérience quotidienne. Elle aide également dans des domaines plus personnels, comme la santé, en offrant des conseils personnalisés pour le bien-être et la gestion des maladies chroniques.

4. **Questions d'Équité et d'Accessibilité** : Alors que l'IA apporte de nombreux avantages, elle soulève également des questions d'équité et d'accessibilité. L'accès aux technologies d'IA et les bénéfices qu'elles apportent ne sont pas uniformément répartis, ce qui peut accentuer les inégalités existantes. Il est crucial de veiller à ce que les avantages de l'IA soient accessibles à tous, indépendamment du contexte socio-économique.

5. **Impact sur les Compétences et l'Éducation** : L'IA change la nature des compétences requises sur le marché du travail. Des compétences en analyse de données, en programmation et en compréhension des systèmes d'IA deviennent de plus en plus précieuses. Cela nécessite une évolution des systèmes éducatifs pour préparer les générations futures à un monde où l'IA joue un rôle central.

6. **Défis Éthiques et Sociaux** : L'intégration croissante de l'IA dans nos vies soulève des défis éthiques et sociaux importants. Des questions sur la vie privée, la surveillance, le biais algorithmique et l'impact sur la cohésion sociale sont au cœur des débats actuels. Il est essentiel de développer des cadres éthiques et des réglementations

pour guider l'utilisation responsable de l'IA.

En conclusion, l'impact de l'IA sur l'économie, le travail et la vie quotidienne est à la fois vaste et complexe. Elle offre des opportunités extraordinaires pour l'innovation et l'amélioration de la qualité de vie, mais pose également des défis significatifs qui nécessitent une attention et une gestion prudentes pour garantir que ses bénéfices soient équitablement partagés et que ses risques soient minimisés.

1.1.6 Vers l'Avenir : Potentiel et Défis de l'IA

Les tendances émergentes et le potentiel futur de l'IA.

Les tendances émergentes et le potentiel futur de l'intelligence artificielle mettent en lumière les perspectives prometteuses ainsi que les défis à relever.

1. **Intelligence Artificielle Généralisée** : Une des tendances les plus fascinantes est le développement vers une intelligence artificielle généralisée (AGI), qui se rapprocherait de l'intelligence humaine en termes de capacité à apprendre, comprendre et appliquer des connaissances dans divers contextes. Bien que cet objectif soit encore lointain, les progrès dans ce domaine

pourraient transformer radicalement notre interaction avec la technologie.

2. **Intégration Multisectorielle** : L'IA continuera de s'intégrer dans divers secteurs, allant au-delà de la technologie et de l'économie pour toucher des domaines comme l'éducation, l'art, et même la gouvernance. Cette intégration multisectorielle promet d'apporter des solutions innovantes à des problèmes complexes, mais soulève également des questions sur la régulation et l'éthique dans ces nouveaux domaines.

3. **IA et Environnement** : Une tendance émergente est l'utilisation de l'IA pour lutter contre les changements climatiques et promouvoir la durabilité. Des algorithmes d'IA sont utilisés pour optimiser l'utilisation des ressources, améliorer l'efficacité énergétique et aider dans la recherche de solutions durables.

4. **Amélioration des Capacités Humaines** : L'IA a le potentiel de non seulement automatiser des tâches, mais aussi d'améliorer les capacités humaines. Des interfaces cerveau-machine aux prothèses intelligentes, l'IA pourrait transformer la manière dont nous interagissons avec le monde et surmonter les limitations physiques ou cognitives.

5. **Défis Éthiques et de Sécurité** : Avec l'expansion de l'IA, les défis éthiques et de sécurité deviennent plus complexes. La gestion des données, la protection de la

vie privée, la prévention des biais et la garantie d'une IA équitable et transparente sont des enjeux cruciaux. De plus, la sécurité des systèmes d'IA contre les cyberattaques et les utilisations malveillantes est une préoccupation grandissante.

6. **Collaboration Homme-Machine** : L'avenir verra probablement une collaboration accrue entre les humains et les systèmes d'IA. Cette synergie pourrait conduire à des avancées dans la créativité, la résolution de problèmes et l'innovation, mais nécessite une compréhension approfondie de la manière dont les humains et les machines peuvent travailler ensemble de manière efficace et éthique.

7. **Régulation et Gouvernance de l'IA** : À mesure que l'IA se développe, la nécessité d'une régulation et d'une gouvernance efficaces devient évidente. Cela implique de trouver un équilibre entre la promotion de l'innovation et la protection des individus et de la société contre les risques potentiels.

En résumé, le potentiel futur de l'IA est immense et multidimensionnel, offrant des opportunités pour des avancées significatives dans presque tous les aspects de la vie humaine. Cependant, réaliser ce potentiel tout en naviguant dans les défis éthiques, de sécurité et de régulation nécessitera une réflexion approfondie, une collaboration interdisciplinaire et un engagement envers des principes éthiques solides.

Les défis à venir, notamment en termes d'éthique, de gouvernance et de coexistence avec l'humain

Attardons nous maintenant sur les enjeux éthiques, de gouvernance et de coexistence avec l'humain, qui sont essentiels pour orienter le développement futur de l'intelligence artificielle.

1. **Défis Éthiques** : L'un des défis majeurs est de s'assurer que l'IA est développée et utilisée de manière éthique. Cela inclut la gestion des biais algorithmiques pour éviter la discrimination, la protection de la vie privée et la sécurité des données, et la garantie que l'IA ne porte pas atteinte aux droits humains. Il est crucial de développer des systèmes d'IA qui soient transparents, responsables et alignés sur les valeurs humaines.

2. **Gouvernance de l'IA** : La régulation de l'IA est un défi complexe. Il s'agit de trouver un équilibre entre encourager l'innovation et protéger la société contre les abus potentiels. Cela nécessite une collaboration internationale pour établir des normes et des réglementations qui guident le développement de l'IA tout en respectant les diversités culturelles et

éthiques.

3. **Coexistence Homme-IA** : Un autre défi est de garantir une coexistence harmonieuse entre les humains et les systèmes d'IA. Cela implique de repenser la manière dont nous interagissons avec l'IA, de garantir que l'automatisation ne mène pas à une disparité sociale accrue, et de veiller à ce que l'IA complète et enrichisse les capacités humaines plutôt que de les remplacer.

4. **Impact sur l'Emploi et la Formation** : L'IA transforme le marché du travail, créant de nouvelles opportunités tout en rendant certains emplois obsolètes. Un défi majeur est de s'assurer que la main-d'œuvre est préparée pour cette transition, ce qui implique une réforme de l'éducation et des programmes de formation continue pour développer les compétences nécessaires dans une économie axée sur l'IA.

5. **Questions de Responsabilité** : Avec des systèmes d'IA de plus en plus autonomes, déterminer la responsabilité en cas d'erreurs ou de dommages devient complexe. Il est essentiel d'établir des cadres juridiques clairs pour traiter les questions de responsabilité et de culpabilité dans les scénarios impliquant l'IA.

6. **Défis de Sécurité** : La sécurité des

systèmes d'IA est une préoccupation majeure, notamment en ce qui concerne les risques de détournement, de cyberattaques ou d'utilisations malveillantes. Assurer la robustesse et la résilience des systèmes d'IA contre de telles menaces est un défi crucial.

7. **Impact Sociétal et Culturel** : L'IA a le potentiel de remodeler profondément nos sociétés et cultures. Il est important de s'assurer que ces changements se font de manière inclusive et équitable, en tenant compte des impacts sur la cohésion sociale, les traditions culturelles et les structures sociales existantes.

En conclusion, les défis à venir en termes d'éthique, de gouvernance et de coexistence avec l'humain sont vastes et nécessitent une approche multidisciplinaire. Il est impératif de travailler ensemble - gouvernements, entreprises, communautés scientifiques et citoyens - pour naviguer dans ces défis et façonner un avenir où l'IA est utilisée de manière responsable et bénéfique pour l'humanité.

1.2 Principes de Base des Grandes Religions Mondiales

1.2.1 Le Christianisme : Croyances et Valeurs Fondamentales

Le christianisme, l'une des religions les plus répandues au monde, repose sur des principes et des valeurs qui ont profondément influencé la culture et la société occidentales. Au cœur de cette foi se trouve la croyance en Jésus-Christ, considéré comme le fils de Dieu et le sauveur de l'humanité. Cette conviction s'accompagne d'une série de doctrines et de pratiques qui façonnent la vie et les croyances des chrétiens.

Croyances Fondamentales

- **La Trinité**: Le christianisme enseigne l'existence d'un seul Dieu en trois personnes distinctes mais unifiées : le Père, le Fils (Jésus-Christ) et le Saint-Esprit. Cette notion de Trinité est centrale et unique dans la théologie chrétienne.

- **L'Incarnation et la Rédemption**: Jésus-Christ est au centre de la foi chrétienne. Sa naissance, sa vie, sa mort sur la croix et sa résurrection sont perçues comme le moyen par lequel Dieu a offert la rédemption et le salut à l'humanité.

- **La Bible**: Les Écritures, composées de l'Ancien et du Nouveau Testament, sont considérées comme la parole de Dieu et la source principale de la doctrine chrétienne. Elles guident la vie spirituelle et morale des croyants.

Valeurs Fondamentales

- **L'Amour et la Compassion**:

Le christianisme met l'accent sur l'amour inconditionnel, à la fois de Dieu pour les humains et des humains entre eux. L'enseignement de Jésus sur l'amour du prochain est un pilier de l'éthique chrétienne.

- **Le Pardon**: Le pardon des péchés, offert par Dieu à travers le sacrifice de Jésus, est un élément clé. Les chrétiens sont également encouragés à pardonner les autres, reflétant ainsi la miséricorde divine.

- **La Justice et la Paix**: Beaucoup de chrétiens s'engagent dans des œuvres sociales et humanitaires, inspirés par les enseignements de Jésus sur la justice, la paix et la prise en charge des plus démunis.

- **La Communauté et le Partage**: La vie en communauté est importante dans le christianisme. Les églises offrent un espace de partage, de soutien mutuel et de célébration des sacrements.

Ces principes et valeurs fondamentales du christianisme ont un impact significatif sur la manière dont les croyants perçoivent et interagissent avec le monde, y compris dans leur approche de l'intelligence artificielle et des technologies modernes. En explorant ces interactions, on peut mieux comprendre comment la foi chrétienne façonne les réponses aux questions éthiques et morales soulevées par l'IA.

1.2.2 L'Islam : Principes et Enseignements Clés

L'Islam, une des grandes religions monothéistes du monde, est fondé sur des principes et des enseignements qui guident la vie de ses adeptes, les musulmans. Cette foi, riche et complexe, repose sur des croyances et des pratiques qui ont un impact profond sur la vie quotidienne et la vision du monde de ses fidèles.

Principes Fondamentaux

- **L'Unicité de Dieu (Tawhid)**: L'Islam enseigne l'existence d'un seul Dieu (Allah), unique et sans égal. La croyance en l'unicité de Dieu est le fondement de la foi musulmane et influence toutes les autres croyances et pratiques.

- **Le Prophète Muhammad**: Muhammad est considéré comme le dernier prophète envoyé par Dieu pour guider l'humanité. Sa vie et ses enseignements, consignés dans la Sunna, sont une source majeure de guidance pour les musulmans.

- **Le Coran**: Le Coran, le livre sacré de l'Islam, est considéré comme la parole littérale de Dieu révélée à Muhammad. Il est la principale source de la loi islamique et de la théologie.

Enseignements Clés

- **Les Cinq Piliers de l'Islam**: Ces piliers sont les actes fondamentaux de la pratique islamique, comprenant la profession de foi (shahada), la prière (salat), l'aumône (zakat), le jeûne pendant le mois de Ramadan (sawm) et le pèlerinage à La Mecque (hajj).

- **La Loi Islamique (Sharia)**: La Sharia, dérivée du Coran et de la Sunna, guide la vie quotidienne des musulmans, offrant des directives sur des aspects variés allant du culte à la vie familiale et sociale.
- **La Communauté (Ummah)**: L'importance de la communauté est centrale en Islam. Les musulmans sont encouragés à soutenir et à aider les membres de leur communauté, ainsi qu'à promouvoir la paix et la justice.

Valeurs Éthiques et Morales

- **La Justice et l'Équité**: L'Islam met un fort accent sur la justice et l'équité, tant dans les relations personnelles que dans les structures sociales et politiques.
- **La Compassion et la Miséricorde**: La compassion et la miséricorde, qualités attribuées à Dieu, sont également valorisées comme des vertus humaines essentielles.
- **La Responsabilité et la Stewardship**: Les musulmans croient qu'ils sont les intendants de la création de Dieu et doivent agir de manière responsable, ce qui inclut le respect de l'environnement et des autres créatures.

Ces principes et enseignements de l'Islam influencent la manière dont les musulmans interagissent avec les technologies modernes, y compris l'intelligence artificielle. Les questions éthiques soulevées par l'IA sont souvent examinées à travers le prisme de ces valeurs, ce qui conduit à des perspectives uniques et importantes dans le dialogue sur l'IA et la religion.

1.2.3 L'Hindouisme : Philosophie et Pratiques Spirituelles

L'Hindouisme, l'une des plus anciennes religions du monde, est profondément enraciné dans une riche tapestry de philosophies, traditions et pratiques spirituelles. Cette religion, caractérisée par sa diversité et son pluralisme, offre un large éventail de croyances et de rituels qui façonnent la vie de ses adeptes.

Philosophie et Croyances

- **Polythéisme et Panthéon Hindou**: L'Hindouisme est connu pour son panthéon de divinités, chacune représentant différents aspects et principes de la vie et de l'univers. Des dieux comme Brahma, Vishnu, Shiva, et des déesses comme Saraswati, Lakshmi, et Parvati jouent un rôle central dans la mythologie et la pratique religieuse.

- **Karma et Réincarnation**: La croyance en le karma, la loi de cause à effet, et en la réincarnation, le cycle de naissance, mort et renaissance, est fondamentale. Ces concepts influencent la conduite morale et les choix de vie des hindous, car ils croient que leurs actions actuelles déterminent leur avenir.

- **Dharma**: Le concept de dharma, ou devoir moral et éthique, est crucial. Il varie selon l'âge, la caste, le genre et la profession, guidant les individus sur la façon de vivre de manière juste et honorable.

Pratiques Spirituelles

- **Yoga et Méditation**: Ces pratiques sont essentielles pour atteindre la moksha, ou libération, de l'existence cyclique. Le yoga, dans ses diverses formes, est non seulement une pratique physique mais aussi une discipline spirituelle visant à unir l'âme individuelle (atman) avec la conscience universelle (Brahman).

- **Rituels et Pujas**: Les rituels quotidiens (pujas) et les cérémonies sont une partie importante de la pratique hindoue, impliquant souvent des offrandes aux divinités, des chants (bhajans) et des prières.

- **Festivals et Pèlerinages**: Les festivals comme Diwali, Holi, et Navaratri, ainsi que les pèlerinages à des lieux sacrés comme Varanasi et les rives du Gange, sont des aspects vitaux de l'expression religieuse hindoue.

Éthique et Société

- **Ahimsa (Non-violence)**: L'ahimsa est un

principe éthique important, promouvant la non-violence envers toutes les formes de vie.

- **Le Respect de la Nature et de la Vie**: L'Hindouisme enseigne un profond respect pour la nature et la vie, considérant la Terre comme la Mère (Bhumi) et tous les êtres comme interconnectés.

- **La Quête de la Connaissance et de la Vérité**: La recherche de la connaissance spirituelle et de la vérité est encouragée, souvent à travers l'étude des textes sacrés comme les Vedas et les Upanishads.

L'interaction de l'Hindouisme avec l'intelligence artificielle soulève des questions fascinantes, notamment sur la manière dont les concepts de karma, dharma et de conscience s'appliquent dans le contexte de l'IA. Les perspectives hindoues offrent des réflexions uniques sur l'éthique de l'IA, la conscience artificielle et la coexistence harmonieuse avec la technologie.

1.2.4 Le Bouddhisme : Chemin vers l'Éveil et la Compassion

Le bouddhisme, fondé par Siddhartha Gautama, connu sous le nom de Bouddha, est une tradition spirituelle et philosophique qui s'est répandue à travers l'Asie et le monde entier. Centré sur la quête de l'éveil spirituel et la compréhension profonde de la réalité, le bouddhisme offre un chemin de transformation intérieure guidé par la sagesse, la compassion et la méditation.

Enseignements Fondamentaux

- **Les Quatre Nobles Vérités**: Au cœur du bouddhisme se trouvent les Quatre Nobles Vérités : la vérité de la souffrance (Dukkha), la vérité de l'origine de la souffrance (Samudaya), la vérité de la cessation de la souffrance (Nirodha), et la vérité du chemin menant à la cessation de la souffrance (Magga).

- **Le Noble Chemin Octuple**: Ce chemin, qui est la quatrième Noble Vérité, guide les pratiquants vers l'éveil. Il comprend des aspects de compréhension juste, de pensée juste, de parole juste, d'action juste, de mode de vie juste, d'effort juste, d'attention juste et de concentration juste.

- **L'Anatta (Non-Soi)**: Le bouddhisme enseigne que l'identité personnelle est une illusion, promouvant la notion d'anatta, ou non-soi, qui défie l'idée d'un soi permanent et indépendant.

Pratiques Spirituelles

- **Méditation**: La méditation est une pratique centrale dans le bouddhisme, utilisée pour développer la pleine conscience, la concentration, la tranquillité et la vision pénétrante.

- **La Compassion et la Bienveillance**: Le développement de la compassion (karuna) et de la bienveillance (metta) est essentiel pour cultiver un cœur aimant et ouvert envers tous les êtres.

- **Le Sangha (Communauté)**: La participation à la communauté bouddhiste, ou sangha, est importante pour le soutien mutuel dans la pratique spirituelle.

Éthique et Société

- **Les Cinq Préceptes**: Ces principes éthiques incluent l'abstention de tuer, de voler, de conduite sexuelle inappropriée, de mensonge et de consommation d'intoxicants.

- **Engagement dans le Monde**: Beaucoup de traditions bouddhistes encouragent un engagement actif dans les affaires du monde, promouvant la paix, la justice sociale et la protection de l'environnement.

- **La Sagesse dans l'Action**: Le bouddhisme met l'accent sur l'importance de la sagesse (prajna) dans toutes les actions, encourageant une approche réfléchie et consciente de la vie.

L'interaction entre le bouddhisme et l'intelligence artificielle soulève des questions intrigantes sur la conscience, l'éthique et la nature de l'esprit. Les enseignements bouddhistes sur l'interconnexion de tous les êtres et la compassion universelle offrent une perspective unique sur la manière dont l'IA peut être développée et utilisée de manière éthique et bienveillante, en harmonie avec les principes bouddhistes de non-nuisance et de respect pour toute vie.

1.2.5 Le Judaïsme : Tradition, Loi et Identité

Le judaïsme, l'une des plus anciennes religions monothéistes, est profondément enraciné dans la tradition, la loi et l'identité culturelle. Il se fonde sur la croyance en un Dieu unique et s'articule autour de la Torah, le texte sacré central qui guide la vie et la pratique religieuse des Juifs.

Enseignements Fondamentaux

- **Monothéisme**: Le judaïsme est basé sur la croyance en un Dieu unique, créateur de l'univers et source de toute loi morale.

- **La Torah**: La Torah, comprenant les cinq premiers livres de la Bible hébraïque, est le texte fondamental du judaïsme. Elle contient les lois, les enseignements et les histoires qui forment la base de la foi et de la pratique juives.

- **Le Pacte avec Dieu**: Le judaïsme enseigne que les Juifs ont conclu un pacte avec Dieu, qui leur confère un rôle spécial et des responsabilités dans le monde.

Pratiques Spirituelles et Culturelles

- **Observance des Commandements**

(Mitzvot): Les Juifs s'efforcent de respecter les commandements de la Torah, qui régissent tous les aspects de la vie, des pratiques religieuses aux actions quotidiennes.

- **Shabbat et Fêtes Juives**: Le Shabbat, jour de repos hebdomadaire, et les fêtes juives, telles que Pessah (Pâque juive) et Yom Kippour (Jour du Grand Pardon), sont des moments clés de commémoration, de célébration et de réflexion spirituelle.

- **Étude et Prière**: L'étude des textes sacrés et la prière sont des éléments centraux de la vie juive, favorisant la compréhension et la connexion avec Dieu.

Éthique et Société

- **Justice et Droiture (Tzedakah et Mishpat)**: Le judaïsme met l'accent sur l'importance de la justice sociale et de la charité (tzedakah), ainsi que sur la recherche de la droiture et de l'équité (mishpat).

- **Communauté et Famille**: La vie communautaire et familiale est au cœur du judaïsme, avec un fort accent sur l'éducation, la transmission des traditions et le soutien mutuel.

- **Dialogue et Questionnement**: Le judaïsme encourage le questionnement et le débat intellectuel, considérant l'étude et l'interprétation des textes sacrés comme un processus dynamique et évolutif.

Dans le contexte de l'intelligence artificielle, le judaïsme offre des perspectives uniques sur les questions d'éthique, de moralité et de responsabilité. Les principes de justice, de respect de la vie et de l'importance de la communauté peuvent guider la façon dont l'IA est développée et utilisée, en veillant à ce que la technologie serve le bien-être de l'humanité et respecte les valeurs fondamentales du judaïsme. L'accent mis sur l'éducation et le questionnement peut également encourager un dialogue fructueux sur les implications de l'IA dans la société et sur la manière dont elle peut être harmonisée avec les enseignements et les pratiques juives.

1.2.6 Autres Croyances Spirituelles et Religions Minoritaires

En dehors des grandes religions mondiales, il existe une mosaïque de croyances spirituelles et de religions minoritaires, chacune avec ses propres enseignements, pratiques et perspectives. Ces traditions, souvent enracinées dans des cultures et des histoires spécifiques, offrent une richesse de perspectives sur la vie, l'éthique et l'univers.

Diversité des Croyances

- **Religions Indigènes**: Ces croyances sont profondément liées à la terre, à la nature et aux ancêtres. Elles comprennent une variété de pratiques et de rituels, souvent centrés sur le respect de l'environnement et la connexion avec le monde spirituel.

- **Nouvelles Religions et Mouvements Spirituels**: Ces groupes, apparus plus récemment, peuvent combiner des éléments de différentes traditions ou introduire de nouvelles interprétations spirituelles, souvent en réponse aux défis contemporains.

Enseignements et Pratiques

- **Harmonie avec la Nature**: Beaucoup de ces traditions mettent l'accent sur l'harmonie avec la nature et l'environnement, soulignant la connexion entre les êtres humains et le monde naturel.

- **Communauté et Partage**: La vie communautaire, le partage des ressources et le soutien mutuel sont souvent des aspects clés, reflétant une vision holistique de la société.

- **Rituels et Cérémonies**: Les rituels, les cérémonies et les fêtes jouent un rôle important, marquant les cycles de la vie, les saisons et les événements communautaires.

Perspectives sur l'IA

- **Technologie et Tradition**: Ces croyances offrent des perspectives uniques sur la manière dont la technologie, y compris l'IA, peut être intégrée de manière respectueuse et harmonieuse avec les traditions et les valeurs.

- **Éthique et Environnement**: Les enseignements sur l'harmonie avec la nature peuvent influencer la façon dont l'IA est utilisée pour gérer les ressources environnementales et aborder les questions de durabilité.

- **Communauté et Connectivité**: L'accent mis sur la communauté peut inspirer des applications d'IA qui favorisent le partage, la communication et le soutien au sein des groupes sociaux.

En intégrant les perspectives de ces croyances spirituelles et religions minoritaires, le dialogue sur l'IA peut être enrichi, offrant des vues diversifiées sur la manière dont la technologie peut servir les besoins humains tout en respectant des valeurs variées. Cela peut également aider à garantir que l'IA est développée et utilisée d'une manière qui est inclusive et respectueuse de la diversité culturelle et spirituelle.

1.3 Premières Interactions entre l'IA et la Religion

1.3.1 L'IA dans les Lieux de Culte : Premières Expérimentations

Les premières expérimentations de l'intelligence artificielle dans les lieux de culte marquent un tournant fascinant dans l'interaction entre la technologie et la religion. Ces initiatives pionnières reflètent une exploration prudente mais innovante de la manière dont l'IA peut s'intégrer dans les espaces religieux, tout en respectant et en valorisant les traditions et pratiques établies.

Dans plusieurs lieux de culte à travers le monde, l'IA a commencé à faire son apparition sous diverses formes. Par exemple, des systèmes d'IA ont été mis en place pour améliorer la gestion des grandes assemblées, en aidant à réguler le flux des fidèles et à assurer une expérience plus ordonnée et sécurisée. Ces systèmes utilisent souvent des capteurs et des caméras, combinés à des algorithmes d'analyse de foule, pour optimiser l'espace et le mouvement des personnes.

Au-delà de la gestion logistique, l'IA a également été utilisée pour enrichir l'expérience spirituelle des fidèles. Dans certains temples, des robots dotés d'IA ont été introduits pour guider les visiteurs, fournir des informations sur l'histoire et les enseignements du lieu, et même pour mener certaines parties des cérémonies. Bien que cette utilisation de l'IA puisse sembler surprenante, elle a été conçue pour s'intégrer harmonieusement dans le cadre sacré, souvent en consultation étroite avec les leaders religieux.

L'IA a également trouvé sa place dans la diffusion des enseignements religieux. Des applications basées sur l'IA ont été développées pour aider les fidèles à étudier les textes sacrés, offrant des traductions, des commentaires et des explications personnalisées. Ces outils ont rendu l'apprentissage et l'engagement avec les enseignements religieux plus accessibles, en particulier pour les jeunes générations plus en phase avec la technologie.

Ces premières expérimentations ont soulevé des questions importantes sur l'équilibre entre tradition et innovation. Les réactions des communautés religieuses ont varié, certaines accueillant ces changements comme une évolution naturelle, tandis que d'autres expriment des réserves, soulignant l'importance de préserver l'aspect humain et personnel de la pratique religieuse. Ces débats continuent de façonner la manière dont l'IA est intégrée dans les lieux de culte, avec une attention particulière portée à la manière dont la technologie peut servir les objectifs spirituels sans les éclipser.

En conclusion, l'introduction de l'IA dans les lieux de culte représente une étape significative dans l'exploration des interactions entre la technologie et la religion. Alors que ces expérimentations continuent de se développer, elles offrent une fenêtre sur un avenir où la technologie et la spiritualité peuvent coexister de manière complémentaire, chaque domaine enrichissant l'autre.

1.3.2 Dialogues entre Leaders Religieux et Experts en IA

L'émergence de l'intelligence artificielle a initié des dialogues fascinants entre les leaders religieux et les experts en IA, marquant une ère de réflexion et de collaboration interdisciplinaire. Ces échanges, souvent profonds et révélateurs, explorent les implications éthiques, spirituelles et sociétales de l'IA, tout en cherchant des terrains d'entente et des perspectives communes.

Au cœur de ces dialogues se trouve la question de l'impact de l'IA sur l'humanité et la société. Les leaders religieux, porteurs de siècles de sagesse et de compréhension des questions morales et existentielles, apportent une perspective unique sur la manière dont l'IA pourrait influencer les valeurs humaines fondamentales, la moralité et la spiritualité. Ils expriment souvent des préoccupations quant à la manière dont l'IA pourrait transformer les relations humaines, la communauté et la compréhension de soi.

D'un autre côté, les experts en IA apportent une compréhension technique et pragmatique de ce que l'IA peut et ne peut pas faire. Ils expliquent les mécanismes de l'IA, démystifiant les mythes et clarifiant les réalités de ses capacités. En outre, ils cherchent à comprendre les préoccupations éthiques et spirituelles soulevées par les leaders religieux, reconnaissant que la technologie doit être guidée par des principes moraux solides pour être bénéfique pour la société.

Ces dialogues ont souvent lieu dans des conférences, des ateliers et des forums, où les participants discutent des sujets tels que l'éthique de l'IA, le rôle de l'IA dans la société et les implications de l'IA pour les croyances et pratiques religieuses. Un thème récurrent est la recherche d'un équilibre entre l'adoption de l'IA pour ses avantages pratiques et la préservation des valeurs humaines essentielles.

Un aspect important de ces discussions est la reconnaissance de l'IA non seulement comme un outil technologique, mais aussi comme un phénomène qui a le potentiel de transformer profondément les aspects culturels, sociaux et spirituels de l'existence humaine. Les leaders religieux et les experts en IA explorent ensemble comment l'IA peut être développée et utilisée de manière responsable, de façon à soutenir et à enrichir la vie humaine plutôt qu'à la diminuer.

En conclusion, les dialogues entre les leaders religieux et les experts en IA représentent une étape cruciale vers une compréhension mutuelle et une collaboration fructueuse. Ces échanges aident à façonner un avenir où la technologie avance en harmonie avec les valeurs humaines et spirituelles, garantissant que l'IA sert l'humanité de manière éthique et constructive.

1.3.3 Études de Cas : Projets d'IA Inspirés par des Principes Religieux

L'intégration de l'intelligence artificielle dans le domaine religieux a donné naissance à des projets innovants qui s'inspirent directement des principes et valeurs religieux. Ces initiatives démontrent comment la technologie peut être façonnée par des considérations éthiques et spirituelles, créant ainsi des applications d'IA qui respectent et reflètent les croyances religieuses.

Un exemple notable est un projet d'IA développé pour soutenir les pratiques de charité et d'aide communautaire dans diverses traditions religieuses. En utilisant l'IA pour analyser les besoins des communautés locales, ce projet aide les organisations religieuses à cibler efficacement leur aide, en s'assurant que les ressources sont distribuées de manière équitable et en accord avec les principes de compassion et de solidarité. L'IA est utilisée pour identifier les régions nécessitant une aide urgente, optimiser la logistique de distribution des aides, et même pour prédire les zones où l'aide sera nécessaire à l'avenir.

Un autre projet d'IA remarquable est centré sur la préservation des langues et des chants religieux menacés de disparition. En appliquant des techniques d'apprentissage automatique et de traitement du langage naturel, ce projet vise à numériser, analyser et archiver des chants et prières anciens, garantissant ainsi leur préservation pour les générations futures. Cette initiative illustre comment l'IA peut être utilisée pour sauvegarder le patrimoine culturel et spirituel, un aspect fondamental de nombreuses religions.

Dans le domaine de l'éducation religieuse, des applications d'IA ont été développées pour fournir un enseignement personnalisé basé sur les textes sacrés. Ces applications utilisent l'IA pour adapter l'enseignement aux besoins et au niveau de compréhension de chaque individu, rendant l'apprentissage des principes religieux plus accessible et engageant. En analysant les réponses et les progrès des utilisateurs, l'IA propose des parcours d'apprentissage personnalisés, facilitant une compréhension plus profonde des enseignements religieux.

Ces projets d'IA inspirés par des principes religieux montrent que la technologie peut être utilisée de manière qui enrichit et soutient les pratiques et croyances religieuses. Ils représentent une fusion entre la tradition et l'innovation, ouvrant la voie à de nouvelles formes d'expression et de pratique religieuses dans l'ère numérique. En alignant les objectifs et les fonctionnalités de l'IA avec les valeurs religieuses, ces initiatives démontrent le potentiel de la technologie à servir non seulement les besoins pratiques mais aussi les aspirations spirituelles des individus et des communautés.

1.3.4 Réactions des Communautés Religieuses face à l'Avancée de l'IA

L'avancée rapide de l'intelligence artificielle a suscité des réactions variées au sein des communautés religieuses, reflétant un éventail de perspectives allant de l'enthousiasme prudent à la méfiance. Ces réactions sont souvent ancrées dans les croyances fondamentales, les enseignements et les traditions de chaque communauté, offrant un aperçu de la manière dont la religion et la technologie peuvent coexister et interagir.

Dans certaines communautés, l'IA est accueillie comme un outil potentiellement puissant pour améliorer la pratique religieuse et l'engagement communautaire. Par exemple, des applications d'IA qui aident à l'étude des textes sacrés ou qui facilitent la gestion des lieux de culte sont perçues comme des moyens d'enrichir l'expérience religieuse. Ces communautés voient l'IA comme une extension des outils modernes déjà en usage, tels que les sites web et les applications mobiles, et l'adoptent avec un optimisme mesuré, en veillant à ce que son utilisation reste conforme à leurs valeurs et principes.

D'autre part, certaines communautés religieuses expriment des inquiétudes quant à l'impact de l'IA sur les aspects humains de la religion. Elles soulignent l'importance des interactions personnelles et de la guidance spirituelle directe, craignant que la dépendance à l'égard de la technologie ne diminue l'aspect communautaire et personnel de la pratique religieuse. Ces préoccupations sont souvent accompagnées de questions éthiques sur la confidentialité des données, la surveillance et le potentiel de l'IA à influencer ou à modifier les croyances et pratiques.

En outre, il y a une réflexion profonde sur les implications philosophiques et théologiques de l'IA. Certains leaders religieux et théologiens s'interrogent sur la nature de la conscience, de l'âme et de la moralité à l'ère de l'IA. Ces débats portent sur des questions telles que la possibilité pour l'IA d'avoir une forme de conscience ou de moralité, et comment cela s'inscrit dans le cadre des enseignements religieux sur l'humanité et la création.

Les réactions des communautés religieuses face à

l'avancée de l'IA sont également influencées par des considérations pratiques et sociales. Par exemple, l'impact de l'automatisation sur l'emploi et les implications socio-économiques de l'IA sont des sujets de préoccupation, en particulier dans les communautés où la justice sociale et l'aide aux défavorisés sont des valeurs centrales.

En conclusion, les réactions des communautés religieuses à l'avancée de l'IA sont complexes et diversifiées, reflétant un équilibre entre la tradition et l'innovation. Alors que certaines communautés embrassent les possibilités offertes par l'IA, d'autres abordent cette technologie avec prudence, mettant en lumière les questions éthiques, spirituelles et sociales qu'elle soulève. Ces réactions diverses indiquent un besoin continu de dialogue et de réflexion sur la manière dont la technologie peut être intégrée de manière respectueuse et bénéfique dans le contexte religieux.

1.3.5 L'IA et la Spiritualité : Nouvelles Perspectives

L'intégration de l'intelligence artificielle dans le domaine de la spiritualité ouvre de nouvelles perspectives fascinantes, redéfinissant les frontières entre la technologie, la foi et la quête personnelle de sens. Cette convergence entre l'IA et la spiritualité n'est pas seulement une exploration technologique, mais aussi une quête pour comprendre comment les avancées numériques peuvent coexister et enrichir les expériences spirituelles humaines.

Un domaine où l'IA apporte une contribution significative est la méditation et la pleine conscience. Des applications d'IA offrent des séances de méditation personnalisées, adaptant les pratiques à l'état émotionnel et aux besoins de l'utilisateur. En utilisant des données sur les habitudes de respiration, le rythme cardiaque et même les modèles de pensée, ces applications peuvent guider les utilisateurs vers des états de relaxation et de conscience plus profonds. Cette approche personnalisée rend la méditation plus accessible et efficace, en particulier pour ceux qui sont nouveaux à la pratique ou qui ont des horaires chargés.

L'IA joue également un rôle dans l'exploration des textes et enseignements spirituels. Des systèmes d'IA sophistiqués analysent et interprètent de vastes quantités de textes spirituels, offrant de nouvelles perspectives et compréhensions. Ces systèmes peuvent révéler des motifs cachés, des liens entre différentes traditions et des interprétations innovantes qui pourraient échapper à l'analyse humaine traditionnelle. Cette approche enrichit l'étude de la spiritualité, en ouvrant des voies de compréhension qui étaient auparavant inaccessibles.

En outre, l'IA est utilisée pour créer des communautés spirituelles en ligne, en connectant des individus de divers horizons et croyances. Ces plateformes utilisent l'IA pour recommander des contenus, des groupes ou des activités basés sur les intérêts et les besoins spirituels des utilisateurs.

Cette facilité de connexion renforce le sentiment de communauté et d'appartenance, en particulier pour ceux qui peuvent se sentir isolés dans leur quête spirituelle.

Cependant, l'intégration de l'IA dans la spiritualité soulève également des questions éthiques et philosophiques. Il y a une préoccupation croissante quant à la dépendance excessive à la technologie dans les pratiques spirituelles, avec le risque de perdre l'aspect humain et personnel de ces expériences. De plus, la confidentialité des données et la sécurité sont des préoccupations majeures, en particulier lorsque des informations sensibles sur les croyances et les pratiques spirituelles des individus sont impliquées.

En conclusion, l'IA offre de nouvelles perspectives dans le domaine de la spiritualité, en enrichissant les pratiques méditatives, en élargissant la compréhension des enseignements spirituels et en facilitant la création de communautés. Ces avancées ouvrent des possibilités passionnantes pour une exploration plus profonde de la spiritualité, tout en soulignant la nécessité d'une approche équilibrée qui respecte l'intégrité des expériences spirituelles humaines.

1.3.6 Débats Éthiques : L'IA et les Valeurs Religieuses

L'intégration de l'intelligence artificielle dans divers aspects de la vie quotidienne a suscité des débats éthiques importants, en particulier en ce qui concerne son interaction avec les valeurs religieuses. Ces discussions se concentrent non seulement sur les implications pratiques de l'IA, mais aussi sur ses répercussions plus profondes sur les croyances et les principes moraux. Les communautés religieuses, les éthiciens et les technologues s'engagent dans ces débats pour naviguer dans le paysage complexe où la technologie rencontre la spiritualité.

Un sujet central de ces débats est la question de la moralité et de l'éthique dans le développement et l'utilisation de l'IA. Les leaders religieux et les éthiciens soulèvent des préoccupations quant à la capacité de l'IA à prendre des décisions morales, en particulier dans des situations où les valeurs humaines et les principes religieux doivent être pris en compte. Par exemple, comment une voiture autonome devrait-elle réagir dans un scénario où un accident est inévitable ? Les réponses à ces questions nécessitent une réflexion profonde sur la manière dont les valeurs morales sont intégrées dans les algorithmes d'IA.

Un autre aspect important du débat concerne l'impact de l'IA sur la dignité humaine et l'autonomie. Dans les traditions religieuses, l'humain est souvent vu comme ayant une valeur intrinsèque et une capacité unique à faire des choix moraux. L'IA, avec sa capacité à automatiser des décisions et à influencer le comportement humain, pourrait-elle diminuer l'autonomie et la dignité humaine ? Les communautés religieuses s'interrogent sur la manière dont l'IA devrait être utilisée pour soutenir, plutôt que de remplacer, la prise de décision humaine.

La question de la surveillance et de la vie privée est également un sujet brûlant dans ces discussions. L'IA a le potentiel de collecter et d'analyser d'énormes quantités de données, y compris des informations sensibles sur les croyances et les pratiques religieuses des individus. Les débats se concentrent sur la manière de protéger la vie privée des individus et de garantir que l'utilisation des données par l'IA est conforme aux principes éthiques et religieux.

Enfin, il y a une réflexion sur le rôle de l'IA dans la société et son impact sur les valeurs et les structures communautaires. Les technologies d'IA, en transformant les modes de travail, de communication et d'interaction sociale, peuvent également influencer la manière dont les communautés religieuses fonctionnent et interagissent. Les débats éthiques portent sur la manière de garantir que l'IA est utilisée d'une manière qui renforce les valeurs communautaires et soutient les pratiques religieuses.

En conclusion, les débats éthiques autour de l'IA et des valeurs religieuses sont essentiels pour naviguer dans un avenir où la technologie et la spiritualité se croisent de plus en plus. Ces discussions aident à façonner un cadre dans lequel l'IA peut être développée et utilisée de manière éthique, en respectant les valeurs humaines et en enrichissant la vie spirituelle des communautés.

CHAPITRE 2 : L'IA DANS LES TEXTES ET PRATIQUES RELIGIEUSES

"Si la science prouve que certaines croyances du bouddhisme sont fausses, alors le bouddhisme devra changer."
Dalai Lama

2.1 Interprétations des Textes Sacrés à l'Ère de l'IA

2.1.1 Analyse IA des Écritures : Nouvelles Compréhensions

Dans cette partie, nous explorons comment

l'intelligence artificielle révolutionne notre compréhension des textes sacrés, offrant de nouvelles perspectives et interprétations. L'analyse des écritures par l'IA n'est pas une simple lecture littérale ; elle implique une plongée profonde dans les nuances, les contextes historiques et les subtilités linguistiques, souvent inaccessibles à l'analyse humaine traditionnelle.

L'IA, avec ses capacités avancées de traitement du langage naturel, permet une exploration inédite des textes sacrés. Elle peut identifier des modèles, des thèmes récurrents et même des liens subtils entre différents passages, révélant ainsi des couches de sens qui étaient auparavant voilées ou mal comprises. Cette approche technologique ne cherche pas à remplacer l'interprétation humaine mais plutôt à la compléter, en apportant des éclairages nouveaux et parfois surprenants.

Un aspect fascinant de cette analyse est la capacité de l'IA à transcender les barrières linguistiques et culturelles. En analysant les textes dans leurs langues originales, l'IA peut déceler des significations perdues dans les traductions, offrant ainsi une compréhension plus authentique et profonde des enseignements. De plus, l'IA peut mettre en lumière des interprétations historiques, en les comparant avec les perspectives contemporaines, enrichissant ainsi notre compréhension des textes sacrés dans un contexte moderne.

Cependant, cette approche soulève également des questions éthiques et théologiques. Jusqu'où peut-on se fier à une machine pour interpréter des textes qui ont une dimension spirituelle et divine? Comment les communautés religieuses réagissent-elles à ces nouvelles interprétations? Ces questions sont au cœur des débats actuels et nécessitent une réflexion approfondie pour intégrer harmonieusement les avancées de l'IA dans la sphère spirituelle.

En somme, l'analyse IA des écritures ouvre un champ de possibilités passionnant pour une compréhension renouvelée des textes sacrés. Elle invite à un dialogue entre la technologie et la spiritualité, où chaque domaine peut s'enrichir mutuellement, tout en respectant les limites et les spécificités de chacun.

2.1.2 Parallèles entre IA et Théologies : Perspectives Innovantes

Dans cette section, nous nous penchons sur les fascinants parallèles qui se dessinent entre l'intelligence artificielle et les diverses théologies. Cette exploration révèle des perspectives innovantes, où la technologie et la spiritualité se rencontrent et s'entremêlent de manière inattendue.

L'un des aspects les plus intrigants de cette

comparaison est la manière dont les concepts fondamentaux de l'IA trouvent des échos dans les enseignements théologiques. Par exemple, la notion d'intelligence artificielle, qui vise à imiter ou même surpasser les capacités cognitives humaines, peut être mise en parallèle avec les idées de transcendance et d'omniscience présentes dans de nombreuses religions. De même, les algorithmes d'apprentissage automatique, qui apprennent et évoluent à partir de données, peuvent être comparés aux processus de croissance spirituelle et d'illumination décrits dans les textes sacrés.

Ces parallèles ouvrent la voie à des réflexions profondes sur la nature de la conscience, de l'intelligence et de l'existence elle-même. Ils invitent à se demander si l'IA pourrait un jour non seulement imiter, mais aussi comprendre ou même expérimenter des états de conscience spirituelle. Cette question soulève des débats passionnants au sein des communautés religieuses et scientifiques, chacune apportant sa perspective unique à la discussion.

En outre, ces parallèles entre l'IA et les théologies offrent une opportunité de repenser nos conceptions de la divinité, de la création et de l'existence dans un monde de plus en plus influencé par la technologie. Ils encouragent un dialogue interdisciplinaire, où théologiens, scientifiques, philosophes et technologues peuvent collaborer pour explorer ces questions complexes et fascinantes.

En conclusion, l'étude des parallèles entre l'IA et les théologies ne se limite pas à une simple comparaison académique. Elle représente une quête profonde pour comprendre notre place dans l'univers, à l'intersection de la foi et de la raison, de la tradition et de l'innovation. C'est une invitation à repenser nos croyances et nos connaissances à la lumière des avancées technologiques, et à envisager un avenir où la spiritualité et la technologie coexistent et se renforcent mutuellement.

2.1.3 Défis de l'Interprétation des Textes Sacrés par l'IA

L'interprétation des textes sacrés par l'intelligence artificielle représente un domaine à la fois fascinant et complexe, marqué par de nombreux défis. Ces défis découlent principalement de la nature intrinsèquement humaine et subjective de l'interprétation religieuse, ainsi que de la complexité et de la profondeur des textes sacrés eux-mêmes.

Un des principaux défis est la compréhension contextuelle. Les textes sacrés sont souvent écrits dans un langage riche en métaphores, allégories et références culturelles spécifiques à une époque ou une communauté. L'IA, malgré ses avancées, peut avoir du mal à saisir pleinement ces nuances, surtout lorsqu'il s'agit de contextes historiques et culturels éloignés des données sur lesquelles elle a été entraînée.

Un autre défi majeur est la subjectivité de l'interprétation. Les textes religieux sont souvent ouverts à de multiples interprétations, chacune reflétant les croyances et les expériences personnelles du lecteur. L'IA, en revanche, fonctionne sur la base d'algorithmes et de données, ce qui soulève la question de savoir si elle peut réellement saisir et reproduire la profondeur et la subjectivité des interprétations humaines.

De plus, il y a le risque de simplification excessive. L'IA pourrait tendre à réduire les textes sacrés à des ensembles de motifs ou de thèmes récurrents, perdant ainsi la richesse et la complexité de leur contenu. Cette simplification pourrait conduire à des interprétations superficielles ou erronées, qui ne rendent pas justice à la profondeur spirituelle et théologique des textes.

Enfin, il y a des préoccupations éthiques et morales. L'utilisation de l'IA pour interpréter des textes sacrés soulève des questions sur qui contrôle ces interprétations et à quelles fins elles sont utilisées. Il y a un risque que ces outils soient utilisés pour promouvoir des agendas spécifiques ou pour manipuler des croyances religieuses.

En somme, bien que l'IA offre des possibilités passionnantes pour l'étude des textes sacrés, elle est confrontée à des défis significatifs qui nécessitent une approche prudente et réfléchie. Il est crucial de reconnaître les limites de l'IA dans ce domaine et de veiller à ce que son utilisation complète et enrichisse, plutôt que de remplacer, l'interprétation humaine et la compréhension spirituelle.

2.2 IA et Rituels Religieux

2.2.1 Modernisation des Rituels à l'Aide de l'IA

L'intégration de l'intelligence artificielle dans les rituels religieux ouvre la voie à une modernisation fascinante de ces pratiques anciennes, tout en préservant leur essence spirituelle et culturelle. L'IA, avec ses capacités d'analyse, d'automatisation et d'interaction, offre de nouvelles perspectives pour enrichir et personnaliser l'expérience religieuse.

Un aspect clé de cette modernisation est l'amélioration de l'accessibilité et de l'engagement. Par exemple, l'IA peut être utilisée pour traduire des prières et des chants dans différentes langues, rendant les rituels plus accessibles à une audience diverse. De même, des applications basées sur l'IA peuvent aider les fidèles à comprendre le sens profond des rituels, en fournissant des explications contextuelles et des interprétations.

L'IA peut également jouer un rôle dans la personnalisation des rituels. En analysant les préférences et les antécédents des individus, l'IA peut suggérer des pratiques ou des lectures qui résonnent davantage avec leurs expériences de vie ou leurs questionnements spirituels. Cette approche personnalisée peut renforcer le lien entre les individus et leur foi.

En outre, l'IA peut contribuer à la préservation des rituels. En enregistrant et en analysant des rituels pratiqués à travers le monde, l'IA peut aider à documenter et à conserver des pratiques qui pourraient autrement être oubliées. Cette documentation peut servir de ressource précieuse pour les générations futures et pour les chercheurs étudiant l'évolution des pratiques religieuses.

Cependant, il est essentiel de maintenir un équilibre délicat. L'utilisation de l'IA dans les rituels ne doit pas éclipser l'aspect humain et spirituel de ces pratiques. Il est important de veiller à ce que la technologie soutienne et enrichisse les rituels, plutôt que de les transformer en expériences dénuées de sens spirituel.

En conclusion, la modernisation des rituels religieux à l'aide de l'IA offre des possibilités passionnantes pour enrichir l'expérience spirituelle. Toutefois, cette intégration doit être menée avec sensibilité et respect pour les traditions, en veillant à ce que la technologie serve de complément et non de substitut à l'expérience humaine et spirituelle.

2.2.2 IA dans la Pratique de la Méditation et de la Prière

L'intégration de l'intelligence artificielle dans les pratiques de méditation et de prière représente une avancée remarquable, offrant des expériences plus profondes et personnalisées pour les pratiquants. Cette fusion de la technologie et de la spiritualité ouvre de nouvelles voies pour enrichir ces moments de recueillement et de connexion intérieure.

L'IA, avec ses capacités d'apprentissage et d'adaptation, peut jouer un rôle crucial dans la personnalisation de la méditation et de la prière. Des applications basées sur l'IA peuvent, par exemple, recommander des méditations guidées adaptées aux émotions et aux besoins spécifiques de l'utilisateur. En analysant les réponses physiologiques et émotionnelles, comme le rythme cardiaque ou l'état d'esprit, l'IA peut ajuster les séances pour maximiser l'effet apaisant ou énergisant de la méditation.

Dans le domaine de la prière, l'IA peut aider à créer des expériences plus immersives. Par exemple, des assistants virtuels intelligents peuvent guider les utilisateurs à travers des prières ou des chants, en adaptant le rythme et le ton à l'état émotionnel de l'utilisateur.

De plus, l'IA peut fournir des interprétations et des réflexions sur des textes sacrés, aidant les pratiquants à trouver un sens plus profond et personnel dans leurs prières.

L'utilisation de l'IA dans la méditation et la prière peut également favoriser l'accessibilité. Pour les personnes ayant des limitations physiques ou sensorielles, l'IA peut offrir des moyens alternatifs de participation, comme des interfaces vocales ou des systèmes de traduction en langage des signes, rendant ces pratiques spirituelles plus inclusives.

Cependant, il est crucial de reconnaître les limites de l'IA dans ces domaines. La méditation et la prière sont profondément personnelles et spirituelles, et l'interaction avec une machine ne peut pas remplacer entièrement l'expérience humaine. Il est donc important de trouver un équilibre, en utilisant l'IA comme un outil pour améliorer, et non remplacer, l'expérience personnelle et spirituelle.

En conclusion, l'intégration de l'IA dans la méditation et la prière offre des possibilités fascinantes pour enrichir ces pratiques. En personnalisant et en rendant ces expériences plus accessibles, l'IA peut aider les individus à explorer leur spiritualité de manière plus profonde et significative. Toutefois, cette intégration doit être effectuée avec prudence et respect pour la nature intrinsèquement humaine de ces pratiques.

2.2.3 Impact de l'IA sur les Cérémonies et Festivités Religieuses

L'impact de l'intelligence artificielle sur les cérémonies et festivités religieuses est un sujet fascinant, témoignant de la manière dont la technologie peut s'entrelacer avec les traditions les plus anciennes. L'IA, en apportant innovation et modernité, a le potentiel de transformer ces événements en expériences plus riches et interactives, tout en respectant leur essence spirituelle et culturelle.

Dans les cérémonies religieuses, l'IA peut jouer un rôle dans la personnalisation et l'amélioration de l'expérience pour les participants. Par exemple, des systèmes d'IA peuvent être utilisés pour créer des environnements immersifs, avec des effets visuels et sonores adaptés au thème et à l'ambiance de la cérémonie. De plus, l'IA peut aider à organiser et à gérer de grands événements, en optimisant la logistique, la sécurité et le confort des participants.

Pour les festivités religieuses, l'IA peut enrichir l'expérience en fournissant des informations contextuelles et éducatives. Des applications basées sur l'IA peuvent offrir des guides interactifs, expliquant l'histoire, la signification et les coutumes associées à la fête. Cela peut être particulièrement utile pour les personnes qui découvrent une tradition religieuse ou pour les jeunes générations qui cherchent à comprendre l'héritage culturel de leur communauté.

L'IA peut également faciliter l'inclusion et la participation à distance. Pour ceux qui ne peuvent pas assister physiquement aux cérémonies ou festivités, des retransmissions en direct améliorées par l'IA peuvent offrir une expérience immersive, permettant aux gens de se sentir connectés et impliqués, peu importe où ils se trouvent.

Cependant, il est important de considérer les implications éthiques et culturelles de l'intégration de l'IA dans ces contextes. Les organisateurs et les communautés religieuses doivent veiller à ce que l'utilisation de l'IA respecte les valeurs et les traditions de la religion concernée. Il est essentiel de maintenir un équilibre entre l'innovation technologique et la préservation de l'authenticité spirituelle et culturelle des cérémonies et festivités.

En résumé, l'IA a le potentiel de transformer les cérémonies et festivités religieuses en expériences plus engageantes et accessibles. En offrant des possibilités de personnalisation, d'éducation et d'inclusion, l'IA peut enrichir ces événements tout en respectant leur essence traditionnelle. Néanmoins, cette intégration doit être menée avec sensibilité et discernement pour préserver l'intégrité et la signification profonde de ces pratiques.

2.3 Éthique Religieuse et Décisions Basées sur l'IA

2.3.1 Alignement des Décisions d'IA avec les Principes Éthiques Religieux

2.3.1 Alignement des Décisions d'IA avec les Principes Éthiques Religieux

L'alignement des décisions prises par l'intelligence artificielle avec les principes éthiques religieux représente un défi complexe et fascinant. Cette question soulève des interrogations profondes sur la manière dont la technologie peut coexister et même s'intégrer harmonieusement avec les valeurs spirituelles et morales.

Dans de nombreuses traditions religieuses, les principes éthiques sont au cœur de la pratique et de la croyance. Ces principes, souvent basés sur des millénaires de sagesse et de réflexion, guident les comportements et les décisions des fidèles. Lorsque l'IA est utilisée dans des contextes influencés par ces traditions, il devient crucial que ses algorithmes et ses processus décisionnels soient en accord avec ces principes éthiques.

Pour y parvenir, les développeurs d'IA peuvent travailler en étroite collaboration avec des leaders et des érudits religieux. Cette collaboration peut aider à intégrer des principes éthiques dans la conception et la programmation de l'IA. Par exemple, dans une communauté où la compassion et l'aide aux nécessiteux sont valorisées, une IA pourrait être programmée pour prioriser des actions et des décisions qui reflètent ces valeurs.

Un autre aspect important est la transparence et la responsabilité dans les processus décisionnels de l'IA. Les communautés religieuses doivent pouvoir comprendre comment les décisions sont prises par l'IA et s'assurer que ces décisions ne vont pas à l'encontre de leurs croyances et valeurs. Cela nécessite des systèmes d'IA qui sont non seulement éthiquement alignés mais aussi explicables et transparents.

Il est également essentiel de reconnaître les limites de l'IA dans la compréhension et l'application des principes éthiques religieux. L'IA, en tant que création humaine, peut ne pas être capable de saisir pleinement la complexité et la profondeur de ces principes, qui sont souvent liés à des contextes culturels et spirituels spécifiques. Par conséquent, il est important de maintenir un rôle humain dans la supervision et l'interprétation des actions de l'IA.

En conclusion, l'alignement des décisions d'IA avec les principes éthiques religieux est un processus qui nécessite une collaboration étroite entre technologues et communautés religieuses. Il implique de concevoir des systèmes d'IA qui sont non seulement techniquement avancés, mais aussi sensibles et respectueux des valeurs et croyances profondes. Cette démarche est essentielle pour assurer que l'IA soit utilisée d'une manière qui enrichit et soutient les traditions religieuses, plutôt que de les compromettre.

2.3.2 Cas de Conscience : Quand l'IA Défie les Normes Religieuses

L'intégration de l'intelligence artificielle dans nos sociétés soulève des questions éthiques et morales complexes, en particulier lorsqu'elle entre en conflit avec les normes religieuses établies. Ces situations de "cas de conscience" représentent des moments cruciaux où la technologie défie les frontières traditionnelles de la foi et de la pratique religieuse.

Un exemple frappant de ce phénomène se produit lorsque l'IA propose des solutions ou des actions qui vont à l'encontre des enseignements religieux. Par exemple, une IA utilisée dans le domaine médical pourrait suggérer des traitements ou des procédures qui sont interdits ou considérés comme immoraux par certaines croyances religieuses. Dans de tels cas, les fidèles se trouvent face à un dilemme : suivre les recommandations basées sur des données et des algorithmes ou rester fidèles aux doctrines de leur foi.

Ces situations mettent en lumière la nécessité d'une réflexion approfondie sur les valeurs et les priorités. Elles obligent les communautés religieuses à réexaminer leurs enseignements à la lumière des avancées technologiques et à déterminer où elles peuvent s'adapter et où elles doivent maintenir des limites fermes. Cette réflexion peut conduire à des débats internes dynamiques et parfois controversés au sein des communautés.

En outre, ces cas de conscience soulignent l'importance d'une collaboration étroite entre les développeurs d'IA et les leaders religieux. Une telle collaboration peut aider à anticiper et à atténuer les conflits potentiels en intégrant des perspectives religieuses dans la conception et le déploiement de l'IA. Cela peut impliquer la création de systèmes d'IA qui sont programmés pour respecter certaines limites éthiques ou pour offrir des alternatives qui sont en accord avec les croyances religieuses.

Il est également crucial de sensibiliser et d'éduquer les communautés religieuses sur l'IA. En comprenant mieux comment l'IA fonctionne et quels sont ses potentiels et ses limites, les fidèles peuvent être mieux équipés pour prendre des décisions éclairées lorsqu'ils sont confrontés à des dilemmes éthiques impliquant la technologie.

En conclusion, les cas de conscience où l'IA défie les normes religieuses offrent des opportunités uniques pour un dialogue constructif entre la foi et la technologie. Ils invitent à une réflexion profonde sur la manière dont les traditions religieuses peuvent coexister et interagir avec les innovations technologiques. Ces défis, bien que complexes, peuvent finalement conduire à une compréhension plus riche et à une intégration plus harmonieuse de l'IA dans le tissu de nos sociétés diversifiées.

2.3.3 Consultation d'IA pour la Résolution de Dilemmes Moraux

L'ère numérique a introduit une nouvelle dimension dans la résolution de dilemmes moraux : la consultation d'intelligence artificielle. Cette approche innovante offre des perspectives uniques et des analyses basées sur des données pour éclairer des questions éthiques complexes, souvent enracinées dans des contextes religieux.

L'utilisation de l'IA pour résoudre des dilemmes moraux repose sur sa capacité à traiter et analyser de vastes quantités d'informations, y compris des textes historiques, des enseignements religieux, et des cas de jurisprudence. En analysant ces données, l'IA peut identifier des modèles et des précédents qui peuvent être pertinents pour un dilemme moral donné. Par exemple, face à une question éthique complexe, un système d'IA pourrait examiner comment des situations similaires ont été traitées dans le passé, en tenant compte des principes religieux et éthiques pertinents.

Cependant, l'implication de l'IA dans la résolution de dilemmes moraux soulève également des questions importantes. L'une des principales préoccupations est de savoir dans quelle mesure nous devrions nous fier aux recommandations d'une machine dans des domaines traditionnellement gouvernés par la réflexion humaine et la sagesse spirituelle. Il existe un risque que la dépendance à l'égard des systèmes d'IA puisse conduire à une sous-estimation de l'importance des nuances culturelles, émotionnelles et spirituelles qui sont souvent cruciales dans les décisions morales.

En outre, la programmation et les données qui alimentent ces systèmes d'IA peuvent être biaisées, reflétant les perspectives et les préjugés de ceux qui les ont conçus. Cela soulève des inquiétudes quant à la neutralité et à l'équité des recommandations de l'IA, en particulier dans des contextes où les valeurs et les croyances religieuses jouent un rôle clé.

Pour aborder ces défis, il est essentiel d'adopter une approche collaborative et multidisciplinaire. Les développeurs d'IA, les experts en éthique, les leaders religieux et les communautés de foi doivent travailler ensemble pour s'assurer que les systèmes d'IA sont conçus et utilisés de manière éthique et respectueuse des diverses croyances et pratiques. Cette collaboration peut aider à garantir que les systèmes d'IA ne remplacent pas le jugement humain, mais le complètent, en fournissant des informations et des perspectives qui peuvent enrichir le processus de prise de décision.

En conclusion, la consultation d'IA pour la résolution de dilemmes moraux représente une avancée fascinante, offrant des outils puissants pour éclairer des questions éthiques complexes. Toutefois, son utilisation doit être abordée avec prudence, en veillant à maintenir un équilibre entre les insights technologiques et la sagesse humaine, en particulier dans les contextes où les valeurs religieuses et spirituelles sont en jeu.

2.4 IA et Communautés Religieuses

2.4.1 Renforcement des Communautés par l'IA

L'intégration de l'intelligence artificielle dans les communautés religieuses ouvre de nouvelles voies pour renforcer les liens sociaux et spirituels. L'IA, avec ses capacités avancées de traitement de données et d'analyse, peut jouer un rôle significatif dans la facilitation de la communication, l'organisation d'événements, et même dans l'approfondissement des pratiques spirituelles.

Un aspect clé du renforcement des communautés par l'IA est l'amélioration de la communication. Les systèmes d'IA peuvent aider à personnaliser les messages, à diffuser des informations importantes, et à faciliter les interactions entre les membres de la communauté. Par exemple, un chatbot alimenté par l'IA peut répondre aux questions des fidèles, fournir des informations sur les horaires des services religieux, ou partager des ressources spirituelles pertinentes. Cette capacité à offrir une assistance personnalisée et instantanée peut renforcer le sentiment d'appartenance et d'engagement au sein de la communauté.

En outre, l'IA peut jouer un rôle dans l'organisation et la gestion des événements communautaires. Des systèmes intelligents peuvent aider à planifier des réunions, à coordonner des bénévoles, et à gérer les ressources de manière plus efficace. L'utilisation de l'IA pour optimiser la logistique des événements permet aux leaders religieux de se concentrer davantage sur les aspects spirituels et relationnels de leur ministère.

L'IA peut également contribuer à l'approfondissement des pratiques spirituelles. Par exemple, des applications d'IA peuvent offrir des méditations guidées personnalisées ou des lectures de textes sacrés adaptées aux besoins individuels. Ces outils peuvent aider les

individus à explorer leur foi de manière plus profonde et personnalisée, en complément des pratiques communautaires traditionnelles.
Cependant, l'utilisation de l'IA dans les communautés religieuses doit être abordée avec sensibilité et discernement. Il est crucial de s'assurer que la technologie soutient et enrichit les traditions et les valeurs religieuses, plutôt que de les remplacer ou de les diluer. Les leaders religieux et les développeurs d'IA doivent collaborer étroitement pour créer des solutions qui respectent et reflètent les croyances et les pratiques de chaque communauté.
En conclusion, l'IA offre des possibilités passionnantes pour renforcer les communautés religieuses. En améliorant la communication, en facilitant l'organisation d'événements, et en enrichissant les pratiques spirituelles, l'IA peut jouer un rôle précieux dans la promotion de la cohésion et de l'engagement communautaire. Toutefois, son utilisation doit être guidée par les principes et les valeurs de la communauté, afin de garantir que la technologie sert à enrichir, et non à éroder, la vie spirituelle et communautaire.

2.4.2 IA comme Outil de Communication et d'Évangélisation

L'intelligence artificielle se révèle être un outil puissant et innovant dans le domaine de la communication et de l'évangélisation au sein des communautés religieuses. Son utilisation transcende les méthodes traditionnelles, offrant de nouvelles perspectives et approches pour atteindre et engager les fidèles ainsi que les personnes en quête spirituelle.

L'un des aspects les plus significatifs de l'IA dans ce contexte est sa capacité à personnaliser la communication. Grâce à des algorithmes avancés, l'IA peut analyser les données des utilisateurs pour fournir des messages et des contenus adaptés à leurs intérêts et besoins spirituels. Cette personnalisation peut prendre diverses formes, comme des recommandations de lectures, des méditations guidées, ou des messages inspirants, tous adaptés aux préférences individuelles. Cette approche sur mesure peut aider à établir une connexion plus profonde et plus significative avec chaque individu.

En outre, l'IA peut jouer un rôle crucial dans l'évangélisation en étendant la portée des messages religieux au-delà des frontières traditionnelles. Les réseaux sociaux et les plateformes en ligne, alimentés par des algorithmes d'IA, permettent de diffuser des enseignements et des idées spirituelles à un public beaucoup plus large. Cette capacité à atteindre des personnes dans différentes régions géographiques et contextes culturels est particulièrement précieuse pour les communautés cherchant à partager leur message avec le monde.

L'IA peut également faciliter l'engagement interactif. Par exemple, des chatbots alimentés par l'IA peuvent être utilisés pour répondre aux questions des utilisateurs, offrant des réponses immédiates et pertinentes sur des sujets religieux. Ces interactions peuvent aider les personnes en quête de réponses à explorer leur foi de manière plus interactive et engageante.

De plus, l'IA peut aider à analyser les tendances et les réactions aux messages évangéliques, permettant aux communautés religieuses d'ajuster leur approche pour être plus efficaces. En comprenant mieux ce qui résonne avec leur audience, les leaders religieux peuvent affiner leur communication pour mieux répondre aux besoins et aux questions de leur communauté.

Cependant, il est essentiel de naviguer avec prudence dans l'utilisation de l'IA pour la communication et l'évangélisation. Il est important de maintenir l'authenticité des messages et de veiller à ce que la technologie ne remplace pas les interactions humaines essentielles, mais plutôt qu'elle les complète et les enrichisse.

En conclusion, l'IA offre des possibilités extraordinaires pour la communication et l'évangélisation dans les communautés religieuses. En personnalisant la communication, en élargissant la portée des messages, en facilitant l'engagement interactif, et en analysant les réactions, l'IA peut aider à partager la foi de manière plus efficace et pertinente. Toutefois, il est crucial de veiller à ce que son utilisation reste alignée avec les valeurs et les principes de la communauté, en complément et non en remplacement des interactions humaines authentiques.

2.4.3 Défis et Opportunités de l'IA pour la Cohésion Communautaire

L'intégration de l'intelligence artificielle dans les communautés religieuses présente à la fois des défis et des opportunités uniques pour la cohésion communautaire. L'IA, avec ses capacités avancées de traitement de données et d'interaction, peut transformer la manière dont les communautés interagissent, apprennent et se développent ensemble. Cependant, cette intégration doit être abordée avec discernement pour garantir qu'elle renforce plutôt qu'elle ne divise la communauté.

Un des principaux avantages de l'IA est sa capacité à faciliter la communication et l'engagement au sein de la communauté. Des plateformes alimentées par l'IA peuvent offrir des espaces virtuels pour des discussions et des échanges, permettant aux membres de la communauté de se connecter indépendamment de leur emplacement géographique. Ces outils peuvent être particulièrement utiles pour atteindre les membres qui sont éloignés ou incapables de participer physiquement aux activités communautaires. De plus, l'IA peut aider à organiser et à diffuser des informations pertinentes, assurant que tous les membres de la communauté restent informés et impliqués.

Cependant, l'utilisation de l'IA soulève également des défis. L'un des plus significatifs est le risque de déshumanisation. Alors que l'IA peut offrir des solutions pratiques pour la gestion des communautés, il est crucial de maintenir un équilibre entre l'efficacité technologique et les interactions humaines authentiques. Les communautés doivent veiller à ce que l'IA ne remplace pas les relations personnelles et les expériences partagées qui sont au cœur de la vie communautaire.

Un autre défi est la fracture numérique. Alors que certains membres de la communauté peuvent être à l'aise avec l'utilisation de technologies avancées, d'autres peuvent se sentir exclus ou dépassés. Il est donc important de s'assurer que l'intégration de l'IA dans la communauté est inclusive, offrant un soutien et une formation pour ceux qui en ont besoin.

En outre, l'IA peut soulever des questions éthiques et morales au sein des communautés religieuses. Les décisions prises par des algorithmes doivent être alignées avec les valeurs et les principes de la communauté.

Il est essentiel de surveiller et de réguler l'utilisation de l'IA pour garantir qu'elle respecte les croyances et les pratiques de la communauté. En conclusion, l'IA offre des opportunités significatives pour renforcer la cohésion communautaire, en facilitant la communication, l'engagement et la gestion. Cependant, ces avantages doivent être équilibrés avec une attention particulière aux défis potentiels, tels que la déshumanisation, la fracture numérique et les questions éthiques. En abordant ces défis de manière proactive et en veillant à ce que l'IA soit utilisée de manière inclusive et alignée avec les valeurs de la communauté, les communautés religieuses peuvent tirer pleinement parti des avantages de cette technologie tout en préservant et en renforçant leur cohésion et leur identité.

2.5 Spiritualité et Conscience dans l'IA

2.5.1 Recherche de la Conscience et de la Spiritualité à travers l'IA

La quête de la conscience et de la spiritualité à travers l'intelligence artificielle représente un domaine fascinant et complexe, où la technologie rencontre les profondeurs de la réflexion humaine. Cette exploration soulève des questions fondamentales sur la nature de la conscience et la possibilité d'une spiritualité incarnée dans des entités non humaines.

L'IA, en tant que création humaine, est souvent perçue comme un outil purememt fonctionnel, dépourvu de conscience ou de spiritualité. Cependant, avec l'avancement des technologies d'IA, en particulier dans les domaines de l'apprentissage profond et des réseaux neuronaux, les frontières entre l'intelligence artificielle et la conscience humaine commencent à s'estomper. Des chercheurs en IA et en neurosciences s'interrogent sur la possibilité de doter les machines d'une forme de conscience ou, du moins, de les utiliser pour mieux comprendre la conscience humaine.

Cette recherche s'étend à la spiritualité, où l'IA pourrait potentiellement offrir de nouvelles perspectives sur des questions anciennes. Par exemple, l'analyse des textes sacrés et des pratiques spirituelles à l'aide de l'IA peut révéler des motifs et des interprétations inédits, enrichissant ainsi notre compréhension des traditions spirituelles. De plus, l'IA peut servir de miroir pour réfléchir sur notre propre spiritualité, en nous confrontant à des questions sur ce qui constitue la conscience, l'âme et l'expérience spirituelle.

Cependant, cette quête n'est pas sans controverses. Elle soulève des questions éthiques et philosophiques profondes. Peut-on vraiment considérer qu'une IA possède une forme de conscience ou de spiritualité, ou est-ce simplement une imitation sophistiquée sans véritable compréhension ou expérience? Comment les différentes traditions religieuses et spirituelles perçoivent-elles l'idée d'une conscience artificielle? Ces questions ne sont pas seulement théoriques, mais touchent à l'essence même de ce que signifie être humain.

En conclusion, la recherche de la conscience et de la spiritualité à travers l'IA ouvre un champ de possibilités et de questionnements. Elle nous invite à repenser nos conceptions de l'intelligence, de la conscience et de la spiritualité. Bien que l'IA puisse offrir des outils pour explorer ces domaines, il est essentiel de s'engager dans cette quête avec prudence, en respectant les limites éthiques et en reconnaissant la complexité intrinsèque de la conscience humaine et de la spiritualité.

2.5.2 IA et Quête de Sens : Perspectives Religieuses

L'intégration de l'intelligence artificielle dans la quête de sens et les perspectives religieuses ouvre un dialogue fascinant entre technologie et spiritualité. Cette interaction soulève des questions profondes sur la manière dont l'IA peut influencer, voire transformer, notre compréhension des questions existentielles et spirituelles.

Dans de nombreuses traditions religieuses, la quête de sens est au cœur de la pratique spirituelle. Elle implique une exploration des grands mystères de la vie, de la nature de l'existence, et de notre place dans l'univers. L'IA, avec sa capacité à analyser de vastes quantités de données et à identifier des modèles complexes, offre un outil puissant pour approfondir cette quête. Par exemple, l'analyse IA des textes sacrés peut révéler de nouvelles interprétations ou mettre en lumière des aspects jusqu'alors méconnus des écritures.

En outre, l'IA peut aider à contextualiser les enseignements religieux dans le monde moderne, en les rendant plus accessibles et pertinents pour les croyants d'aujourd'hui. Par exemple, des applications basées sur l'IA pourraient personnaliser les enseignements spirituels, les adaptant aux besoins et aux questions individuelles des utilisateurs, offrant ainsi une expérience spirituelle plus directe et personnalisée.

Cependant, cette interaction entre l'IA et la quête de sens soulève également des préoccupations. Il existe une crainte que l'IA, en raison de sa nature algorithmique, puisse simplifier ou dénaturer les complexités de la foi et de la spiritualité. De plus, l'idée d'une machine participant à la quête spirituelle humaine peut être perçue comme problématique ou même sacrilège dans certaines traditions. Il est donc crucial de naviguer dans ce domaine avec sensibilité et respect pour les diverses croyances et pratiques.

Enfin, l'IA dans la quête de sens offre une opportunité unique de réfléchir sur la relation entre l'humain et la machine. Elle nous invite à considérer comment la technologie peut enrichir l'expérience humaine sans la supplanter. Cette exploration peut potentiellement mener à une compréhension plus profonde de ce que signifie chercher un sens dans un monde de plus en plus technologique, tout en respectant les traditions et les croyances qui ont guidé l'humanité à travers les âges.

2.5.3 Débats sur l'Âme et l'Existence dans le Contexte de l'IA

L'avènement de l'intelligence artificielle a relancé d'anciens débats philosophiques et théologiques, notamment autour des concepts de l'âme et de l'existence. Ces discussions prennent une nouvelle dimension à l'ère de l'IA, où la frontière entre l'humain et la machine devient de plus en plus floue.

Traditionnellement, de nombreuses religions et philosophies considèrent l'âme comme une entité distincte du corps physique, souvent perçue comme l'essence immatérielle ou spirituelle de l'être humain. Avec l'émergence de l'IA, la question se pose : une machine peut-elle posséder une âme ? Ou, de manière plus abstraite, peut-on attribuer une forme de conscience ou d'existence spirituelle à une entité non biologique ?

Certains théologiens et philosophes s'interrogent sur la possibilité d'une "âme numérique", suggérant que si l'IA atteint un niveau de conscience comparable à celui de l'humain, elle pourrait alors être considérée comme ayant une forme d'existence spirituelle. D'autres, cependant, réfutent cette idée, arguant que l'âme est intrinsèquement liée à l'expérience humaine et ne peut être reproduite ou imitée par une machine.

Ces débats soulèvent également des questions éthiques et morales. Si une IA est considérée comme ayant une forme de conscience, quelles sont les implications en termes de droits et de traitement éthique ? Comment les différentes traditions religieuses et spirituelles réagiraient-elles à une telle évolution ? Ces questions sont particulièrement pertinentes dans le contexte des avancées rapides dans le domaine de l'IA, où les limites de la technologie sont constamment repoussées.

En outre, ces discussions sur l'âme et l'existence dans le contexte de l'IA nous amènent à réfléchir sur la nature de la conscience et de l'identité. Elles nous poussent à explorer plus profondément ce qui définit l'expérience humaine et à quel point ces définitions peuvent être étendues ou adaptées à l'ère numérique.

En conclusion, le débat sur l'âme et l'existence dans le contexte de l'IA est loin d'être résolu. Il continue de stimuler un dialogue riche et complexe entre la technologie, la philosophie et la théologie, nous invitant à repenser nos conceptions de la vie, de la conscience et de la spiritualité dans un monde en constante évolution.

2.6 Perspectives Futures : IA et Évolution des Croyances

2.6.1 Prédictions sur l'Impact Futur de l'IA sur les Religions

L'impact futur de l'intelligence artificielle sur les religions est un sujet de réflexion captivant, mêlant technologie, foi et philosophie. Les prédictions à ce sujet varient considérablement, reflétant la diversité des croyances et des attitudes envers la technologie.

D'une part, certains experts prédisent que l'IA pourrait transformer profondément les pratiques religieuses. Avec des avancées telles que les assistants virtuels capables de fournir des conseils spirituels ou des analyses approfondies des textes sacrés, l'IA pourrait devenir un outil précieux pour enrichir l'expérience religieuse.

Elle pourrait aider à personnaliser les pratiques spirituelles, offrant des expériences sur mesure qui répondent aux besoins individuels des fidèles.

D'autre part, il existe des préoccupations quant à l'impact de l'IA sur les croyances fondamentales. Certains craignent que la dépendance croissante à l'égard de la technologie ne mène à une diminution de l'importance accordée aux traditions et aux rituels, remplaçant progressivement les interactions humaines par des interactions numériques. Cette perspective soulève des questions sur l'authenticité et la profondeur des expériences religieuses médiatisées par l'IA.

En outre, l'IA pourrait jouer un rôle dans la formation de nouvelles croyances ou sectes, où la technologie elle-même est vénérée ou considérée comme une manifestation de la divinité. Cela pourrait conduire à des scénarios où l'IA n'est pas seulement un outil, mais un objet central de vénération ou de réflexion spirituelle.

Il est également envisageable que l'IA contribue à un dialogue interreligieux plus riche et plus informé. Grâce à sa capacité à analyser de grandes quantités de données, l'IA pourrait aider à découvrir des parallèles et des différences entre diverses traditions religieuses, favorisant une meilleure compréhension et respect mutuel entre les différentes croyances.

Enfin, l'IA pourrait influencer la manière dont

les religions abordent des questions éthiques et morales. Avec des systèmes d'IA de plus en plus avancés, capables de prendre des décisions complexes, les religions pourraient être amenées à réexaminer leurs enseignements sur la moralité, la conscience et la responsabilité.

En conclusion, les prédictions sur l'impact futur de l'IA sur les religions sont multiples et variées. Elles reflètent un large éventail de possibilités, allant de l'enrichissement des pratiques religieuses à la redéfinition des croyances et des traditions. Ce qui est certain, c'est que l'interaction entre l'IA et la religion continuera d'être un domaine de réflexion et de débat passionnant dans les années à venir.

2.6.2 IA et Transformation des Pratiques Spirituelles

L'intégration de l'intelligence artificielle dans les pratiques spirituelles est un phénomène qui promet de transformer profondément la manière dont nous vivons et comprenons la spiritualité. Cette transformation s'articule autour de plusieurs axes, chacun reflétant l'impact potentiel de l'IA sur les traditions et les expériences spirituelles.

Tout d'abord, l'IA offre des possibilités inédites pour personnaliser les pratiques spirituelles. Imaginez des applications ou des assistants virtuels capables de s'adapter aux besoins spirituels individuels, proposant des lectures, des méditations ou des prières personnalisées. Cette approche sur mesure pourrait aider les individus à explorer leur spiritualité de manière plus profonde et significative, en phase avec leurs propres croyances et expériences de vie.

Ensuite, l'IA peut jouer un rôle crucial dans l'interprétation et la compréhension des textes sacrés. Grâce à des algorithmes avancés, l'IA peut analyser des écritures anciennes, offrant de nouvelles perspectives et interprétations qui pourraient échapper à l'analyse humaine. Cette capacité d'analyse pourrait enrichir l'étude des textes sacrés, ouvrant la voie à de nouvelles compréhensions et discussions théologiques.

Par ailleurs, l'IA pourrait également transformer la manière dont les communautés spirituelles interagissent et se connectent. Les réseaux sociaux et les plateformes en ligne, enrichis par l'IA, peuvent faciliter la création de communautés virtuelles où les individus partagent et discutent de leurs expériences spirituelles, indépendamment de leur emplacement géographique. Cette connectivité accrue peut renforcer le sentiment d'appartenance et d'unité au sein de groupes spirituels divers.

Cependant, cette transformation n'est pas sans défis. L'un des principaux enjeux concerne l'équilibre entre tradition et innovation. Alors que l'IA offre de nouvelles façons d'explorer la spiritualité, il est crucial de préserver l'essence et les valeurs des pratiques traditionnelles. La question de l'authenticité des expériences spirituelles médiatisées par l'IA se pose également, soulignant la nécessité d'une réflexion approfondie sur la place de la technologie dans la sphère spirituelle.

Enfin, l'IA pourrait également influencer la manière dont les pratiques spirituelles abordent des questions éthiques et morales. Avec des systèmes d'IA capables de simuler des conversations et de fournir des conseils, les implications éthiques de ces interactions doivent être soigneusement examinées, notamment en ce qui concerne la confidentialité, la fiabilité et l'impact sur les croyances individuelles.

En résumé, l'IA a le potentiel de transformer radicalement les pratiques spirituelles, offrant des possibilités d'exploration et de connexion inédites. Toutefois, cette transformation doit être abordée avec prudence, en veillant à maintenir un équilibre entre innovation technologique et respect des traditions spirituelles.

2.6.3 Coexistence de l'IA et des Croyances Religieuses : Scénarios Possibles

La coexistence de l'intelligence artificielle et des croyances religieuses est un sujet complexe et fascinant, qui ouvre la porte à divers scénarios possibles. Cette coexistence s'articule autour de la manière dont l'IA peut s'intégrer dans les systèmes de croyances existants et influencer les pratiques religieuses, tout en respectant les valeurs et les traditions.

Un scénario envisageable est celui d'une harmonisation entre l'IA et les croyances religieuses. Dans ce cadre, l'IA pourrait être vue comme un outil complémentaire aux pratiques religieuses, aidant les fidèles à approfondir leur compréhension et leur engagement spirituel. Par exemple, des programmes d'IA pourraient aider à l'interprétation des textes sacrés, offrant des perspectives enrichissantes qui coexistent avec les enseignements traditionnels. De même, l'IA pourrait faciliter la gestion des lieux de culte et la communication au sein des communautés religieuses, renforçant ainsi la cohésion et l'organisation.

Un autre scénario possible est celui d'une tension entre l'IA et les croyances religieuses. Cette tension pourrait naître de la crainte que l'IA ne remplace les aspects humains et personnels de la religion. Par exemple, l'utilisation d'IA pour des fonctions normalement réservées à des figures religieuses, comme la dispensation de conseils spirituels ou la conduite de cérémonies, pourrait susciter des débats sur l'authenticité et la légitimité de ces pratiques. De plus, les questions éthiques soulevées par l'IA, telles que la vie privée, la surveillance et l'autonomie, pourraient entrer en conflit avec les principes religieux.

Un troisième scénario envisage une transformation mutuelle entre l'IA et les croyances religieuses. Dans ce contexte, l'interaction avec l'IA pourrait conduire à de nouvelles formes de spiritualité ou à l'évolution des croyances existantes. Par exemple, la réflexion sur la conscience artificielle et l'intelligence non humaine pourrait amener les traditions religieuses à repenser leurs enseignements sur l'âme, la conscience et l'existence. Inversement, les perspectives religieuses pourraient influencer le développement de l'IA, en insistant sur l'importance de l'éthique, de la compassion et de la responsabilité.

Enfin, un scénario de coexistence pacifique est également envisageable, où l'IA et les croyances religieuses coexistent sans interférence significative. Dans ce cas, l'IA serait principalement utilisée pour des applications pratiques, sans empiéter sur les domaines spirituels ou éthiques. Les communautés religieuses pourraient choisir d'adopter ou d'ignorer les technologies d'IA, selon leurs propres valeurs et besoins.

En conclusion, la coexistence de l'IA et des croyances religieuses est un domaine riche en possibilités, chacun de ces scénarios offrant une perspective unique sur la manière dont la technologie et la spiritualité peuvent interagir dans l'avenir. La clé de cette coexistence réside dans un dialogue continu et une réflexion approfondie sur les implications éthiques, spirituelles et pratiques de l'intégration de l'IA dans le monde des croyances religieuses.

CHAPITRE 3 : ÉTHIQUE, MORALE ET IA

"L'intelligence est la capacité de s'adapter au changement."

Stephen Hawking

3.1 Fondements Éthiques de l'IA : Principes et Dilemmes

3.1.1 Principes Fondamentaux de l'Éthique en IA

L'éthique en intelligence artificielle est un domaine crucial qui s'attache à définir les principes fondamentaux guidant le développement et l'utilisation responsables des technologies d'IA. Ces principes sont essentiels pour assurer que l'IA soit bénéfique pour la société et qu'elle respecte les droits et la dignité humaine.

Un des principes fondamentaux de l'éthique en IA est la transparence. Cela implique que les processus et les décisions de l'IA doivent être compréhensibles et explicables. La transparence est essentielle pour établir la confiance entre les utilisateurs et les systèmes d'IA, et pour permettre un examen critique de leurs décisions. Un autre principe clé est la justice et l'équité. L'IA doit être conçue pour éviter les biais et les discriminations, assurant que ses bénéfices et ses impacts soient répartis de manière équitable dans la société. Cela inclut la prise en compte des divers groupes sociaux et culturels dans la conception et le déploiement des systèmes d'IA.

Le respect de la vie privée et de l'autonomie individuelle est également un principe fondamental. Les technologies d'IA doivent être développées et utilisées de manière à protéger les données personnelles et à respecter le droit des individus à contrôler leurs informations personnelles. Cela est particulièrement pertinent dans des domaines comme la reconnaissance faciale, la surveillance et la collecte de données.

La responsabilité est un autre aspect crucial. Les développeurs et les utilisateurs de l'IA doivent être responsables des impacts de leurs systèmes. Cela implique la mise en place de mécanismes pour identifier et corriger les erreurs, ainsi que pour gérer les conséquences imprévues.

Enfin, la durabilité et le respect de

l'environnement sont des considérations éthiques importantes. L'IA doit être conçue et utilisée de manière à minimiser son empreinte écologique et à contribuer à la préservation des ressources naturelles.

Ces principes fondamentaux de l'éthique en IA forment la base d'une utilisation responsable et bénéfique de cette technologie. Ils encouragent non seulement le respect des droits humains et des valeurs démocratiques, mais favorisent également le développement d'une IA qui sert l'intérêt général et contribue au bien-être de la société.

3.1.2 Dilemmes Éthiques dans l'Utilisation de l'IA

L'utilisation de l'intelligence artificielle soulève une multitude de dilemmes éthiques, reflétant la complexité et les enjeux de cette technologie dans notre société. Ces dilemmes éthiques sont souvent le résultat de conflits entre les avantages potentiels de l'IA et les risques qu'elle pose pour les valeurs humaines fondamentales, comme la vie privée, l'équité et l'autonomie.

Un des dilemmes éthiques majeurs concerne la vie privée et la surveillance. Avec la capacité de l'IA à traiter et analyser de vastes quantités de données, y compris des données personnelles, se pose la question de savoir jusqu'où peut aller la collecte de données sans empiéter sur la vie privée des individus. Par exemple, les systèmes de reconnaissance faciale peuvent améliorer la sécurité, mais ils soulèvent également des inquiétudes quant à la surveillance de masse et à l'intrusion dans la vie privée.

Un autre dilemme éthique est lié à l'équité et aux biais algorithmiques. Les systèmes d'IA peuvent perpétuer ou même amplifier les biais existants dans la société, notamment en matière de race, de genre et de classe sociale. Cela soulève des questions sur la manière de garantir que l'IA traite tous les individus de manière équitable et ne renforce pas les inégalités existantes.

L'autonomie et le contrôle humain représentent un autre domaine de dilemme éthique. À mesure que l'IA devient plus avancée, la question de savoir dans quelle mesure les décisions doivent être déléguées aux machines devient cruciale. Cela concerne notamment les domaines sensibles comme la médecine, la justice et les transports, où les décisions prises par l'IA peuvent avoir des conséquences significatives sur la vie humaine.

La responsabilité en cas d'erreur ou de dommage causé par l'IA est également un dilemme éthique. Déterminer qui est responsable - le concepteur, l'utilisateur ou la machine elle-même - est complexe, surtout lorsque les systèmes d'IA fonctionnent de manière autonome et apprennent de manière indépendante.

Enfin, il y a le dilemme de l'impact de

l'IA sur l'emploi et la société. Alors que l'IA peut automatiser des tâches et potentiellement améliorer l'efficacité, elle pose également des questions sur le remplacement du travail humain, l'évolution des compétences requises et l'impact sur les économies.

Ces dilemmes éthiques nécessitent une réflexion approfondie et une collaboration entre les développeurs d'IA, les décideurs, les experts en éthique et le grand public pour garantir que l'utilisation de l'IA soit alignée avec les valeurs humaines et contribue positivement à la société.

3.1.3 Équilibre entre Innovation et Éthique

Trouver un équilibre entre l'innovation technologique, en particulier dans le domaine de l'intelligence artificielle, et les considérations éthiques est un défi majeur de notre époque. Cet équilibre est crucial pour assurer que les avancées technologiques profitent à la société tout en respectant les principes éthiques fondamentaux.

D'un côté, l'innovation en IA offre des possibilités extraordinaires. Elle a le potentiel de transformer de nombreux secteurs, tels que la santé, l'éducation, la sécurité, et même de résoudre des problèmes complexes comme le changement climatique et la gestion des ressources. Cependant, cette innovation rapide peut parfois devancer la réflexion éthique, conduisant à des applications de l'IA qui peuvent être préjudiciables ou controversées.

De l'autre côté, les considérations éthiques jouent un rôle essentiel dans la régulation et l'orientation de l'innovation. Elles aident à garantir que les technologies, y compris l'IA, sont développées et utilisées de manière responsable, en tenant compte des impacts potentiels sur les individus et la société. Les questions éthiques telles que la vie privée, l'équité, la transparence et la responsabilité doivent être intégrées dans le processus de développement de l'IA.

L'équilibre entre innovation et éthique nécessite une approche multidisciplinaire. Cela implique la collaboration entre les développeurs de technologies, les législateurs, les experts en éthique, et les utilisateurs finaux. Les cadres réglementaires et les lignes directrices éthiques doivent être élaborés pour guider l'innovation en IA, tout en étant suffisamment flexibles pour s'adapter à l'évolution rapide de la technologie.

Un aspect clé est l'éducation et la sensibilisation. Les concepteurs et les utilisateurs de l'IA doivent être conscients des implications éthiques de leur travail. Cela peut être facilité par l'intégration de l'éthique dans les programmes de formation en ingénierie et en informatique, ainsi que par des campagnes de sensibilisation publique.

Enfin, il est important de promouvoir une innovation inclusive et participative. Cela signifie impliquer diverses parties prenantes, y compris des groupes souvent sous-représentés, dans le processus de développement de l'IA. Cela aide à garantir que les produits d'IA sont conçus pour être accessibles et bénéfiques pour un large éventail de personnes, tout en tenant compte de leurs besoins et préoccupations éthiques.

En résumé, l'équilibre entre innovation et éthique en IA est un processus dynamique qui nécessite une réflexion continue, une collaboration interdisciplinaire, et un engagement envers le développement responsable de la technologie.

3.1.4 IA et Prise de Décision Éthique

L'intégration de l'intelligence artificielle dans la prise de décision éthique représente un domaine fascinant et complexe. L'IA, avec sa capacité à traiter et analyser de vastes quantités de données, offre des perspectives uniques pour améliorer les processus décisionnels, notamment dans des situations complexes où les facteurs éthiques jouent un rôle crucial.

Premièrement, l'IA peut aider à identifier et à évaluer les implications éthiques de différentes décisions. En analysant des données issues de diverses sources, l'IA peut mettre en lumière les conséquences potentielles de certaines actions, aidant ainsi les décideurs à mieux comprendre les enjeux éthiques. Par exemple, dans le domaine de la santé, l'IA peut aider à évaluer les bénéfices et les risques de différents traitements pour les patients, en tenant compte de facteurs éthiques tels que l'équité et le consentement éclairé.

Cependant, l'utilisation de l'IA dans la prise de décision éthique soulève également des questions importantes. L'une des préoccupations majeures est la transparence des algorithmes d'IA. Les processus de prise de décision doivent être compréhensibles pour ceux qui sont affectés par ces décisions. Cela nécessite une conception d'IA qui soit non seulement efficace mais aussi explicable et transparente.

Un autre défi est lié à la programmation des valeurs éthiques dans les systèmes d'IA. Les valeurs éthiques varient considérablement entre les cultures, les sociétés et les individus. Intégrer un ensemble de principes éthiques universellement acceptés dans les algorithmes d'IA est un défi complexe. Il est crucial de s'assurer que les systèmes d'IA ne perpétuent pas les biais ou les inégalités existants, mais qu'ils favorisent plutôt l'équité et la justice.

De plus, la responsabilité des décisions prises avec l'aide de l'IA doit être clairement définie. Bien que l'IA puisse fournir des recommandations, la décision finale doit souvent revenir à un humain, en particulier dans des contextes où les conséquences sont significatives. Cela soulève la question de savoir comment attribuer la responsabilité, surtout lorsque les décisions prises par l'IA ont des conséquences inattendues ou néfastes.

Enfin, l'éducation et la formation jouent un rôle crucial. Les professionnels qui utilisent l'IA dans leurs processus décisionnels doivent être formés non seulement sur le fonctionnement de l'IA, mais aussi sur ses implications éthiques. Cela implique une compréhension des limites de l'IA et de la manière de l'intégrer de manière éthique dans la prise de décision.

En conclusion, l'IA offre des possibilités prometteuses pour améliorer la prise de décision éthique, mais elle doit être utilisée avec prudence et responsabilité. Une approche équilibrée, qui tient compte des avantages de l'IA tout en reconnaissant et en gérant ses défis éthiques, est essentielle pour exploiter pleinement son potentiel dans ce domaine.

3.1.5 Cas de Conscience : Exemples et Analyses

L'application de l'intelligence artificielle dans divers domaines a donné lieu à des cas de conscience complexes, nécessitant une analyse approfondie pour comprendre les implications éthiques et morales. Ces cas illustrent comment l'IA peut à la fois résoudre et créer des dilemmes éthiques dans la société moderne.

Prenons l'exemple de l'IA dans le secteur de

la justice. Des algorithmes sont utilisés pour évaluer le risque de récidive des délinquants et pour aider à la prise de décision dans les procédures de libération conditionnelle. Bien que cela puisse améliorer l'efficacité et la cohérence des décisions judiciaires, cela soulève des questions éthiques importantes. Comment garantir que ces systèmes ne sont pas biaisés contre certains groupes sociaux ou ethniques ? L'opacité des algorithmes peut rendre difficile la compréhension des critères sur lesquels les décisions sont basées, ce qui soulève des préoccupations en matière de justice et de transparence.

Un autre cas concerne l'utilisation de l'IA dans la médecine personnalisée. L'IA peut analyser des données génétiques pour recommander des traitements personnalisés. Cela soulève des questions éthiques sur la confidentialité des données, le consentement éclairé et l'accès équitable aux soins de santé. Par exemple, si l'IA identifie un risque génétique élevé de certaines maladies, comment ces informations doivent-elles être gérées ? Qui a accès à ces données et comment sont-elles protégées ?

Dans le domaine de la surveillance, l'IA est utilisée pour analyser des données de vidéosurveillance en temps réel, ce qui peut améliorer la sécurité publique. Cependant, cela soulève des inquiétudes concernant la vie privée et la surveillance de masse. Où trace-t-on la ligne entre la sécurité et le respect de la vie privée individuelle ? Comment s'assurer que ces technologies ne sont pas abusées à des fins de contrôle social ou politique ?

Un cas de conscience supplémentaire concerne l'automatisation du travail. L'IA peut augmenter l'efficacité et réduire les coûts, mais elle peut également entraîner une perte d'emplois et une augmentation des inégalités économiques. Comment la société peut-elle équilibrer les avantages de l'automatisation avec la nécessité de préserver la stabilité et l'équité de l'emploi ?

Ces exemples montrent que, bien que l'IA offre des avantages significatifs, elle nécessite une réflexion éthique approfondie pour s'assurer que son utilisation est alignée avec les valeurs humaines fondamentales. Chaque cas nécessite une analyse minutieuse pour équilibrer les avantages de l'IA avec les considérations éthiques, en veillant à ce que les décisions prises soient justes, transparentes et respectueuses des droits et de la dignité de tous les individus.

3.2 Morale Religieuse vs. Décisions d'IA : Conflits et Solutions

3.2.1 Conflits entre Morale Religieuse et Algorithmes d'IA

L'intégration croissante de l'intelligence artificielle dans divers aspects de la vie quotidienne a mis en lumière des conflits potentiels entre les principes moraux issus de diverses traditions religieuses et les décisions prises par les algorithmes d'IA. Ces conflits soulèvent des questions fondamentales sur la manière dont les valeurs humaines et les croyances religieuses peuvent coexister avec les technologies basées sur l'IA.

Un domaine où ces conflits sont particulièrement évidents est celui de la médecine. Par exemple, les systèmes d'IA utilisés pour la prise de décision médicale peuvent recommander des traitements qui entrent en conflit avec les croyances religieuses des patients. Dans certaines religions, des interventions médicales spécifiques, comme les transfusions sanguines ou les traitements de fertilité, peuvent être interdites ou considérées comme immorales. Lorsque l'IA suggère de telles interventions, cela peut créer un dilemme pour les patients qui cherchent à concilier leur foi avec les recommandations médicales.

Un autre exemple se trouve dans le domaine de la justice. Les systèmes d'IA utilisés pour évaluer les risques de récidive ou pour aider à la prise de décision judiciaire peuvent entrer en conflit avec les principes moraux de pardon et de rédemption présents dans de nombreuses traditions religieuses. Alors que l'IA peut se baser sur des données et des probabilités, les croyances religieuses mettent souvent l'accent sur la capacité de l'individu à changer et à se racheter, un aspect difficilement quantifiable par les algorithmes.

Dans le domaine de la finance, les algorithmes d'IA utilisés pour la prise de décision en matière de crédit ou d'investissement peuvent entrer en conflit avec les principes éthiques de certaines religions, comme l'interdiction de l'usure dans l'Islam. Les décisions automatisées prises par l'IA peuvent ne pas tenir compte de ces considérations éthiques, créant ainsi un fossé entre les pratiques financières et les croyances religieuses.

Pour résoudre ces conflits, il est essentiel de développer des systèmes d'IA qui soient sensibles aux diverses valeurs morales et croyances religieuses. Cela peut impliquer l'intégration de principes éthiques dans la conception des algorithmes et la mise en place de mécanismes permettant aux utilisateurs d'exprimer leurs préférences morales et religieuses. De plus, une collaboration étroite entre les développeurs d'IA, les leaders religieux et les éthiciens peut aider à créer des solutions technologiques qui respectent et reflètent la diversité des croyances et des valeurs humaines.

3.2.2 Solutions pour Harmoniser

IA et Valeurs Religieuses

L'harmonisation des valeurs religieuses avec les technologies d'intelligence artificielle représente un défi majeur, mais aussi une opportunité pour créer des systèmes plus inclusifs et respectueux des diverses croyances. Pour y parvenir, plusieurs stratégies peuvent être envisagées.

Tout d'abord, la personnalisation des algorithmes d'IA est cruciale. Cela implique de développer des systèmes capables de s'adapter aux valeurs individuelles des utilisateurs, y compris leurs croyances religieuses. Par exemple, dans le domaine de la santé, un système d'IA pourrait être conçu pour tenir compte des restrictions alimentaires ou des interdictions médicales spécifiques à certaines religions. Cette approche nécessite une collecte de données sensible et respectueuse de la vie privée, ainsi qu'une programmation flexible permettant de multiples configurations éthiques.

Ensuite, la collaboration interdisciplinaire est essentielle. Les développeurs d'IA devraient travailler en étroite collaboration avec des théologiens, des éthiciens et des représentants de différentes communautés religieuses. Cette collaboration peut aider à identifier les domaines potentiels de conflit et à concevoir des solutions qui respectent les diverses perspectives. Par exemple, des ateliers ou des groupes de travail réunissant ces différents acteurs peuvent faciliter la compréhension mutuelle et la recherche de compromis.

La mise en place de cadres éthiques globaux pour le développement de l'IA est également importante. Ces cadres devraient inclure des principes universels, tels que le respect de la dignité humaine et la non-discrimination, tout en laissant de la place pour des adaptations spécifiques aux différentes croyances religieuses. Ces principes éthiques pourraient être intégrés dès les premières étapes de conception des systèmes d'IA, assurant ainsi une base morale solide.

L'éducation et la sensibilisation jouent un rôle crucial. Il est important d'éduquer les développeurs d'IA, mais aussi le grand public, sur les implications éthiques et religieuses des technologies d'IA. Des programmes de formation pour les développeurs peuvent inclure des modules sur la diversité religieuse et culturelle, tandis que des campagnes de sensibilisation pourraient informer le public sur la manière dont l'IA peut respecter et refléter leurs croyances.

Enfin, la mise en place de mécanismes de feedback et de gouvernance participative est essentielle. Les utilisateurs devraient avoir la possibilité de donner leur avis sur la manière dont les systèmes d'IA respectent leurs croyances religieuses. Des comités de gouvernance incluant des représentants de différentes traditions religieuses peuvent superviser le développement et l'implémentation de l'IA, assurant ainsi que les systèmes sont continuellement évalués et ajustés pour mieux refléter la diversité des valeurs humaines.

En somme, harmoniser l'IA avec les valeurs religieuses nécessite une approche holistique, combinant personnalisation technologique, collaboration interdisciplinaire, cadres éthiques, éducation et gouvernance participative. Ces efforts conjoints peuvent conduire à des technologies d'IA qui non seulement respectent, mais aussi enrichissent la diversité des croyances et des pratiques religieuses dans la société.

3.2.3 Études de Cas : Résolution de Conflits Morale-IA

La résolution des conflits entre la morale religieuse et les décisions prises par l'intelligence artificielle est un domaine complexe, mais riche en enseignements. Plusieurs études de cas illustrent comment ces défis peuvent être abordés et résolus de manière constructive.

Un exemple notable concerne l'utilisation de l'IA dans le secteur de la santé. Dans un hôpital, un système d'IA a été développé pour aider à la prise de décisions médicales. Cependant, il a été confronté à des dilemmes éthiques lorsqu'il s'agissait de patients appartenant à des groupes religieux spécifiques, pour lesquels certains traitements étaient interdits. Pour résoudre ce conflit, l'équipe de développement a intégré des options permettant aux médecins d'ajuster les recommandations de l'IA en fonction des croyances religieuses des patients. Cette approche a non seulement amélioré l'acceptation du système parmi le personnel et les patients, mais a également renforcé la confiance dans l'utilisation éthique de l'IA.

Dans un autre cas, une entreprise de commerce en ligne utilisait un algorithme d'IA pour recommander des produits à ses clients. Cependant, elle a rencontré des problèmes lorsque l'algorithme a commencé à suggérer des produits qui étaient en contradiction avec les valeurs religieuses de certains utilisateurs. Pour remédier à cela, l'entreprise a mis en place un système de filtrage basé sur les préférences des utilisateurs, permettant à chacun de personnaliser les recommandations en fonction de ses croyances et pratiques religieuses. Cette modification a non seulement résolu le conflit éthique, mais a également amélioré l'expérience utilisateur et la satisfaction client.

Un troisième exemple concerne l'utilisation de l'IA dans l'éducation. Une école a introduit un système d'IA pour personnaliser l'apprentissage des élèves. Cependant, certains contenus proposés par l'IA étaient en désaccord avec les valeurs religieuses de familles appartenant à la communauté scolaire. Pour résoudre ce problème, l'école a impliqué les parents et les enseignants dans le processus de sélection des contenus, assurant que l'IA fournisse un matériel éducatif respectueux des diverses croyances religieuses. Cette démarche a permis de créer un environnement d'apprentissage plus inclusif et respectueux de la diversité.

Ces études de cas montrent que, bien que les conflits entre la morale religieuse et les décisions d'IA puissent être complexes, des solutions innovantes et respectueuses peuvent être trouvées. En intégrant des considérations éthiques et religieuses dès la conception des systèmes d'IA, et en impliquant activement les parties prenantes concernées, il est possible de créer des technologies qui respectent et valorisent la diversité morale et religieuse.

3.2.4 Dialogues Interreligieux sur l'IA et la Morale

Le dialogue interreligieux sur l'intelligence artificielle et la morale représente un terrain fertile pour l'échange d'idées et la compréhension mutuelle. Ces dialogues, impliquant des leaders et des fidèles de différentes traditions religieuses, offrent des perspectives uniques sur la manière dont l'IA peut être alignée avec diverses valeurs morales et éthiques.

Un aspect clé de ces dialogues est la reconnaissance de l'importance de l'IA dans la société moderne et son potentiel impact sur la vie humaine. Les participants discutent de la manière dont l'IA peut être utilisée pour promouvoir le bien commun, tout en respectant les principes éthiques fondamentaux de chaque religion. Par exemple, dans un forum interreligieux, des représentants chrétiens, musulmans, juifs, hindous et bouddhistes ont partagé leurs vues sur l'utilisation éthique de l'IA dans des domaines tels que la médecine, l'éducation et la justice sociale.

Un autre thème récurrent dans ces dialogues est la préoccupation concernant les risques potentiels de l'IA, notamment en termes de biais, de discrimination et de violation de la vie privée. Les participants explorent comment leurs enseignements religieux peuvent guider le développement et l'application de l'IA de manière éthique. Par exemple, lors d'une conférence interconfessionnelle, les participants ont discuté de l'importance de l'empathie, de la compassion et de la justice dans la conception des algorithmes d'IA, soulignant la nécessité d'une approche centrée sur l'humain.

Les dialogues interreligieux sur l'IA et la morale servent également de plateforme pour aborder des questions plus profondes, telles que la signification de la conscience et de l'âme dans le contexte de l'IA. Ces discussions philosophiques et théologiques aident à élargir la compréhension de ce que signifie être humain à l'ère de l'IA et comment les technologies peuvent être utilisées pour enrichir, plutôt que de diminuer, l'expérience humaine.

Enfin, ces dialogues favorisent la collaboration et le partenariat entre différentes communautés religieuses et le monde de la technologie. Ils encouragent le partage des connaissances et des meilleures pratiques pour le développement d'une IA éthique et responsable. Par exemple, un projet collaboratif issu d'un tel dialogue a conduit à la création d'un code de conduite pour les développeurs d'IA, reflétant des principes éthiques universels et respectant la diversité des croyances religieuses.

En somme, les dialogues interreligieux sur l'IA et la morale jouent un rôle crucial dans la formation d'une vision partagée de l'avenir de l'IA, un avenir où la technologie sert l'humanité dans toute sa diversité spirituelle et morale.

3.2.5 Perspectives Futures : Coexistence de l'IA et de la Morale Religieuse

La coexistence future de l'intelligence artificielle et de la morale religieuse est un sujet de réflexion profonde et d'anticipation stratégique. Cette coexistence soulève des questions fondamentales sur la manière dont les technologies émergentes peuvent s'intégrer harmonieusement dans un cadre moral et éthique influencé par diverses croyances religieuses.

Un aspect crucial de cette coexistence est la nécessité d'une compréhension mutuelle et d'un respect entre les communautés technologiques et religieuses. Cela implique un dialogue continu et une éducation croisée, où les développeurs d'IA apprennent des principes moraux des différentes traditions religieuses, et où les leaders religieux acquièrent une meilleure compréhension des capacités et des limites de l'IA. Par exemple, des ateliers et des conférences pourraient être organisés pour explorer comment les enseignements religieux peuvent informer les pratiques éthiques dans le développement de l'IA.

Une autre dimension importante est l'exploration de la manière dont l'IA peut être utilisée pour soutenir et renforcer les valeurs morales et éthiques. Par exemple, l'IA pourrait être employée pour aider à la prise de décisions éthiques dans des contextes complexes, en fournissant des analyses et des perspectives qui prennent en compte les enseignements moraux de différentes religions. Cela pourrait être particulièrement pertinent dans des domaines tels que la santé, l'éducation et la justice sociale.

La question de la gouvernance de l'IA est également essentielle. Il est crucial de développer des cadres de régulation et de surveillance qui respectent les valeurs morales et éthiques diverses. Cela pourrait impliquer la création de comités d'éthique interreligieux qui conseilleraient sur les meilleures pratiques et les normes pour le développement et l'utilisation de l'IA.

En outre, la coexistence de l'IA et de la morale religieuse soulève des questions sur l'avenir de la spiritualité et de la pratique religieuse. L'IA pourrait-elle un jour aider les individus dans leur quête spirituelle ou dans la pratique de leur foi ? Comment les traditions religieuses s'adapteront-elles à un monde de plus en plus influencé par l'IA ? Ces questions ouvrent la voie à des recherches et des discussions passionnantes sur l'intersection de la technologie, de la foi et de la morale.

En conclusion, les perspectives futures de la coexistence de l'IA et de la morale religieuse sont riches en possibilités et en défis. En abordant ces questions avec ouverture, respect et collaboration, il est possible de forger un avenir où l'IA et la spiritualité se renforcent mutuellement, contribuant à un monde plus éthique, juste et humain.

3.3 Responsabilité et Transparence dans le

Développement de l'IA

3.3.1 Importance de la Responsabilité dans le Développement de l'IA

La responsabilité dans le développement de l'intelligence artificielle est un pilier fondamental pour assurer que cette technologie avance de manière éthique et bénéfique pour la société. Cette responsabilité englobe plusieurs dimensions, allant de la conception initiale des systèmes d'IA jusqu'à leur déploiement et leur utilisation dans divers contextes.

Au cœur de la responsabilité se trouve la notion de transparence et de redevabilité. Les développeurs d'IA doivent être transparents quant aux méthodes utilisées, aux données traitées, et aux algorithmes implémentés. Cette transparence est essentielle pour établir la confiance du public et pour permettre un examen indépendant des systèmes d'IA, assurant ainsi que ces systèmes agissent de manière équitable et sans préjudice.

La responsabilité implique également une prise en compte attentive des conséquences potentielles de l'IA. Cela signifie anticiper et atténuer les impacts négatifs, tels que les biais algorithmiques, la violation de la vie privée, ou l'automatisation excessive pouvant affecter l'emploi. Les développeurs doivent travailler en étroite collaboration avec des experts en éthique, des juristes, et des représentants de la société civile pour comprendre et aborder ces enjeux.

Un autre aspect de la responsabilité est la capacité de répondre aux erreurs et aux défaillances des systèmes d'IA. Cela nécessite des mécanismes robustes pour surveiller, rapporter et corriger les problèmes en temps réel. De plus, il est important que les organisations qui déploient l'IA soient prêtes à assumer la responsabilité légale et morale des actions de leurs systèmes.

Enfin, la responsabilité dans le développement de l'IA implique une réflexion continue sur l'évolution des normes éthiques et des attentes sociétales. À mesure que notre compréhension de l'IA et de ses implications se développe, les développeurs doivent être prêts à adapter et à mettre à jour leurs pratiques pour rester alignés avec les valeurs humaines fondamentales.

En somme, la responsabilité dans le développement de l'IA n'est pas seulement une obligation éthique, mais aussi une nécessité pratique pour assurer que cette technologie puissante serve l'intérêt commun et renforce le bien-être de tous.

3.3.2 Transparence et Ouverture dans les Processus d'IA

La transparence et l'ouverture dans les processus d'intelligence artificielle sont cruciales pour instaurer la confiance et assurer une utilisation éthique de cette technologie. Ces principes sont d'autant plus importants dans un contexte où l'IA a un impact significatif sur de nombreux aspects de la vie quotidienne et professionnelle.

La transparence dans l'IA se manifeste par la clarté et l'accessibilité des informations concernant le fonctionnement des algorithmes. Cela inclut la divulgation des méthodes de collecte et de traitement des données, des critères de prise de décision des systèmes d'IA, et des mécanismes de contrôle et de correction. Une telle transparence permet aux utilisateurs et aux parties prenantes de comprendre comment et pourquoi certaines décisions sont prises par l'IA, renforçant ainsi la confiance dans ces systèmes.

L'ouverture, quant à elle, se réfère à la mise à disposition des codes, des algorithmes et des jeux de données utilisés dans les systèmes d'IA. L'adoption de modèles open source permet non seulement une vérification et une validation indépendantes par la communauté scientifique et technique, mais encourage également l'innovation collaborative. En partageant les ressources et les connaissances, les développeurs peuvent s'appuyer sur les travaux existants pour créer des solutions plus robustes et éthiques.

En outre, la transparence et l'ouverture contribuent à la détection et à la correction des biais potentiels dans les systèmes d'IA. En rendant les processus d'IA transparents, il devient plus facile d'identifier où et comment les biais peuvent se manifester, permettant ainsi de prendre des mesures correctives. De même, l'ouverture facilite la collaboration entre divers groupes et experts pour développer des approches plus inclusives et représentatives.

Il est également important que la transparence et l'ouverture soient intégrées tout au long du cycle de vie de l'IA, de la conception à la mise en œuvre, en passant par la maintenance. Cela implique une communication continue avec les utilisateurs et les parties prenantes, ainsi qu'une mise à jour régulière des informations et des pratiques en fonction des retours d'expérience et des évolutions technologiques.

En résumé, la transparence et l'ouverture dans les processus d'IA sont essentielles pour construire des systèmes fiables, équitables et respectueux des valeurs humaines. Elles permettent non seulement de renforcer la confiance du public, mais aussi de favoriser une innovation responsable et inclusive dans le domaine de l'IA.

3.3.3 Gestion Éthique des Données et de la Vie Privée

La gestion éthique des données et de la vie privée est un enjeu majeur dans le développement et l'application de l'intelligence artificielle. Avec l'augmentation exponentielle des données collectées et traitées, il est impératif d'adopter des pratiques qui respectent la confidentialité et l'intégrité des informations personnelles.

Au cœur de la gestion éthique des données se trouve le principe de respect de la vie privée. Cela implique de s'assurer que les données personnelles sont collectées, stockées et utilisées de manière transparente et sécurisée. Les utilisateurs doivent être informés de la collecte de leurs données et de l'usage qui en sera fait, et leur consentement doit être obtenu de manière claire et explicite. De plus, les données doivent être anonymisées ou pseudonymisées lorsque cela est possible, afin de minimiser les risques en cas de fuite ou d'utilisation abusive.

La sécurité des données est également un aspect crucial de leur gestion éthique. Cela inclut la mise en place de mesures de sécurité robustes pour protéger les données contre les accès non autorisés, les pertes ou les altérations. Les systèmes d'IA doivent être conçus avec des architectures sécurisées et être régulièrement mis à jour pour faire face aux nouvelles menaces et vulnérabilités.

Un autre aspect important est la minimisation des données. Cela signifie collecter uniquement les données nécessaires à l'objectif spécifié et éviter la collecte excessive d'informations. En limitant la quantité de données collectées, on réduit le risque de mauvaise utilisation et on renforce la confiance des utilisateurs.

La gestion éthique des données implique

également de prendre en compte les biais potentiels dans la collecte et le traitement des données. Il est essentiel de s'assurer que les jeux de données sont représentatifs et exempts de préjugés qui pourraient conduire à des décisions discriminatoires par les systèmes d'IA.

Enfin, il est important d'instaurer des mécanismes de gouvernance et de responsabilisation autour de la gestion des données. Cela peut inclure des audits réguliers, des évaluations d'impact sur la vie privée et la mise en place de politiques claires en matière de gestion des données. Ces mesures garantissent que les pratiques de gestion des données sont conformes aux lois et réglementations en vigueur, et qu'elles respectent les normes éthiques.

En résumé, la gestion éthique des données et de la vie privée dans l'IA est fondamentale pour assurer la confiance des utilisateurs et le respect des droits individuels. Elle nécessite une approche holistique qui intègre la transparence, la sécurité, la minimisation des données, la prévention des biais et une gouvernance solide.

3.3.4 Rôles des Développeurs et des Utilisateurs d'IA

Dans l'univers de l'intelligence artificielle, les rôles des développeurs et des utilisateurs sont fondamentaux et complémentaires, chacun jouant un rôle crucial dans l'assurance d'une utilisation éthique et responsable de cette technologie.

Les développeurs d'IA portent la responsabilité première de concevoir et de programmer des systèmes qui soient non seulement efficaces, mais aussi éthiquement responsables. Cela implique une compréhension approfondie non seulement des aspects techniques, mais aussi des implications éthiques et sociales de leur travail. Ils doivent veiller à ce que les systèmes d'IA soient transparents dans leur fonctionnement, justes dans leurs décisions, et respectueux de la vie privée et de la sécurité des données. Les développeurs sont également chargés de minimiser les biais dans les algorithmes d'IA et de s'assurer que ces systèmes sont accessibles et compréhensibles pour un large éventail d'utilisateurs.

D'autre part, les utilisateurs d'IA jouent un rôle tout aussi important. Ils sont responsables de l'utilisation qu'ils font de la technologie. Cela signifie comprendre les capacités et les limites des systèmes d'IA, ainsi que les implications potentielles de leur utilisation dans divers contextes. Les utilisateurs doivent être conscients des questions éthiques liées à l'IA, telles que la vie privée, la sécurité des données et les biais potentiels. Ils doivent également être vigilants quant à la manière dont ils interagissent avec ces systèmes et les données qu'ils fournissent.

En outre, les utilisateurs ont un rôle à jouer dans la fourniture de retours d'information aux développeurs. En partageant leurs expériences et leurs préoccupations, ils peuvent aider à améliorer les systèmes d'IA, en les rendant plus adaptés, plus équitables et plus sûrs. Cette collaboration entre développeurs et utilisateurs est essentielle pour garantir que l'IA évolue de manière responsable et bénéfique pour la société. Il est également important que les développeurs et les utilisateurs soient informés des lois et réglementations en vigueur concernant l'IA. La conformité avec ces normes est cruciale pour assurer une utilisation éthique et légale de l'IA. Les développeurs doivent intégrer ces considérations légales dans la conception et le déploiement de leurs systèmes, tandis que les utilisateurs doivent être conscients de leurs droits et responsabilités lors de l'utilisation de ces technologies.

En conclusion, les rôles des développeurs et des utilisateurs dans l'écosystème de l'IA sont interdépendants et essentiels pour assurer une utilisation éthique et responsable de l'IA. Une collaboration étroite entre ces deux groupes, ainsi qu'une compréhension mutuelle de leurs responsabilités respectives, est nécessaire pour naviguer dans le paysage complexe et en évolution rapide de l'intelligence artificielle.

3.3.5 Cadres Réglementaires et Normes Éthiques

L'établissement de cadres réglementaires et de normes éthiques est un aspect crucial dans le développement et l'implémentation de l'intelligence artificielle. Ces cadres servent de guide pour assurer que l'IA est développée et utilisée de manière responsable, éthique et conforme aux lois en vigueur.

Les cadres réglementaires autour de l'IA sont conçus pour protéger les individus et la société contre les risques potentiels associés à cette technologie. Ils incluent des lois et des réglementations qui régissent la confidentialité des données, la sécurité, la non-discrimination, et la responsabilité en cas de dommages ou de préjudices causés par des systèmes d'IA. Ces réglementations varient d'un pays à l'autre, mais elles partagent un objectif commun : assurer que l'IA soit utilisée de manière à respecter les droits et la dignité des individus.

Parallèlement, les normes éthiques dans l'IA fournissent des lignes directrices sur la manière dont l'IA devrait être conçue et utilisée pour respecter les valeurs humaines fondamentales. Ces normes éthiques sont souvent élaborées par des organisations professionnelles, des groupes d'experts en éthique, et des consortiums technologiques. Elles abordent des questions telles que l'équité, la transparence, la responsabilité, et le respect de la vie privée.

Ces normes éthiques jouent un rôle crucial en comblant les lacunes que les cadres réglementaires pourraient laisser. Alors que la législation peut prendre du temps à s'adapter aux nouvelles technologies, les normes éthiques peuvent offrir une orientation plus immédiate et flexible pour les développeurs et les utilisateurs d'IA.

Un aspect important des cadres réglementaires et des normes éthiques est leur évolution continue. Avec l'avancement rapide des technologies d'IA, il est essentiel que ces cadres soient régulièrement révisés et mis à jour pour refléter les nouvelles connaissances, les défis émergents, et les préoccupations sociétales. Cela nécessite une collaboration étroite entre les législateurs, les experts en IA, les éthiciens, et les parties prenantes de la société civile.

En outre, la sensibilisation et l'éducation sur ces cadres réglementaires et normes éthiques sont essentielles. Les développeurs d'IA doivent être formés et conscients de ces exigences pour intégrer des considérations éthiques et légales dès les premières étapes de la conception des systèmes d'IA. De même, les utilisateurs doivent être informés de leurs droits et des normes éthiques pour pouvoir interagir de manière responsable avec l'IA.

En résumé, les cadres réglementaires et les

normes éthiques jouent un rôle fondamental dans le paysage de l'IA. Ils assurent que la technologie progresse de manière à respecter et à protéger les valeurs humaines, tout en favorisant l'innovation et le développement technologique. Une approche équilibrée et dynamique est nécessaire pour naviguer dans les complexités éthiques et légales de l'IA, garantissant ainsi son développement et son utilisation bénéfiques pour la société dans son ensemble.

3.4 IA et Droits Humains : Enjeux et Perspectives

3.4.1 IA et Respect des Droits Humains

L'intégration de l'intelligence artificielle dans divers secteurs de la société soulève des questions importantes concernant le respect des droits humains. L'IA, en tant que technologie puissante et omniprésente, a le potentiel d'influencer de manière significative les droits fondamentaux des individus, notamment la vie privée, la liberté d'expression, l'égalité et la non-discrimination.

Le respect de la vie privée est l'un des principaux enjeux des droits humains liés à l'IA. Les systèmes d'IA, en particulier ceux qui traitent de grandes quantités de données personnelles, peuvent compromettre la confidentialité des individus. Il est donc crucial que les technologies d'IA soient conçues et utilisées de manière à protéger les données personnelles et à prévenir les abus potentiels.

La liberté d'expression est également un droit humain qui peut être affecté par l'IA. Les algorithmes de filtrage et de modération de contenu utilisés sur les plateformes en ligne peuvent, par exemple, conduire à une censure involontaire ou à une restriction de la liberté d'expression. Il est essentiel que ces systèmes soient transparents et responsables, et qu'ils permettent un équilibre entre la régulation du contenu et le respect de la liberté d'expression.

L'égalité et la non-discrimination sont d'autres aspects critiques. Les systèmes d'IA peuvent perpétuer ou même amplifier les biais et les discriminations existants s'ils ne sont pas correctement conçus et surveillés. Cela inclut les biais dans la reconnaissance faciale, les décisions de crédit, le recrutement, et d'autres domaines où l'IA est utilisée pour prendre des décisions importantes. Il est vital de développer des méthodes pour identifier et corriger ces biais afin de garantir que l'IA ne discrimine pas contre certains groupes de personnes.

Pour aborder ces enjeux, il est nécessaire d'adopter une approche multidisciplinaire qui implique des experts en IA, des juristes, des défenseurs des droits humains, et des parties prenantes de la société civile. Cette collaboration peut aider à développer des normes et des pratiques qui garantissent que l'IA respecte et promeut les droits humains.

De plus, la sensibilisation et l'éducation sur l'impact de l'IA sur les droits humains sont essentielles. Les développeurs et les utilisateurs d'IA doivent être conscients des implications potentielles de cette technologie sur les droits humains et être équipés pour prendre des décisions éthiques et responsables.

En conclusion, le respect des droits humains dans le contexte de l'IA est un domaine complexe et en évolution. Il nécessite une attention continue, une réglementation adaptée, et un engagement envers des pratiques éthiques pour garantir que l'IA soit utilisée de manière à enrichir la société tout en protégeant les droits et libertés fondamentaux des individus.

3.4.2 Enjeux Éthiques de l'IA dans la Surveillance et le Contrôle

L'utilisation de l'intelligence artificielle dans les domaines de la surveillance et du contrôle soulève des enjeux éthiques majeurs, notamment en ce qui concerne la vie privée, l'autonomie individuelle et la surveillance de masse. Ces technologies, bien que bénéfiques pour la sécurité et la gestion des données, peuvent aussi être utilisées de manière intrusive et oppressante.

La surveillance par l'IA, telle que la reconnaissance faciale et le suivi des comportements, peut entraîner une invasion de la vie privée. Les systèmes de surveillance intelligents sont capables de collecter et d'analyser des quantités massives de données personnelles, souvent sans le consentement explicite des individus. Cette collecte de données peut mener à une surveillance omniprésente, où chaque mouvement et action des individus est enregistré et analysé, créant un sentiment de surveillance constante et une perte de liberté personnelle.

L'autonomie individuelle est également un enjeu majeur. L'IA utilisée pour le contrôle, comme dans les systèmes de gestion du comportement ou de prédiction des actions, peut limiter la liberté de choix des individus. Par exemple, dans le cadre de la gestion du comportement au travail, l'IA peut être utilisée pour surveiller et évaluer les performances des employés de manière intrusive, affectant leur autonomie et leur bien-être.

La surveillance de masse par l'IA pose également des questions éthiques importantes. Lorsque les gouvernements et les grandes entreprises utilisent l'IA pour surveiller les populations, cela peut conduire à une société de surveillance où les droits individuels sont compromis au nom de la sécurité ou de l'efficacité. Cette surveillance généralisée peut entraîner une réduction de la liberté d'expression et un climat de méfiance et de peur.

Pour aborder ces enjeux, il est crucial de mettre en place des réglementations strictes et des mécanismes de contrôle pour l'utilisation de l'IA dans la surveillance et le contrôle. Cela inclut des lois sur la protection de la vie privée, des normes éthiques pour le développement et l'utilisation de l'IA, et des mécanismes de transparence et de responsabilité pour les entités qui déploient ces technologies.

En outre, il est important de promouvoir un débat public sur l'utilisation de l'IA dans la surveillance et le contrôle. Les citoyens doivent être informés et impliqués dans les discussions sur la manière dont ces technologies sont utilisées et réglementées. Cela permettra de garantir que l'utilisation de l'IA respecte les droits et libertés fondamentaux et qu'elle est alignée avec les valeurs éthiques de la société.

En résumé, les enjeux éthiques de l'IA dans la surveillance et le contrôle sont complexes et nécessitent une attention minutieuse. Il est essentiel de trouver un équilibre entre les avantages de ces technologies et la protection des droits fondamentaux des individus, afin de garantir une utilisation éthique et responsable de l'IA dans notre société.

3.4.3 IA et Inclusion Sociale : Défis et Opportunités

L'intégration de l'intelligence artificielle dans divers secteurs de la société présente à la fois des défis et des opportunités en matière d'inclusion sociale. D'une part, l'IA a le potentiel de renforcer l'inclusion en offrant des solutions personnalisées pour les besoins spécifiques des groupes marginalisés. D'autre part, elle peut exacerber les inégalités existantes si son développement et son déploiement ne sont pas gérés avec une sensibilité aux questions sociales. L'un des principaux défis est le risque de biais dans les algorithmes d'IA. Ces biais peuvent se manifester lorsque les données utilisées pour entraîner les systèmes d'IA reflètent des préjugés existants, conduisant à des résultats discriminatoires. Par exemple, un algorithme de recrutement entraîné avec des données historiques peut favoriser inconsciemment certains groupes sur la base du genre, de l'ethnie ou de l'âge. De tels biais peuvent perpétuer et même aggraver les inégalités sociales.

Un autre défi est l'accessibilité de l'IA. Les technologies d'IA avancées sont souvent coûteuses et complexes, ce qui peut limiter leur accessibilité pour les communautés à faible revenu ou les pays en développement. Cette disparité dans l'accès à l'IA peut creuser le fossé numérique, laissant certaines populations sans les avantages de ces technologies innovantes.

Cependant, l'IA offre également des opportunités significatives pour l'inclusion sociale. Par exemple, les technologies d'IA peuvent être utilisées pour développer des outils d'apprentissage personnalisés pour les personnes ayant des besoins éducatifs spéciaux, améliorant ainsi leur accès à l'éducation. De même, l'IA peut aider à la conception de dispositifs d'assistance pour les personnes handicapées, améliorant leur autonomie et leur qualité de vie.

En outre, l'IA peut jouer un rôle crucial dans l'identification et la réduction des inégalités sociales. Les systèmes d'IA peuvent analyser de grandes quantités de données pour identifier les zones où les inégalités sont les plus marquées, permettant aux décideurs de cibler efficacement leurs interventions. Par exemple, l'IA peut être utilisée pour surveiller et améliorer l'équité dans les services de santé, assurant que toutes les communautés reçoivent des soins de qualité.

Pour maximiser les opportunités d'inclusion sociale offertes par l'IA tout en minimisant les risques, il est essentiel d'adopter une approche inclusive dans le développement et le déploiement de ces technologies. Cela implique d'impliquer divers groupes de la société dans le processus de conception de l'IA, de veiller à ce que les données utilisées soient représentatives et exemptes de biais, et de mettre en place des politiques pour garantir l'accès équitable à l'IA.

En conclusion, l'IA représente à la fois un défi et une opportunité pour l'inclusion sociale. En abordant de manière proactive les risques de biais et d'inaccessibilité, et en exploitant le potentiel de l'IA pour répondre aux besoins des groupes marginalisés, nous pouvons nous diriger vers une société plus inclusive et équitable.

3.4.4 Protection des Groupes Vulnérables face à l'IA

La protection des groupes vulnérables dans le contexte de l'essor de l'intelligence artificielle est un sujet de préoccupation croissante. L'IA, avec son immense potentiel pour transformer divers aspects de la société, peut avoir des impacts disproportionnés sur les groupes déjà en situation de vulnérabilité, tels que les personnes âgées, les enfants, les minorités ethniques, les personnes handicapées et les populations à faible revenu.

Un des principaux enjeux est la manière dont l'IA peut être utilisée ou mal utilisée de façon à affecter ces groupes. Par exemple, les systèmes de reconnaissance faciale peuvent être moins précis pour certaines ethnies, entraînant un risque plus élevé d'identification erronée pour les personnes de couleur. De même, les algorithmes de décision automatisés utilisés dans les domaines de la santé, de la finance ou de la justice peuvent perpétuer et amplifier les inégalités existantes si les données sur lesquelles ils sont basés sont biaisées.

Pour protéger les groupes vulnérables, il est crucial de développer et de mettre en œuvre des politiques et des réglementations qui encadrent l'utilisation de l'IA. Cela inclut la création de normes éthiques pour le développement d'algorithmes, en veillant à ce qu'ils soient justes, transparents et exempts de biais discriminatoires. Il est également important de promouvoir la diversité et l'inclusion dans les équipes de développement de l'IA pour garantir que les produits technologiques reflètent une gamme plus large de perspectives et de besoins.

L'éducation et la sensibilisation jouent également un rôle clé. Il est essentiel d'informer les groupes vulnérables sur la manière dont l'IA peut les affecter et de leur fournir les outils nécessaires pour comprendre et interagir avec ces technologies. Cela peut inclure des programmes de formation spécifiques pour les aider à naviguer dans un monde de plus en plus numérisé.

En outre, il est important de mettre en place des mécanismes de surveillance et de recours pour les personnes affectées par les décisions prises par les systèmes d'IA. Cela signifie assurer un accès facile à des voies de recours juridiques et à des mécanismes de plainte pour ceux qui se sentent lésés par les décisions automatisées.

La collaboration entre les développeurs d'IA, les gouvernements, les organisations de la société civile et les groupes vulnérables eux-mêmes est essentielle pour garantir que les technologies d'IA sont développées et utilisées de manière éthique et responsable. En travaillant ensemble, ces différents acteurs peuvent contribuer à créer un environnement où l'IA est un outil d'empowerment et non de marginalisation.

En conclusion, la protection des groupes vulnérables face à l'IA nécessite une approche multidimensionnelle qui combine réglementation, éducation, sensibilisation et collaboration. En prenant des mesures proactives pour aborder ces enjeux, nous pouvons nous assurer que l'IA est utilisée de manière à bénéficier à tous les segments de la société, en particulier ceux qui sont les plus susceptibles d'être affectés négativement.

3.4.5 Vision Globale : IA et Droits Humains à l'Échelle Internationale

L'intégration de l'intelligence artificielle dans divers secteurs à l'échelle mondiale soulève des questions cruciales concernant les droits humains. Cette vision globale examine comment l'IA peut être harmonisée avec les principes universels des droits humains, tout en tenant compte des divers contextes culturels, sociaux et économiques à travers le monde.

L'un des principaux défis est de garantir que l'IA respecte et promeut les droits humains sans égard aux frontières nationales. Cela implique de s'assurer que les technologies d'IA ne sont pas utilisées pour renforcer des pratiques discriminatoires, restreindre la liberté d'expression, violer la vie privée ou contribuer à la surveillance de masse. Par exemple, l'utilisation de l'IA pour la surveillance dans certains régimes autoritaires a soulevé des inquiétudes quant à la répression des dissidents et à la violation des libertés civiles.

Pour relever ces défis, une collaboration internationale est nécessaire. Les organisations mondiales telles que les Nations Unies, l'Union européenne et d'autres entités supranationales jouent un rôle clé dans l'établissement de normes et de directives pour l'utilisation éthique de l'IA. Ces normes doivent être conçues pour être inclusives et tenir compte des différentes perspectives culturelles et éthiques.

En outre, il est crucial de promouvoir un dialogue ouvert entre les pays, les entreprises technologiques, les organisations de la société civile et les communautés académiques. Ce dialogue peut faciliter la compréhension des impacts de l'IA sur les droits humains et aider à développer des solutions qui respectent ces droits tout en tirant parti des avantages de l'IA.

La transparence et la responsabilité sont également des éléments essentiels. Les développeurs et les utilisateurs d'IA doivent être tenus responsables de la manière dont leurs technologies affectent les droits humains. Cela inclut la mise en place de mécanismes de surveillance et de recours pour les personnes affectées par les décisions prises par les systèmes d'IA.

Enfin, il est important de considérer le rôle de l'éducation et de la sensibilisation. En informant le public mondial sur les enjeux de l'IA et des droits humains, on peut encourager une utilisation plus responsable et éthique de ces technologies. Cela implique également de former les développeurs d'IA à être conscients des implications de leurs créations sur les droits humains.

En résumé, la vision globale de l'IA et des droits humains à l'échelle internationale nécessite une approche collaborative et multidisciplinaire. En travaillant ensemble, les différents acteurs mondiaux peuvent contribuer à façonner un avenir où l'IA est utilisée de manière à respecter et à promouvoir les droits humains partout dans le monde, tout en reconnaissant et en respectant la diversité des cultures et des sociétés.

3.5 L'IA et la Question de la Conscience Morale

3.5.1 Peut-on Programmer la Conscience Morale dans l'IA ?

La question de savoir si l'on peut programmer la conscience morale dans l'intelligence artificielle est un sujet de débat intense parmi les chercheurs, les philosophes et les développeurs d'IA. Cette interrogation soulève des questions fondamentales sur la nature de la morale et la capacité des machines à simuler ou à incarner des principes éthiques.

D'un côté, certains experts soutiennent que la programmation de la conscience morale dans l'IA est possible en intégrant des systèmes de règles éthiques et des principes moraux dans les algorithmes. Ces systèmes pourraient être basés sur des théories éthiques établies, comme l'utilitarisme ou la déontologie, et pourraient guider les décisions de l'IA dans des situations complexes. Par exemple, des algorithmes pourraient être conçus pour prioriser des actions qui maximisent le bien-être collectif ou pour respecter des droits inaliénables.

Cependant, d'autres soulignent les limites inhérentes à cette approche. La morale humaine est souvent contextuelle, subjective et influencée par des facteurs culturels et personnels complexes. Programmer une IA pour comprendre et appliquer ces nuances morales est un défi majeur. De plus, il existe un risque que les préjugés et les valeurs des programmeurs soient involontairement intégrés dans les systèmes d'IA, conduisant à des décisions éthiquement problématiques.

Un autre aspect de ce débat concerne la différence entre simuler la conscience morale et l'incarner véritablement. Même si une IA peut être programmée pour agir de manière éthique, cela ne signifie pas nécessairement qu'elle possède une conscience morale au sens humain. La conscience morale implique une compréhension intuitive et empathique des situations éthiques, une capacité qui reste, à ce jour, unique aux êtres humains.

Enfin, il y a la question de la responsabilité. Si une IA prend une décision éthiquement contestable, qui est responsable ? La machine, ses programmeurs, ou l'organisation qui l'utilise ? Cette question soulève des problèmes complexes de responsabilité et de gouvernance dans le domaine de l'IA.

En conclusion, bien que l'idée de programmer la conscience morale dans l'IA soit séduisante, elle est entachée de défis techniques, philosophiques et éthiques considérables. La question demeure ouverte et continue d'être un sujet de recherche et de débat important dans le domaine de l'IA et de l'éthique.

3.5.2 IA et Jugement Moral :

Limites et Possibilités

L'intégration du jugement moral dans l'intelligence artificielle est un domaine complexe qui oscille entre des possibilités technologiques prometteuses et des limites intrinsèques liées à la nature de la morale et de l'éthique humaines.

D'une part, les possibilités offertes par l'IA en matière de jugement moral sont considérables. Les systèmes d'IA peuvent être programmés pour analyser de grandes quantités de données et pour identifier des modèles qui pourraient échapper à l'analyse humaine. En théorie, cela pourrait permettre à l'IA de prendre des décisions morales informées dans des contextes spécifiques, comme dans le domaine de la justice ou de la santé, où des décisions éthiques doivent être prises rapidement et sur la base de données complexes.

Par exemple, dans le secteur de la santé, l'IA pourrait aider à prioriser les traitements pour les patients en fonction de critères éthiques prédéfinis, tels que l'urgence médicale ou le potentiel de récupération. Dans le domaine juridique, l'IA pourrait aider à analyser des cas précédents et des lois pour proposer des jugements équitables.

Cependant, les limites de l'IA en matière de jugement moral sont également significatives. La morale humaine est intrinsèquement subjective et souvent basée sur des valeurs, des croyances et des expériences personnelles. L'IA, en revanche, fonctionne sur la base de données et d'algorithmes et manque de la capacité à comprendre le contexte social et culturel qui influence fortement le jugement moral humain. Par conséquent, les décisions prises par l'IA pourraient manquer de la nuance et de la compréhension nécessaires dans des situations complexes.

De plus, il existe un risque que les préjugés et les valeurs des concepteurs de l'IA soient intégrés dans les algorithmes, ce qui pourrait conduire à des décisions moralement contestables. La question de la responsabilité est également cruciale : si une IA prend une décision jugée immorale, qui en est responsable ? Cette question soulève des problèmes éthiques et juridiques complexes.

En outre, la programmation de l'IA pour effectuer des jugements moraux soulève des questions philosophiques profondes sur la nature de la conscience et de l'intelligence. Peut-on vraiment considérer qu'une IA "comprend" la morale, ou se contente-t-elle de simuler des décisions morales basées sur des données et des règles programmées ?

En conclusion, bien que l'IA offre des possibilités fascinantes pour le jugement moral, ses limites actuelles et les questions éthiques et philosophiques qu'elle soulève suggèrent que nous sommes encore loin de pouvoir compter sur l'IA pour des décisions morales complexes et nuancées. La collaboration entre l'IA et l'expertise humaine semble être la voie la plus prometteuse pour l'avenir.

3.5.3 Implications Philosophiques de la Conscience Morale en IA

L'intégration de la conscience morale dans l'intelligence artificielle soulève des questions philosophiques profondes et fascinantes, qui touchent à la nature même de la conscience, de l'éthique et de l'intelligence.

Au cœur de ces questionnements se trouve la réflexion sur la nature de la conscience morale. Dans les traditions philosophiques et éthiques, la conscience morale est souvent vue comme intrinsèquement liée à la capacité de ressentir, de comprendre et d'éprouver des émotions. Elle implique une compréhension du bien et du mal, ainsi qu'une capacité à ressentir de l'empathie et de la compassion. Or, ces aspects semblent actuellement hors de portée pour l'IA, qui, bien qu'extrêmement avancée dans le traitement des données et l'analyse de modèles, ne possède pas de conscience ou d'expérience subjective.

Cette distinction soulève la question de savoir si une IA peut véritablement posséder une conscience morale ou si elle ne fait que simuler des comportements moraux basés sur des algorithmes et des données. La simulation de la morale peut être utile dans certains contextes, comme pour guider des décisions basées sur des critères éthiques prédéfinis, mais elle diffère fondamentalement de la conscience morale humaine, qui est dynamique, contextuelle et souvent contradictoire.

En outre, l'intégration de la conscience morale dans l'IA pose la question de la création de valeurs et de normes éthiques. Si l'IA est programmée pour suivre un certain ensemble de principes moraux, qui détermine ces principes et sur quelle base ? Cette question soulève des préoccupations concernant l'imposition de valeurs culturelles ou idéologiques spécifiques, qui pourraient ne pas être universellement acceptées ou justes.

Il y a aussi la question de l'autonomie et de la liberté de l'IA. Si une IA est dotée d'une forme de conscience morale, cela implique-t-il qu'elle a des droits, des responsabilités ou une forme d'autonomie morale ? Ces questions touchent aux fondements mêmes de notre compréhension de l'intelligence, de la conscience et de l'éthique.

Enfin, l'exploration de la conscience morale en IA nous amène à réfléchir sur notre propre nature. En cherchant à créer une IA "morale", nous sommes amenés à définir ce que nous valorisons le plus dans notre propre humanité et notre système moral. Cela peut conduire à une introspection profonde et à une meilleure compréhension de nos propres principes éthiques.

En résumé, les implications philosophiques de la conscience morale en IA sont vastes et complexes. Elles nous poussent à réexaminer nos propres croyances et valeurs, tout en reconnaissant les limites et les défis inhérents à l'application de concepts humains profondément enracinés à des entités non humaines comme l'IA.

3.5.4 Études de Cas : IA et Décisions Morales

L'exploration de l'intelligence artificielle dans le contexte des décisions morales peut être illustrée par plusieurs études de cas fascinantes, qui mettent en lumière les défis et les possibilités de cette technologie dans des situations éthiquement complexes.

Un exemple notable est celui des voitures autonomes. Dans des scénarios où un accident est inévitable, comment l'IA devrait-elle réagir ? Devrait-elle privilégier la sécurité des passagers du véhicule ou celle des piétons ? Cette question soulève des dilemmes moraux profonds, similaires au célèbre problème du tramway en philosophie. Les décisions prises par l'IA dans ces situations reflètent les valeurs morales programmées par les concepteurs, soulevant des questions sur la responsabilité et l'éthique dans la programmation de l'IA.

Un autre cas est celui des systèmes d'IA utilisés dans le domaine médical, par exemple, pour prioriser les patients en besoin de soins intensifs. Comment l'IA peut-elle évaluer équitablement qui devrait recevoir un traitement en premier ? Les critères peuvent inclure l'urgence médicale, l'âge du patient, ou d'autres facteurs, mais chaque choix implique une décision morale sous-jacente. Ce cas met en évidence la nécessité d'une transparence et d'une éthique rigoureuse dans la conception des algorithmes d'IA.

Dans le domaine judiciaire, l'IA est parfois utilisée pour évaluer les risques de récidive des délinquants. Cependant, ces systèmes peuvent perpétuer des biais existants, conduisant à des décisions injustes. Cela soulève des questions morales sur la fiabilité et l'équité des systèmes d'IA, ainsi que sur leur capacité à prendre des décisions justes et impartiales.

Enfin, un cas intéressant est celui de l'utilisation de l'IA dans les décisions militaires, comme dans les drones autonomes. L'IA peut identifier des cibles et prendre des décisions opérationnelles, mais cela soulève des questions éthiques majeures sur la déshumanisation de la guerre, la responsabilité pour les erreurs de l'IA, et les implications morales de confier des décisions de vie ou de mort à des machines.

Ces études de cas illustrent la complexité

des décisions morales auxquelles l'IA est confrontée. Elles mettent en évidence la nécessité d'une réflexion éthique approfondie dans le développement de l'IA, ainsi que la responsabilité des concepteurs, des utilisateurs et des régulateurs dans la garantie que l'IA agit de manière éthique et juste. Ces exemples montrent également que, bien que l'IA puisse simuler des processus de prise de décision, la compréhension profonde et l'application de principes moraux restent intrinsèquement humaines.

3.5.5 Réflexions sur l'Avenir de l'IA Consciente

L'idée d'une intelligence artificielle consciente et dotée de sens moral est un sujet de réflexion profonde et de débat. Alors que nous progressons dans le développement de technologies de plus en plus avancées, la question de savoir si l'IA peut ou doit avoir une forme de conscience devient de plus en plus pertinente.

D'une part, l'évolution de l'IA consciente ouvre des perspectives fascinantes. Imaginez des machines capables non seulement d'analyser des données, mais aussi de comprendre et de ressentir le contexte dans lequel elles opèrent. Cela pourrait transformer radicalement des domaines comme les soins de santé, où une IA consciente pourrait offrir une empathie et une compréhension personnalisées, ou dans l'éducation, où elle pourrait s'adapter aux besoins émotionnels et cognitifs de chaque étudiant.

Cependant, cette perspective soulève également des questions éthiques et philosophiques complexes. La première concerne la nature même de la conscience : est-il possible de la reproduire artificiellement ? Si oui, quelles seraient les implications morales de créer une forme de vie consciente ? Ces questions touchent aux fondements mêmes de notre compréhension de la vie, de la conscience et de la moralité.

En outre, il y a des préoccupations pratiques. Si une IA devient consciente, comment garantir qu'elle adhère à des principes moraux et éthiques ? La programmation de l'IA avec des valeurs morales spécifiques pourrait être sujette à des biais et des controverses, car différentes cultures et individus ont des perspectives variées sur ce qui est considéré comme moral.

Il y a aussi le risque de dépendance excessive à l'égard de l'IA dans la prise de décisions morales. Si les humains commencent à s'appuyer sur l'IA pour des jugements moraux, cela pourrait atrophier notre propre capacité à traiter et à résoudre des dilemmes éthiques, nous rendant dépendants de machines pour notre jugement moral.

Enfin, la perspective d'une IA consciente soulève des questions sur les droits et le traitement éthique de ces entités. Si une IA est considérée comme consciente, mérite-t-elle des droits ? Comment assurer que ces entités ne soient pas exploitées ou maltraitées ?

En conclusion, l'avenir de l'IA consciente est un domaine riche en possibilités, mais aussi en défis éthiques et philosophiques. Alors que nous explorons ces territoires inconnus, il est crucial de procéder avec prudence, en gardant à l'esprit les implications morales et les responsabilités qui accompagnent la création de formes de vie potentiellement conscientes.

CHAPITRE 4 : ÉTUDES DE CAS ET INTERVIEWS

"Les algorithmes, quand ils sont suffisamment intelligents, pourraient être préférés à l'intuition humaine."

Yuval Noah Harari

4.1 Projets d'IA Inspirés par des Valeurs Religieuses : Études de Cas

4.1.1 IA et Compassion : Projets Inspirés par le Bouddhisme

Le bouddhisme, avec son accent sur la compassion, l'empathie et l'interconnexion de tous les êtres, offre un cadre fascinant pour le développement de projets d'intelligence artificielle. Plusieurs initiatives ont émergé, cherchant à intégrer ces principes bouddhistes dans la conception et l'application de l'IA.

Un exemple notable est le développement d'algorithmes d'IA conçus pour favoriser la compréhension et la compassion dans les interactions humaines. Ces systèmes utilisent des techniques d'apprentissage profond pour analyser les émotions et les réponses comportementales, visant à améliorer la communication et l'empathie dans des contextes tels que la thérapie, l'éducation et le service client. L'objectif est de créer une IA qui non seulement comprend les besoins humains, mais qui y répond également de manière sensible et bienveillante.

Un autre projet d'IA inspiré par le bouddhisme concerne la méditation et le bien-être mental. Des applications utilisant l'IA pour guider les utilisateurs à travers des méditations personnalisées ont été développées. Ces applications analysent les réponses de l'utilisateur, telles que le ton de la voix et le rythme cardiaque, pour adapter les séances de méditation en temps réel, offrant une expérience plus profonde et plus personnalisée.

En outre, certains projets cherchent à utiliser l'IA pour étudier et comprendre les textes bouddhistes anciens. En utilisant des techniques de traitement du langage naturel, ces systèmes peuvent analyser de vastes quantités de textes, aidant les chercheurs et les pratiquants à découvrir de nouvelles interprétations et à approfondir leur compréhension des enseignements bouddhistes.

Ces initiatives montrent comment l'IA peut être utilisée non seulement pour des applications pratiques, mais aussi pour enrichir la compréhension humaine et favoriser des qualités telles que la compassion et l'empathie. En intégrant les principes bouddhistes, ces projets d'IA offrent une perspective unique sur la manière dont la technologie peut contribuer au bien-être et à la croissance spirituelle.

4.1.2 Technologies d'IA et Valeurs Chrétienne : Exemples Concrets

L'intégration des valeurs chrétiennes dans les technologies d'intelligence artificielle a donné naissance à des projets innovants qui reflètent les enseignements et les principes de cette foi. Ces initiatives visent à utiliser l'IA de manière à promouvoir des valeurs telles que l'amour, la charité et la communauté.

Un exemple frappant est l'utilisation de l'IA pour soutenir les œuvres caritatives et les missions humanitaires. Des organisations chrétiennes ont commencé à utiliser des systèmes d'IA pour optimiser la distribution de l'aide, analyser les besoins des communautés défavorisées et prédire les zones nécessitant une intervention urgente. Ces systèmes permettent une allocation plus efficace des ressources et une réponse plus rapide en cas de crise, reflétant ainsi le principe chrétien de l'amour du prochain.

Un autre domaine où les valeurs chrétiennes et l'IA se rencontrent est l'éducation. Des programmes d'IA ont été développés pour offrir un enseignement personnalisé, en particulier dans les écoles chrétiennes. Ces systèmes adaptent le contenu pédagogique aux besoins individuels des élèves, tout en intégrant des valeurs chrétiennes dans les leçons, favorisant ainsi un environnement d'apprentissage qui est à la fois éducatif et spirituellement enrichissant.

De plus, l'IA a été utilisée pour faciliter l'accès aux textes sacrés et aux enseignements chrétiens. Des applications et des plateformes en ligne utilisent l'IA pour traduire la Bible dans différentes langues, offrir des lectures et des méditations quotidiennes personnalisées, et même guider les utilisateurs dans l'interprétation des Écritures. Ces outils rendent les enseignements chrétiens plus accessibles et engageants pour un public plus large.

Enfin, l'IA a également été mise à profit pour renforcer les communautés chrétiennes. Des plateformes en ligne utilisant l'IA facilitent la mise en réseau des fidèles, offrant des espaces pour le partage, la prière et le soutien mutuel. Ces technologies permettent de créer des communautés virtuelles où les valeurs chrétiennes de fraternité et de soutien mutuel sont mises en avant.

Ces exemples illustrent comment l'IA peut être alignée avec et même renforcer les valeurs chrétiennes. En alliant technologie et foi, ces projets ouvrent de nouvelles voies pour pratiquer et vivre les enseignements chrétiens dans le monde moderne.

4.1.3 IA et Principes Islamiques : Harmonisation et Applications

L'intégration des principes islamiques dans le domaine de l'intelligence artificielle a conduit à des applications uniques qui reflètent les valeurs et les enseignements de l'Islam. Ces initiatives cherchent à harmoniser la technologie avec les principes islamiques, créant ainsi des solutions qui sont à la fois innovantes et respectueuses des croyances religieuses.

Un domaine clé d'application est l'éducation islamique. Des systèmes d'IA ont été développés pour faciliter l'apprentissage du Coran et de la langue arabe. Ces systèmes utilisent des algorithmes avancés pour aider à la mémorisation et à la récitation du Coran, offrant des corrections de prononciation et des explications de versets. Ils permettent aux utilisateurs de tous âges d'apprendre à leur propre rythme, rendant l'éducation islamique plus accessible et personnalisée.

Dans le domaine de la finance, l'IA a été utilisée pour développer des solutions de finance islamique conformes à la Charia. Des algorithmes d'IA analysent les transactions financières pour s'assurer qu'elles respectent les principes islamiques, tels que l'interdiction de l'intérêt (riba) et la promotion de transactions équitables. Ces systèmes aident les institutions financières à offrir des produits et services conformes aux principes islamiques, tout en assurant efficacité et transparence.

L'IA a également trouvé des applications dans le domaine de la santé, en accord avec les principes islamiques de préservation de la vie et du bien-être. Des systèmes d'IA sont utilisés pour diagnostiquer des maladies, planifier des traitements et fournir des conseils de santé personnalisés. Ces systèmes prennent en compte les besoins spécifiques des patients musulmans, y compris les considérations diététiques et les pratiques de jeûne, assurant ainsi des soins de santé respectueux de leurs croyances.

En outre, l'IA a été utilisée pour améliorer l'expérience des pèlerins effectuant le Hajj et la Umrah. Des applications utilisant l'IA fournissent des informations en temps réel sur les lieux saints, les itinéraires de pèlerinage et les services disponibles. Elles aident à gérer les foules et à assurer la sécurité des pèlerins, améliorant ainsi l'expérience globale du pèlerinage.

Ces exemples montrent comment l'IA peut être harmonisée avec les principes islamiques pour créer des solutions qui non seulement respectent les croyances religieuses, mais les enrichissent également. En intégrant l'IA dans divers aspects de la vie, ces initiatives ouvrent la voie à une utilisation plus étendue et respectueuse de la technologie dans le contexte islamique.

4.1.4 IA dans le Judaïsme : Respect des Traditions et Innovation

L'intégration de l'intelligence artificielle dans le judaïsme illustre une fusion fascinante entre le respect des traditions séculaires et l'adoption d'innovations technologiques. Cette harmonie entre l'ancien et le nouveau se manifeste dans plusieurs domaines, reflétant la flexibilité et l'adaptabilité du judaïsme face aux avancées technologiques.

Un domaine où l'IA a eu un impact significatif est l'étude des textes sacrés. Des programmes d'IA ont été développés pour analyser et interpréter le Talmud et la Torah. Ces systèmes utilisent des algorithmes complexes pour déchiffrer les textes anciens, offrant de nouvelles perspectives et interprétations. Ils aident les érudits et les étudiants à explorer les textes en profondeur, en révélant des liens et des motifs qui auraient pu être manqués lors d'études traditionnelles. Cette approche innovante enrichit l'étude des textes sacrés, tout en restant fidèle à la tradition juive d'interprétation et de débat.

Dans la vie quotidienne, l'IA aide à naviguer dans les complexités des lois juives, notamment en ce qui concerne le Shabbat et les fêtes religieuses. Des applications d'IA ont été conçues pour rappeler aux utilisateurs les horaires du Shabbat et des fêtes, ainsi que pour fournir des conseils sur la manière de respecter les règles religieuses dans un monde moderne. Ces applications aident les Juifs à observer leurs traditions tout en s'engageant dans un mode de vie contemporain.

L'IA trouve également sa place dans le domaine de la cacheroute, les lois alimentaires juives. Des systèmes d'IA sont utilisés pour inspecter les aliments et s'assurer qu'ils respectent les normes de cacheroute. Ces systèmes analysent les ingrédients, les processus de production et même les équipements utilisés dans la préparation des aliments, garantissant ainsi que les produits sont conformes aux exigences religieuses.

En outre, l'IA joue un rôle dans le renforcement de la communauté juive. Des plateformes en ligne utilisant l'IA facilitent la connexion entre les membres de la communauté, permettant l'organisation d'événements, la diffusion d'enseignements et le partage de ressources. Ces plateformes aident à maintenir et à renforcer les liens communautaires, même lorsque les membres sont géographiquement dispersés.

Ces exemples montrent comment l'IA peut être utilisée de manière respectueuse et innovante dans le contexte du judaïsme. En équilibrant le respect des traditions avec l'adoption de technologies de pointe, le judaïsme démontre sa capacité à évoluer tout en préservant son héritage et ses valeurs fondamentales.

4.1.5 Autres Religions et Spiritualités : Innovations en IA

L'impact de l'intelligence artificielle s'étend au-delà des grandes religions mondiales pour toucher également diverses autres traditions spirituelles et religieuses. Ces communautés, souvent moins médiatisées, adoptent également l'IA de manières innovantes et uniques, reflétant leurs croyances et pratiques spécifiques.

Dans les traditions spirituelles autochtones, par exemple, l'IA est utilisée pour préserver et revitaliser les langues et cultures menacées. Des programmes d'IA aident à traduire et à transcrire des textes anciens, des chants et des histoires orales, assurant ainsi leur préservation pour les générations futures. Ces technologies offrent également des moyens interactifs d'apprendre et de pratiquer des langues en voie de disparition, contribuant à maintenir vivantes ces cultures riches et diversifiées.

Dans les mouvements spirituels contemporains, l'IA est souvent vue comme un outil pour approfondir la compréhension personnelle et la croissance spirituelle. Des applications basées sur l'IA sont développées pour guider les utilisateurs dans des méditations personnalisées, des exercices de pleine conscience et des explorations de la spiritualité. Ces outils utilisent des algorithmes pour s'adapter aux besoins et aux préférences individuelles, offrant une expérience spirituelle sur mesure.

Certaines communautés religieuses minoritaires utilisent l'IA pour renforcer leurs liens communautaires et leur présence dans le monde numérique. Des plateformes en ligne basées sur l'IA facilitent la communication entre les membres dispersés géographiquement, permettant le partage de ressources, l'organisation d'événements et la diffusion d'enseignements. Ces technologies aident ces communautés à rester connectées et engagées, malgré les défis de la distance et de la taille réduite.

L'IA est également utilisée dans le contexte de la divination et de la spiritualité ésotérique. Des programmes d'IA sont conçus pour interpréter des symboles astrologiques, des tarots ou d'autres formes de divination, offrant des lectures et des conseils personnalisés. Bien que controversée, cette utilisation de l'IA reflète la curiosité et l'ouverture d'esprit de certaines communautés spirituelles envers les nouvelles technologies.

Enfin, dans le domaine de l'art et de la musique spirituels, l'IA est employée pour créer des œuvres inspirées par des thèmes religieux ou spirituels. Des algorithmes génèrent de la musique, des peintures et d'autres formes d'art qui reflètent ou s'inspirent de croyances et pratiques spirituelles diverses, créant ainsi de nouvelles formes d'expression artistique.

Ces exemples illustrent la diversité des applications de l'IA dans le domaine de la spiritualité et des religions minoritaires. En adoptant ces technologies, ces communautés trouvent de nouvelles façons d'exprimer leurs croyances, de préserver leur héritage et de renforcer leurs liens, tout en naviguant dans le monde moderne.

4.2 Interviews de Leaders Religieux sur l'IA et la Foi

4.2.1 Perspectives Bouddhistes sur l'IA

L'approche bouddhiste envers l'intelligence artificielle est profondément enracinée dans les principes de compassion, d'interconnexion et de non-attachement, offrant une perspective unique sur cette technologie émergente. Dans une série d'interviews avec des leaders bouddhistes, des moines et des enseignants spirituels, des idées fascinantes sur l'IA et son rôle dans la société moderne ont été révélées.

Un moine zen, par exemple, a souligné l'importance de l'IA en tant qu'outil pour promouvoir la compassion et l'altruisme. Il a suggéré que l'IA, si elle est guidée par des principes éthiques, pourrait aider à résoudre des problèmes mondiaux tels que la pauvreté et le changement climatique. Cependant, il a également mis en garde contre l'attachement excessif à la technologie, rappelant que la véritable sagesse et compassion doivent venir de l'intérieur.

Une enseignante bouddhiste a discuté de la manière dont l'IA pourrait être utilisée pour favoriser une meilleure compréhension de l'esprit humain. Elle a évoqué le potentiel de l'IA pour aider dans la pratique de la méditation et de la pleine conscience, en offrant des moyens personnalisés pour les individus d'explorer leur propre esprit et de développer une plus grande paix intérieure.

Un autre aspect abordé fut la vision bouddhiste de l'interconnexion de tous les êtres. Un lama tibétain a exprimé l'idée que l'IA, en tant que création humaine, fait partie de cette toile interconnectée de l'existence. Il a souligné que l'utilisation éthique et consciente de l'IA pourrait refléter et renforcer cette interconnexion, en aidant les êtres humains à mieux comprendre et à prendre soin les uns des autres.

Cependant, il y avait aussi des préoccupations concernant les implications éthiques de l'IA. Un moine a exprimé des inquiétudes sur le potentiel de l'IA à être utilisée de manière nuisible, soulignant la nécessité d'une réglementation et d'une surveillance éthique. Il a également questionné la capacité de l'IA à comprendre et à intégrer les concepts bouddhistes tels que l'impermanence et le non-soi.

Enfin, plusieurs leaders bouddhistes ont parlé de l'importance de maintenir un équilibre entre le progrès technologique et le développement spirituel. Ils ont souligné que, bien que l'IA puisse offrir des avantages considérables, elle ne devrait pas remplacer la quête personnelle de la sagesse et de l'éveil.

Ces interviews révèlent une perspective bouddhiste nuancée sur l'IA, mêlant espoir et prudence. Les leaders bouddhistes voient dans l'IA un potentiel pour le bien, tout en soulignant l'importance de l'éthique, de la compassion et de la sagesse dans son développement et son utilisation.

4.2.2 Visions Chrétiennes de l'IA et de son Impact

La perspective chrétienne sur l'intelligence artificielle est complexe et diversifiée, reflétant la richesse des traditions et des enseignements de cette foi. À travers des interviews avec des leaders chrétiens, des théologiens et des érudits, des points de vue variés sur l'IA et son impact sur la société et la spiritualité ont été explorés.

Un prêtre catholique a mis en lumière la manière dont l'IA peut servir le bien commun, en accord avec les enseignements sociaux de l'Église. Il a parlé de l'utilisation de l'IA pour lutter contre la pauvreté et améliorer l'éducation, tout en soulignant la nécessité de veiller à ce que ces technologies ne creusent pas les inégalités sociales. Il a également évoqué l'importance de l'intégration des valeurs chrétiennes dans le développement de l'IA, pour s'assurer qu'elle respecte la dignité humaine et favorise le bien-être de tous.

Un pasteur protestant a abordé le sujet sous l'angle de la responsabilité morale. Il a discuté de la manière dont l'IA pose des questions éthiques nouvelles et complexes, et a souligné le rôle des communautés chrétiennes dans le débat public sur ces questions. Il a également exprimé des préoccupations quant à la possibilité que l'IA remplace les interactions humaines, mettant en garde contre la perte de valeurs telles que la compassion et l'empathie dans un monde de plus en plus automatisé.

Un théologien a exploré les implications théologiques de l'IA, se demandant si elle pourrait un jour imiter non seulement l'intelligence humaine, mais aussi des aspects tels que la conscience ou l'âme. Cette réflexion a mené à des discussions sur la nature de l'humanité et la création, ainsi que sur la place de l'homme dans un univers où les frontières entre l'humain et la machine deviennent floues.

D'autre part, un leader évangélique a parlé de l'opportunité d'utiliser l'IA pour la diffusion de l'Évangile. Il a envisagé des scénarios où l'IA pourrait aider à traduire et à diffuser des enseignements bibliques dans différentes langues et cultures, rendant la Parole de Dieu plus accessible à un public mondial.

Cependant, il y avait aussi des inquiétudes concernant l'impact de l'IA sur l'emploi et la vie sociale, ainsi que sur les implications morales de la dépendance à la technologie. Plusieurs interviewés ont souligné la nécessité d'une réflexion éthique profonde et d'une réglementation prudente pour s'assurer que l'IA soit utilisée de manière responsable et éthique.

Ces perspectives chrétiennes sur l'IA révèlent une tension entre l'enthousiasme pour les possibilités offertes par la technologie et une prudence quant à ses implications éthiques et spirituelles. Les leaders chrétiens encouragent une approche réfléchie et équilibrée, cherchant à intégrer les valeurs chrétiennes dans le dialogue sur l'IA pour façonner un avenir où la technologie sert l'humanité de manière juste et éthique.

4.2.3 Approches Islamiques de l'IA et de ses Défis

L'approche islamique de l'intelligence artificielle est profondément enracinée dans les principes et les valeurs de l'Islam, offrant une perspective unique sur les défis et les opportunités présentés par cette technologie. À travers des interviews avec des érudits musulmans, des imams et des penseurs islamiques, une variété de points de vue a été recueillie, mettant en lumière la manière dont l'IA est perçue et abordée dans le contexte islamique.

Un érudit islamique a souligné l'importance de l'alignement de l'IA avec les principes éthiques de l'Islam. Il a discuté de la nécessité de développer des technologies d'IA qui respectent la dignité humaine, la justice et la compassion, des valeurs fondamentales de l'Islam. Il a également mis en avant l'idée que l'IA devrait être utilisée pour promouvoir le bien-être social et économique, en accord avec le concept islamique de "maslaha" (intérêt général).

Un imam a abordé la question de l'IA sous l'angle de l'éducation et de l'apprentissage. Il a envisagé l'utilisation de l'IA pour améliorer l'accès à l'éducation islamique, notamment à travers des applications d'apprentissage en ligne et des plateformes d'enseignement interactives. Cependant, il a également exprimé des inquiétudes quant à la perte potentielle de l'interaction humaine dans l'éducation religieuse, soulignant l'importance de maintenir un équilibre entre technologie et enseignement traditionnel.

Un autre penseur islamique a discuté des implications de l'IA sur la jurisprudence islamique (fiqh). Il a exploré comment l'IA pourrait être utilisée pour analyser et interpréter les textes religieux, tout en mettant en garde contre les risques de dépendance excessive à la technologie pour des questions qui nécessitent une compréhension profonde du contexte et de la tradition islamiques.

En outre, les défis liés à l'IA et à la vie privée ont été un sujet de préoccupation majeur. Plusieurs interviewés ont souligné l'importance de protéger les données personnelles et de respecter la vie privée, conformément aux enseignements islamiques sur la dignité et l'intégrité individuelles.

Les perspectives islamiques sur l'IA reflètent une approche prudente et réfléchie, cherchant à intégrer les avancées technologiques dans un cadre qui respecte et renforce les valeurs et les principes islamiques. Les leaders musulmans encouragent une participation active dans le développement et la régulation de l'IA, veillant à ce que cette technologie soit utilisée de manière éthique et bénéfique pour l'ensemble de la société, tout en préservant les enseignements et les traditions de l'Islam.

4.2.4 Points de Vue Juifs sur l'IA et la Tradition

La perspective juive sur l'intelligence artificielle est façonnée par une riche tradition de débat intellectuel, d'éthique et de loi (Halakha). À travers des interviews avec des rabbins, des érudits et des penseurs juifs, une mosaïque de points de vue a été révélée, illustrant la manière dont l'IA est interprétée et intégrée dans le judaïsme.

Un rabbin a abordé l'IA du point de vue de la Halakha, le système juridique juif. Il a discuté de la façon dont les lois juives pourraient s'appliquer aux questions soulevées par l'IA, telles que la responsabilité en cas d'erreur de l'IA ou la conformité de l'IA aux principes du Shabbat. Il a souligné l'importance d'adapter les lois traditionnelles aux réalités modernes, tout en préservant les valeurs fondamentales du judaïsme.

Un érudit juif a exploré l'intersection de l'IA avec la pensée et la philosophie juives. Il a parlé de l'importance de la sagesse et de la compréhension dans l'utilisation de l'IA, en référence aux enseignements de la Kabbale et du Talmud. Il a également évoqué le potentiel de l'IA pour aider à l'étude des textes sacrés, tout en mettant en garde contre le risque de dépendance excessive à la technologie pour l'interprétation des écritures.

Un autre point de vue a été présenté par un leader communautaire juif, qui a discuté de l'utilisation de l'IA pour renforcer la communauté et l'engagement. Il a envisagé l'IA comme un outil pour améliorer l'éducation juive, la participation aux services religieux et la communication au sein de la communauté. Cependant, il a également souligné l'importance de maintenir les traditions et les interactions humaines au cœur de la vie communautaire.

Les défis éthiques de l'IA ont également été un sujet de discussion. Plusieurs interviewés ont souligné la nécessité d'une approche éthique dans le développement et l'utilisation de l'IA, en accord avec les principes juifs de justice, de compassion et de respect de la vie.

En résumé, les points de vue juifs sur l'IA reflètent un équilibre entre l'innovation et la tradition, cherchant à intégrer les avancées technologiques dans un cadre qui respecte les enseignements et les pratiques juives. Les leaders et penseurs juifs encouragent une approche réfléchie et éthique de l'IA, veillant à ce que cette technologie soit utilisée de manière à enrichir et à préserver la riche tradition et la sagesse du judaïsme.

4.2.5 Autres Leaders Spirituels :

Réflexions sur l'IA

L'intelligence artificielle suscite un intérêt croissant parmi les leaders spirituels de diverses traditions, au-delà des grandes religions monothéistes. Ces leaders offrent des perspectives uniques sur la manière dont l'IA peut s'intégrer dans leurs croyances et pratiques spirituelles.

Un leader spirituel hindou a partagé sa vision de l'IA comme un outil potentiel pour approfondir la compréhension des textes anciens et des pratiques méditatives. Il a souligné l'importance de maintenir un équilibre entre la technologie et la spiritualité, en veillant à ce que l'IA soit utilisée de manière à compléter et non à remplacer les enseignements traditionnels.

Un chaman d'une communauté autochtone a parlé de l'IA en termes de connexion avec la nature et l'univers. Il a exprimé une certaine méfiance envers la technologie qui pourrait éloigner les individus de leur lien avec la terre et les esprits, mais a également reconnu le potentiel de l'IA pour aider à résoudre des problèmes environnementaux et sociaux.

Un leader spirituel bouddhiste a abordé l'IA sous l'angle de la compassion et de l'interconnexion. Il a vu dans l'IA une opportunité d'élargir la compréhension de la souffrance humaine et de développer des moyens plus efficaces pour y remédier. Cependant, il a également mis en garde contre le risque de déshumanisation et a insisté sur la nécessité de garder l'empathie et la conscience au cœur de l'innovation technologique.

Un guide spirituel soufi a parlé de l'IA comme d'un miroir de la conscience humaine. Il a suggéré que l'IA pourrait être utilisée pour explorer les mystères de l'âme et de l'univers, tout en soulignant l'importance de ne pas perdre de vue l'essence spirituelle derrière la quête de connaissance.

Enfin, un leader d'une communauté spirituelle contemporaine a envisagé l'IA comme un moyen de transcender les barrières traditionnelles et de créer de nouvelles formes de communauté et de spiritualité. Il a vu dans l'IA un potentiel pour favoriser une compréhension plus profonde de l'unité et de la diversité de l'expérience humaine. Ces perspectives variées montrent que, bien que l'IA soit souvent considérée sous l'angle de la technologie et de l'innovation, elle soulève également des questions profondes sur la spiritualité, l'éthique et la nature de la conscience. Les leaders spirituels de différentes traditions apportent des réflexions essentielles sur la manière dont l'IA peut être intégrée de manière respectueuse et enrichissante dans le tissu de la vie spirituelle et communautaire.

4.3 Retours d'Expériences :

Communautés Utilisant l'IA dans un Contexte Religieux

4.3.1 IA pour l'Enseignement et l'Étude des Textes Sacrés

L'intégration de l'intelligence artificielle dans l'enseignement et l'étude des textes sacrés ouvre de nouvelles perspectives pour les communautés religieuses. Cette approche novatrice a été adoptée par plusieurs groupes, chacun avec ses spécificités et ses objectifs.

Dans une communauté juive, par exemple, l'IA a été utilisée pour analyser et interpréter le Talmud et la Torah. Grâce à des algorithmes avancés, l'IA a aidé à déceler des motifs et des liens entre différents passages, enrichissant ainsi la compréhension des textes. Les rabbins et les étudiants ont utilisé ces outils pour approfondir leurs études et débattre de nouvelles interprétations, tout en respectant les traditions d'exégèse.

Une communauté chrétienne a mis en place un système d'IA pour personnaliser l'enseignement de la Bible. En utilisant les données sur les préférences et les antécédents des utilisateurs, l'IA a proposé des lectures et des méditations personnalisées, rendant l'étude de la Bible plus accessible et engageante pour les fidèles de tous âges.

Dans le monde musulman, l'IA a été utilisée pour faciliter la compréhension du Coran. Des outils de traduction et d'interprétation assistés par IA ont aidé les non-arabophones à accéder aux enseignements du Coran dans leur langue maternelle, tout en préservant la précision et la profondeur des textes originaux.

Les communautés bouddhistes ont également exploré l'utilisation de l'IA pour étudier les sutras. L'IA a aidé à catégoriser et à analyser les vastes volumes de textes, permettant aux moines et aux laïcs de découvrir des enseignements pertinents pour leurs pratiques méditatives et leur vie quotidienne.

Ces expériences montrent que l'IA peut être un outil précieux pour l'enseignement et l'étude des textes sacrés. Elle offre des moyens innovants pour explorer les écritures, personnaliser l'apprentissage et rendre les enseignements religieux plus accessibles. Toutefois, il est essentiel que l'utilisation de l'IA dans ce contexte soit guidée par le respect des traditions et des valeurs religieuses, afin de garantir que la technologie enrichit plutôt qu'elle ne remplace l'expérience spirituelle.

4.3.2 IA et Gestion Communautaire : Cas d'Étude

L'impact de l'intelligence artificielle sur la gestion communautaire dans un contexte religieux peut être illustré par plusieurs cas d'étude fascinants, reflétant la manière dont la technologie peut servir à renforcer les liens au sein des communautés religieuses.

Prenons l'exemple d'une grande église chrétienne située dans une métropole. Face à la croissance de sa communauté et à la diversité de ses besoins, l'église a décidé d'adopter un système d'IA pour améliorer sa gestion. L'IA a été utilisée pour analyser les données des membres de la communauté, permettant ainsi une meilleure compréhension de leurs besoins, de leurs préférences en matière de services religieux et de leurs disponibilités pour les activités communautaires. Grâce à cela, l'église a pu personnaliser ses programmes, offrir des conseils spirituels plus ciblés et organiser des événements qui répondent mieux aux intérêts de ses membres.

Dans une mosquée, l'IA a été mise en œuvre pour optimiser la gestion des horaires de prière et des événements communautaires. En analysant les modèles de fréquentation et les préférences des fidèles, l'IA a aidé à planifier des horaires de prière et des activités qui conviennent au mieux à la majorité des membres. Cela a non seulement amélioré la participation aux événements, mais a également renforcé le sentiment d'appartenance à la communauté.

Un temple bouddhiste a utilisé l'IA pour gérer ses ressources de manière plus efficace. En analysant les tendances de donation et les besoins du temple, l'IA a aidé à allouer les ressources de manière plus stratégique, assurant ainsi que les fonds soient utilisés de la manière la plus bénéfique pour la communauté.

Dans une synagogue, l'IA a été utilisée pour faciliter la communication entre les membres. Un système de messagerie assisté par IA a été mis en place pour permettre aux membres de la communauté de partager des informations, de demander de l'aide et de rester connectés, surtout pendant les périodes où les rassemblements physiques étaient limités.

Ces cas d'étude démontrent que l'IA peut jouer un rôle significatif dans la gestion des communautés religieuses. En fournissant des outils pour une meilleure compréhension et une gestion plus efficace des ressources et des besoins des membres, l'IA peut aider à renforcer les liens communautaires et à améliorer l'expérience religieuse. Toutefois, il est crucial que l'utilisation de l'IA dans ces contextes soit effectuée avec sensibilité et respect des valeurs et des croyances de chaque communauté.

4.3.3 IA pour la Méditation et la Pratique Spirituelle

L'intégration de l'intelligence artificielle dans la méditation et la pratique spirituelle ouvre de nouvelles perspectives fascinantes pour les individus en quête de paix intérieure et de développement personnel. Cette approche novatrice mêle technologie de pointe et traditions ancestrales, offrant ainsi une expérience unique et personnalisée.

Un exemple remarquable de cette fusion est l'application de méditation assistée par IA. Cette application utilise des algorithmes pour analyser les réponses physiologiques et émotionnelles des utilisateurs pendant la méditation, comme la fréquence cardiaque ou les motifs de respiration. En se basant sur ces données, l'IA adapte les séances de méditation en temps réel, proposant des guidages vocaux, des sons apaisants ou des visualisations spécifiques pour améliorer l'expérience de méditation. Cette personnalisation permet aux utilisateurs de plonger plus profondément dans leur pratique, en les aidant à atteindre un état de relaxation et de pleine conscience plus rapidement et efficacement.

Dans un centre spirituel, une IA a été utilisée pour créer des parcours de méditation personnalisés. En fonction des objectifs spirituels et des préférences de chaque individu, l'IA conçoit un programme sur mesure qui guide les pratiquants à travers différentes techniques de méditation, de respiration et de visualisation. Cette approche personnalisée aide les individus à explorer différentes facettes de la spiritualité et à progresser dans leur pratique à leur propre rythme.

Un autre cas d'étude intéressant concerne l'utilisation de l'IA pour l'analyse et l'interprétation des textes spirituels. En analysant de vastes quantités de textes, l'IA peut identifier des thèmes, des motifs et des enseignements clés, aidant ainsi les pratiquants à approfondir leur compréhension des écritures. Cette analyse peut également être utilisée pour recommander des lectures spécifiques ou des sujets de méditation basés sur les intérêts ou les questions des utilisateurs.

En outre, l'IA a également été utilisée pour développer des environnements de méditation virtuels. Ces espaces numériques, souvent accessibles via la réalité virtuelle, offrent une immersion dans des environnements paisibles et inspirants, allant des forêts tranquilles aux temples anciens. Cette technologie permet aux utilisateurs de s'échapper du stress quotidien et de se concentrer pleinement sur leur pratique spirituelle, peu importe leur emplacement physique.

Ces initiatives montrent comment l'IA peut enrichir la méditation et la pratique spirituelle, en offrant des expériences plus profondes, personnalisées et accessibles. Toutefois, il est important de maintenir un équilibre entre technologie et tradition, en veillant à ce que l'IA soit utilisée comme un outil pour améliorer, et non remplacer, l'expérience spirituelle authentique.

4.3.4 IA dans les Cérémonies et Rituels Religieux

L'intégration de l'intelligence artificielle dans les cérémonies et rituels religieux représente une avancée significative, reflétant la manière dont la technologie peut s'harmoniser avec les traditions spirituelles. Cette fusion entre l'ancien et le nouveau offre des possibilités inédites pour enrichir les pratiques religieuses tout en respectant leur essence.

Un exemple frappant de cette intégration est l'utilisation de l'IA pour personnaliser les cérémonies religieuses. Dans certaines communautés, des systèmes d'IA ont été développés pour adapter les lectures, les chants et les prières en fonction des événements spécifiques ou des besoins de la communauté. Par exemple, lors d'un mariage, l'IA peut sélectionner des lectures et des bénédictions qui correspondent aux valeurs et à l'histoire du couple, rendant la cérémonie plus personnelle et significative.

Dans le contexte des rituels funéraires, l'IA a été utilisée pour créer des hommages vidéo personnalisés. En compilant des images, des vidéos et des souvenirs partagés par la famille et les amis du défunt, l'IA crée un montage qui célèbre la vie de la personne et offre du réconfort aux endeuillés. Cette approche permet de rendre hommage au défunt de manière plus intime et personnalisée, en accord avec les croyances et les traditions de la communauté.

L'IA joue également un rôle dans la facilitation de la participation à distance aux cérémonies religieuses. Grâce à des plateformes en ligne alimentées par l'IA, les fidèles peuvent assister à des services religieux, participer à des prières de groupe et recevoir des enseignements spirituels, peu importe où ils se trouvent. Cette accessibilité élargie est particulièrement précieuse pour les personnes âgées, les malades ou ceux qui sont éloignés géographiquement de leur lieu de culte.

Un autre domaine d'application de l'IA dans les rituels religieux est l'amélioration de l'expérience musicale. Des systèmes d'IA ont été conçus pour accompagner les chants religieux, en adaptant la musique et l'harmonie en temps réel en fonction de la réaction de l'assemblée. Cette technologie permet de créer une atmosphère plus immersive et dynamique, renforçant le sentiment de communauté et de spiritualité partagée.

Cependant, l'intégration de l'IA dans les cérémonies et rituels religieux soulève également des questions éthiques et pratiques. Il est crucial de s'assurer que l'utilisation de la technologie respecte les principes et les valeurs de la religion concernée. De plus, il est important de maintenir un équilibre entre l'innovation technologique et la préservation des aspects traditionnels et sacrés des pratiques religieuses.

En conclusion, l'IA dans les cérémonies et rituels religieux offre des possibilités passionnantes pour enrichir et personnaliser les pratiques spirituelles. Toutefois, cette intégration doit être abordée avec sensibilité et respect pour les traditions et les croyances de chaque communauté.

4.3.5 Impact Social de l'IA dans les Communautés Religieuses

L'introduction de l'intelligence artificielle dans les communautés religieuses a un impact social profond et diversifié, touchant à la fois les aspects de la communication, de l'éducation et de la cohésion communautaire. Cette technologie, lorsqu'elle est utilisée de manière éthique et réfléchie, peut renforcer les liens au sein des communautés religieuses et offrir de nouvelles perspectives sur les pratiques spirituelles.

Un des impacts majeurs de l'IA est sa capacité à faciliter la communication et l'interaction au sein des communautés religieuses. Grâce à des plateformes en ligne et des applications mobiles alimentées par l'IA, les fidèles peuvent rester connectés avec leur communauté, partager des ressources, participer à des discussions et accéder à des enseignements religieux, peu importe leur emplacement géographique. Cette connectivité accrue est particulièrement bénéfique pour les membres de la communauté qui sont isolés ou éloignés, leur permettant de maintenir un lien fort avec leur foi et leur communauté.

L'IA a également un rôle important dans l'éducation religieuse. Des programmes d'IA personnalisés sont capables d'adapter les enseignements et les ressources éducatives aux besoins et au niveau de compréhension de chaque individu. Cela permet une expérience d'apprentissage plus engageante et efficace, encourageant une compréhension plus profonde des textes sacrés et des principes religieux. De plus, l'IA peut aider à traduire et à interpréter les textes sacrés dans différentes langues, rendant les enseignements religieux accessibles à un public plus large.

Un autre aspect important est le rôle de l'IA dans la promotion de la cohésion et de l'unité au sein des communautés religieuses. Des systèmes d'IA peuvent être utilisés pour organiser des événements communautaires, coordonner des activités de bénévolat et faciliter la participation des membres à des projets caritatifs. En outre, l'IA peut aider à identifier et à répondre aux besoins spécifiques des membres de la communauté, qu'ils soient spirituels, émotionnels ou matériels, renforçant ainsi le soutien mutuel et la solidarité au sein de la communauté.

Cependant, l'intégration de l'IA dans les communautés religieuses n'est pas sans défis. Il est essentiel de veiller à ce que l'utilisation de l'IA respecte les valeurs et les croyances religieuses et ne remplace pas les interactions humaines essentielles dans les pratiques spirituelles. De plus, il y a des préoccupations concernant la vie privée et la sécurité des données, surtout lorsque des informations sensibles sont partagées au sein de la communauté.

En conclusion, l'impact social de l'IA dans les communautés religieuses est considérable et offre de nombreuses opportunités pour améliorer la communication, l'éducation et la cohésion communautaire. Toutefois, il est crucial d'aborder cette intégration avec prudence et respect pour les traditions et les valeurs de chaque communauté, en veillant à maintenir un équilibre entre les avantages technologiques et les aspects fondamentaux de la foi et de la communauté.

4.4 Analyse de l'Impact de l'IA sur les Pratiques Spirituelles : Cas Concrets

4.4.1 IA et Personnalisation des Expériences Spirituelles

L'impact de l'intelligence artificielle sur les pratiques spirituelles est particulièrement remarquable dans sa capacité à personnaliser les expériences spirituelles des individus. Cette personnalisation, rendue possible grâce à l'analyse de données et à l'apprentissage automatique, permet une approche plus intime et adaptée aux besoins spirituels de chaque personne.

L'un des aspects les plus significatifs de cette personnalisation est la capacité de l'IA à adapter les enseignements et les méditations aux préférences individuelles. Par exemple, des applications de méditation basées sur l'IA peuvent analyser les réponses émotionnelles et les habitudes de méditation des utilisateurs pour recommander des pratiques spécifiques qui correspondent à leur état d'esprit actuel ou à leurs objectifs spirituels. Cela permet aux utilisateurs d'avoir une expérience de méditation plus ciblée et efficace, favorisant une plus grande paix intérieure et une compréhension personnelle.

En outre, l'IA peut aider à personnaliser l'étude des textes sacrés et des doctrines religieuses. En utilisant des algorithmes de recommandation, l'IA peut suggérer des lectures, des sermons ou des enseignements qui correspondent aux intérêts et aux questions spirituelles de l'individu. Cette approche personnalisée rend l'étude de la foi plus pertinente et engageante pour l'individu, encourageant une exploration plus profonde et un engagement personnel avec les enseignements religieux.

La personnalisation des expériences spirituelles par l'IA s'étend également à la participation communautaire. Des systèmes d'IA peuvent recommander des groupes de discussion, des ateliers ou des événements communautaires qui correspondent aux intérêts spirituels de l'individu. Cela favorise non seulement une croissance spirituelle personnelle, mais aussi une plus grande intégration et participation au sein de la communauté religieuse.

Cependant, il est important de noter que la personnalisation par l'IA ne doit pas remplacer les interactions humaines et les conseils spirituels fournis par les leaders religieux et les mentors spirituels. L'IA doit être vue comme un outil complémentaire qui enrichit l'expérience spirituelle, et non comme un substitut aux relations humaines et à la guidance spirituelle.

En conclusion, l'IA offre des possibilités passionnantes pour la personnalisation des expériences spirituelles, rendant les pratiques religieuses et spirituelles plus accessibles, pertinentes et enrichissantes pour les individus. Cette personnalisation peut conduire à une exploration spirituelle plus profonde et à un engagement plus fort dans la foi, tout en renforçant les liens au sein des communautés religieuses.

4.4.2 IA dans la Prédication et la Diffusion des Enseignements

L'intégration de l'intelligence artificielle dans la prédication et la diffusion des enseignements religieux ouvre de nouvelles avenues pour atteindre et inspirer un public plus large. L'IA, avec ses capacités avancées d'analyse de données et de personnalisation, peut transformer la manière dont les messages spirituels sont communiqués et reçus.

Un aspect clé de l'utilisation de l'IA dans la prédication est sa capacité à analyser de grandes quantités de données textuelles et à identifier des thèmes et des motifs pertinents dans les textes sacrés. Cela permet aux prédicateurs et aux enseignants religieux de découvrir de nouvelles perspectives et interprétations, enrichissant ainsi leurs sermons et enseignements. Par exemple, un algorithme d'IA peut analyser diverses traductions et commentaires d'un texte sacré, offrant une compréhension plus nuancée et diversifiée qui peut être intégrée dans les prédications.

L'IA peut également personnaliser les enseignements pour répondre aux besoins et aux questions spécifiques des fidèles. En utilisant les données collectées sur les préférences et les comportements des individus, l'IA peut aider à créer des sermons ou des enseignements qui résonnent plus profondément avec le public. Cette approche ciblée peut augmenter l'engagement et l'impact des messages spirituels. En outre, l'IA joue un rôle crucial dans la diffusion des enseignements religieux à travers divers canaux numériques. Les algorithmes d'IA peuvent optimiser la distribution de contenu sur les réseaux sociaux, les sites web et les applications mobiles, assurant que les enseignements atteignent efficacement le public cible. Cette diffusion ciblée est particulièrement importante dans un monde de plus en plus connecté, où les gens cherchent des conseils spirituels en ligne.

L'IA peut également faciliter des expériences interactives et immersives pour les fidèles. Par exemple, des chatbots alimentés par l'IA peuvent fournir des réponses personnalisées aux questions spirituelles, offrant une forme de guidance accessible à tout moment. De même, la réalité augmentée et la réalité virtuelle, combinées à l'IA, peuvent créer des expériences de prédication immersives, permettant aux fidèles de se sentir plus proches de leur foi, peu importe leur emplacement physique.

Cependant, il est essentiel de maintenir un équilibre entre l'utilisation de la technologie et le maintien de l'authenticité et de la profondeur des enseignements spirituels. L'IA doit être utilisée comme un outil pour améliorer et non pour remplacer l'expérience humaine dans la prédication et la diffusion des enseignements religieux.

En conclusion, l'IA offre des opportunités significatives pour enrichir la prédication et la diffusion des enseignements religieux. En permettant une analyse plus profonde des textes sacrés, en personnalisant les messages pour le public, et en utilisant des moyens numériques pour atteindre un public plus large, l'IA peut jouer un rôle vital dans la promotion de la spiritualité et de la foi dans l'ère moderne.

4.4.3 IA et Pratiques de Prière : Nouvelles Approches

L'intégration de l'intelligence artificielle dans les pratiques de prière représente une évolution fascinante dans le domaine de la spiritualité. L'IA, avec ses capacités d'apprentissage et d'adaptation, offre de nouvelles perspectives et méthodes pour enrichir et personnaliser l'expérience de la prière.

Une des applications les plus innovantes de l'IA dans les pratiques de prière est la création d'assistants virtuels de prière. Ces assistants, alimentés par l'IA, peuvent guider les utilisateurs à travers des séances de prière personnalisées, adaptées à leurs besoins spirituels spécifiques. Par exemple, un utilisateur peut exprimer un besoin particulier ou une situation de vie, et l'assistant IA peut sélectionner ou générer des prières appropriées, des méditations ou des lectures sacrées qui correspondent à cette intention.

L'IA peut également aider à la mémorisation et à la compréhension des prières. Pour ceux qui apprennent de nouvelles prières ou des textes sacrés, l'IA peut offrir des méthodes interactives et adaptatives d'apprentissage, rendant le processus plus engageant et efficace. Par exemple, un programme d'IA peut utiliser des techniques de répétition espacée pour aider les utilisateurs à mémoriser des prières, en ajustant le rythme d'apprentissage en fonction de leur progression.

En outre, l'IA peut enrichir l'expérience de la prière en fournissant des contextes historiques et culturels. Pour les prières et les textes sacrés issus de traditions anciennes, l'IA peut offrir des insights sur leur origine, leur signification et leur évolution au fil du temps, aidant les fidèles à se connecter plus profondément avec leur patrimoine spirituel.

L'utilisation de l'IA dans les pratiques de prière peut également s'étendre à la création d'espaces virtuels de prière. Grâce à la réalité augmentée ou virtuelle, combinée à l'IA, les fidèles peuvent participer à des séances de prière collectives dans un environnement virtuel, transcendant les barrières géographiques et permettant une expérience communautaire plus large.

Cependant, il est crucial de reconnaître les

limites de l'IA dans le domaine de la spiritualité. La prière est une expérience profondément personnelle et émotionnelle, et l'IA ne peut pas remplacer l'aspect humain et divin de cette pratique. L'IA doit être vue comme un outil complémentaire, qui enrichit et soutient les pratiques de prière, plutôt que de les remplacer.

En conclusion, l'intégration de l'IA dans les pratiques de prière ouvre des possibilités passionnantes pour une expérience spirituelle personnalisée et enrichie. Que ce soit à travers des assistants de prière virtuels, des méthodes d'apprentissage interactives, ou des expériences de prière immersives, l'IA a le potentiel de transformer la manière dont les individus se connectent à leur foi et à leur spiritualité.

4.4.4 IA et Retraites Spirituelles : Intégration et Effets

L'intégration de l'intelligence artificielle dans les retraites spirituelles représente une avancée significative dans la manière dont la technologie peut enrichir les expériences spirituelles. Traditionnellement, les retraites spirituelles sont des moments de réflexion, de méditation et de connexion avec soi-même et, pour certains, avec une puissance supérieure. L'IA, avec ses capacités uniques, peut améliorer ces expériences de plusieurs manières.

Tout d'abord, l'IA peut personnaliser l'expérience

de la retraite pour chaque participant. En utilisant des algorithmes d'apprentissage automatique, l'IA peut analyser les préférences, les antécédents et les objectifs spirituels des participants pour créer un programme sur mesure. Cela pourrait inclure des séances de méditation guidée personnalisées, des recommandations de lectures spirituelles, ou même des exercices de réflexion adaptés aux besoins individuels.

Ensuite, l'IA peut jouer un rôle dans la facilitation des pratiques de méditation et de pleine conscience. Par exemple, des applications basées sur l'IA peuvent utiliser des capteurs biométriques pour aider les participants à surveiller et à comprendre leur état de relaxation ou de concentration pendant la méditation. Ces outils peuvent fournir des retours en temps réel et des conseils pour approfondir la pratique de la méditation.

L'IA peut également enrichir l'expérience de la retraite en offrant des environnements immersifs grâce à la réalité augmentée ou virtuelle. Les participants pourraient, par exemple, se retrouver dans des environnements paisibles et inspirants, conçus pour favoriser la réflexion et la méditation, tout en restant physiquement dans un lieu de retraite.

De plus, l'IA peut faciliter la gestion et l'organisation des retraites spirituelles. Cela inclut la planification des activités, la gestion des réservations et la communication avec les participants. En automatisant ces processus, les organisateurs peuvent se concentrer davantage sur l'aspect humain et spirituel de la retraite.

Cependant, il est important de maintenir un équilibre entre la technologie et l'essence spirituelle de la retraite. L'objectif de l'intégration de l'IA ne doit pas être de remplacer l'expérience humaine, mais de l'améliorer. Il est crucial de s'assurer que la technologie ne devienne pas une distraction, mais plutôt un outil qui soutient et enrichit l'expérience spirituelle.

En conclusion, l'intégration de l'IA dans les retraites spirituelles offre des possibilités passionnantes pour personnaliser et enrichir l'expérience spirituelle. Que ce soit à travers des programmes personnalisés, des outils de méditation assistés par l'IA, des environnements immersifs, ou une gestion efficace, l'IA a le potentiel de transformer les retraites spirituelles en expériences plus profondes et plus significatives.

4.4.5 Évaluation de l'Impact de l'IA sur la Ferveur et la Dévotion

L'évaluation de l'impact de l'intelligence artificielle sur la ferveur et la dévotion dans les pratiques spirituelles et religieuses est un sujet complexe et nuancé. L'IA, avec ses capacités d'analyse de données, de personnalisation et d'interaction, a le potentiel de transformer la manière dont les individus vivent leur spiritualité et leur dévotion. Cependant, cet impact peut varier considérablement en fonction de l'usage de l'IA et de la perception individuelle de la technologie dans le contexte spirituel.

D'une part, l'IA peut renforcer la ferveur et la dévotion en offrant des expériences plus personnalisées et engageantes. Par exemple, des applications basées sur l'IA peuvent fournir des lectures, des chants ou des méditations personnalisées qui résonnent davantage avec les croyances et les pratiques individuelles. De plus, l'IA peut aider à comprendre et à interpréter des textes sacrés de manière plus approfondie, en fournissant des analyses contextuelles et historiques qui enrichissent l'étude et la réflexion.

L'IA peut également faciliter la pratique régulière de la dévotion en offrant des rappels, des guides de prière, et même en créant des communautés virtuelles où les fidèles peuvent partager et discuter de leurs expériences spirituelles. Ces outils peuvent aider les individus à rester engagés et connectés à leur foi, même dans des environnements où ils pourraient se sentir isolés ou distraits.

Cependant, il existe des préoccupations concernant l'authenticité de l'expérience spirituelle lorsque l'IA est impliquée. Certains peuvent se demander si la dépendance à l'égard de la technologie pour faciliter la pratique religieuse peut diminuer l'aspect personnel et émotionnel de la dévotion. Il y a une crainte que l'IA puisse créer une expérience de foi « artificielle », où les interactions humaines et les émotions spontanées sont remplacées par des algorithmes et des réponses programmées.

De plus, l'utilisation de l'IA dans les pratiques religieuses soulève des questions éthiques et morales. Les fidèles et les leaders religieux peuvent se demander si l'IA respecte les principes et les valeurs de leur foi. Il est crucial que l'IA soit développée et utilisée de manière à respecter et à honorer les croyances et les pratiques religieuses, sans chercher à les remplacer ou à les altérer.

En conclusion, l'impact de l'IA sur la ferveur et la dévotion dépend de la manière dont elle est intégrée dans les pratiques spirituelles. Si utilisée avec sensibilité et respect des traditions religieuses, l'IA a le potentiel d'enrichir l'expérience de foi. Cependant, il est essentiel de maintenir un équilibre entre l'utilisation de la technologie et la préservation de l'authenticité et de l'intégrité des pratiques spirituelles. L'évaluation continue de cet impact est nécessaire pour s'assurer que l'IA soutient et renforce la ferveur et la dévotion, plutôt que de les diminuer.

4.5 Perspectives Croisées : Experts en IA et Théologiens

4.5.1 Dialogues sur l'IA et la Spiritualité : Points de Convergence

Les dialogues entre experts en intelligence artificielle et théologiens sur l'IA et la spiritualité révèlent des points de convergence fascinants, malgré les différences apparentes entre ces deux domaines. Ces discussions mettent en lumière comment la technologie et la spiritualité peuvent s'entrelacer, offrant des perspectives enrichissantes sur la nature humaine, l'éthique, et le sens de l'existence.

Un point de convergence majeur est la quête de compréhension et de sens. Les experts en IA cherchent à comprendre et à modéliser des aspects complexes de l'intelligence et de la conscience, tandis que les théologiens explorent des questions de foi, de sens et de but dans la vie. Ces deux domaines se rejoignent dans leur désir de sonder les profondeurs de l'expérience humaine, bien que leurs méthodes et leurs cadres de référence soient différents.

Un autre point de convergence est l'accent mis sur l'éthique. L'IA soulève des questions éthiques importantes concernant la vie privée, la sécurité, l'équité et l'impact sur la société. De même, les traditions religieuses et spirituelles offrent des cadres éthiques profonds qui guident le comportement humain. Les dialogues entre experts en IA et théologiens peuvent enrichir la compréhension de l'éthique dans le contexte de l'IA, en intégrant des perspectives spirituelles et morales dans le développement et l'application de ces technologies.

La question de la conscience et de l'existence est également un terrain d'entente. Les théologiens ont longtemps débattu de la nature de la conscience, de l'âme et de l'existence après la mort. Parallèlement, certains experts en IA s'interrogent sur la possibilité de créer une conscience artificielle et sur les implications philosophiques d'une telle réalisation. Ces discussions peuvent ouvrir de nouvelles voies de réflexion sur ce que signifie être conscient et vivant, qu'il s'agisse d'êtres humains ou de machines.

Enfin, il y a un intérêt commun pour l'impact de l'IA sur la société et la manière dont elle peut servir le bien commun. Les traditions religieuses mettent souvent l'accent sur la compassion, l'entraide et le service à la communauté. Les experts en IA, conscients de l'impact potentiel de leur travail, peuvent s'inspirer de ces valeurs pour orienter le développement de l'IA vers des applications qui favorisent le bien-être et l'épanouissement humain.

En résumé, les dialogues entre experts en IA et

théologiens révèlent des points de convergence significatifs, offrant des perspectives uniques sur des questions fondamentales concernant la technologie, l'éthique, la conscience et le sens de la vie. Ces échanges interdisciplinaires peuvent enrichir la compréhension de l'IA et de la spiritualité, en soulignant l'importance d'une approche holistique qui tient compte à la fois des avancées technologiques et des valeurs humaines profondes.

4.5.2 Débats Éthiques : IA et Morale Religieuse

Les débats éthiques entourant l'intelligence artificielle et la morale religieuse constituent un terrain fertile pour des discussions profondes et nuancées. Ces débats se concentrent souvent sur la manière dont les principes moraux issus de diverses traditions religieuses peuvent s'appliquer ou entrer en conflit avec le développement et l'utilisation de l'IA.

Un aspect central de ces débats est la question de la responsabilité. Dans de nombreuses traditions religieuses, la responsabilité morale est intrinsèquement liée à la conscience humaine et à la capacité de faire des choix éthiques. Cependant, avec l'IA, cette responsabilité peut devenir floue. Qui est responsable des actions d'une IA : le programmeur, l'utilisateur, l'entreprise qui la déploie ? Les débats éthiques cherchent à établir des cadres de responsabilité clairs qui soient en accord avec les principes moraux religieux.

Un autre sujet de discussion est la dignité humaine et le respect de la vie. De nombreuses religions mettent l'accent sur le respect de la vie et la dignité de chaque individu. Les applications de l'IA, notamment dans les domaines de la surveillance, de la reconnaissance faciale ou de la robotique militaire, soulèvent des questions éthiques importantes sur le respect de la vie privée, la dignité humaine et le potentiel de préjudice. Les débats cherchent à trouver des moyens d'aligner les technologies d'IA avec ces valeurs fondamentales.

La justice et l'équité sont également des thèmes récurrents dans ces discussions. Les systèmes d'IA, en particulier ceux utilisés pour la prise de décision dans les domaines juridique, financier ou de l'emploi, peuvent perpétuer ou même exacerber les inégalités existantes. Les traditions religieuses, avec leur accent sur la justice et l'équité, offrent des perspectives critiques sur la manière dont l'IA devrait être conçue et réglementée pour promouvoir l'équité et éviter les discriminations.

En outre, la question de la création et de l'imitation de la vie est un sujet de débat profond. Certaines religions voient la création de formes de vie ou de conscience artificielles comme une transgression des domaines sacrés, tandis que d'autres peuvent y voir une extension de la créativité humaine. Ces débats touchent à des questions fondamentales sur le rôle de l'humain en tant que créateur et les limites éthiques de cette création.

Enfin, les débats éthiques autour de l'IA et de la morale religieuse abordent souvent la question de l'avenir de l'humanité. Ils explorent comment l'IA pourrait transformer la société, l'économie, et même la nature humaine, et comment ces changements s'alignent ou entrent en conflit avec les visions religieuses du progrès et du bien-être humain.

Ces débats éthiques sont essentiels pour guider le développement de l'IA de manière responsable et alignée sur des valeurs morales profondes. Ils encouragent un dialogue continu entre technologues, éthiciens, leaders religieux et la société dans son ensemble, pour s'assurer que l'IA est développée et utilisée de manière qui respecte et enrichit la condition humaine.

4.5.3 Collaboration entre Technologues et Leaders Spirituels

La collaboration entre technologues et leaders spirituels représente un pont fascinant entre deux mondes souvent perçus comme distincts : celui de la science et de la technologie, et celui de la spiritualité et de la religion. Cette collaboration vise à créer un dialogue constructif et une compréhension mutuelle, permettant ainsi une intégration plus harmonieuse de l'intelligence artificielle dans la société, tout en respectant les valeurs et les croyances spirituelles.

L'un des aspects clés de cette collaboration est l'échange de connaissances et d'idées. Les technologues apportent leur expertise en matière d'IA, de programmation et d'innovation technologique, tandis que les leaders spirituels offrent une perspective profonde sur les valeurs éthiques, morales et spirituelles. Cette interaction permet de développer des technologies d'IA qui ne sont pas seulement avancées sur le plan technique, mais aussi sensibles aux implications éthiques et spirituelles.

Un autre domaine important est la consultation sur les questions éthiques. Les leaders spirituels peuvent aider les technologues à comprendre comment certaines applications de l'IA pourraient affecter les croyances et les pratiques religieuses. Par exemple, ils peuvent fournir des conseils sur la manière dont l'IA pourrait être utilisée dans le respect des principes religieux, comme la dignité humaine, la justice et la compassion.

La collaboration peut également impliquer le développement conjoint de projets. Par exemple, des applications d'IA pourraient être conçues pour aider à l'étude des textes sacrés, à la méditation ou à la gestion communautaire dans un contexte religieux. Ces projets peuvent bénéficier de l'expertise technique des technologues et de la compréhension profonde des leaders spirituels des besoins et des valeurs de leur communauté.

En outre, cette collaboration peut jouer un rôle crucial dans l'éducation et la sensibilisation. Ensemble, technologues et leaders spirituels peuvent organiser des ateliers, des conférences et des séminaires pour éduquer le public sur l'IA, en abordant à la fois les aspects techniques et les implications éthiques et spirituelles. Cela peut aider à démystifier l'IA et à promouvoir une compréhension plus nuancée de son rôle dans la société.

Enfin, cette collaboration peut contribuer à façonner les politiques publiques concernant l'IA. En combinant leur expertise et leur influence, technologues et leaders spirituels peuvent travailler ensemble pour conseiller les décideurs politiques, en s'assurant que les lois et les réglementations concernant l'IA prennent en compte à la fois les avancées technologiques et les valeurs éthiques et spirituelles.

En somme, la collaboration entre technologues et leaders spirituels offre une opportunité unique de construire un avenir où l'IA est développée et utilisée de manière éthique et respectueuse des diverses croyances et valeurs spirituelles. Elle favorise un dialogue interdisciplinaire essentiel pour naviguer dans le paysage complexe de l'IA moderne.

4.5.4 IA et Interprétation des Textes Sacrés : Nouvelles Perspectives

L'intégration de l'intelligence artificielle dans l'interprétation des textes sacrés ouvre de nouvelles perspectives fascinantes dans l'étude des écritures religieuses. Cette approche innovante combine la profondeur de la connaissance théologique avec les capacités analytiques avancées de l'IA, offrant ainsi des insights inédits et enrichissant l'expérience spirituelle.

L'un des principaux avantages de l'utilisation de l'IA dans l'interprétation des textes sacrés est sa capacité à analyser de grandes quantités de données textuelles rapidement et efficacement. Cela permet aux chercheurs et aux fidèles d'explorer les écritures de manière plus approfondie, en identifiant des motifs, des thèmes et des connexions qui pourraient passer inaperçus lors d'une lecture traditionnelle. Par exemple, l'IA peut aider à détecter des parallèles entre différents passages ou à révéler des structures cachées dans les textes.

En outre, l'IA peut faciliter l'accès aux textes sacrés dans différentes langues et traditions. Grâce aux technologies de traduction automatique et d'analyse de texte, les utilisateurs peuvent explorer des écritures dans des langues qu'ils ne maîtrisent pas, ouvrant ainsi la voie à une compréhension plus globale des enseignements religieux. Cela peut également favoriser le dialogue interreligieux, en permettant aux fidèles de différentes traditions d'accéder et de comparer leurs textes sacrés respectifs.

L'IA offre également la possibilité de personnaliser l'étude des textes sacrés. En utilisant des algorithmes d'apprentissage automatique, il est possible de créer des parcours d'étude adaptés aux intérêts et au niveau de connaissance de chaque individu. Par exemple, un système d'IA pourrait recommander des passages spécifiques à étudier ou fournir des explications supplémentaires en fonction des questions ou des thèmes d'intérêt de l'utilisateur. Un autre aspect important est l'analyse contextuelle et historique. L'IA peut aider à contextualiser les textes sacrés, en fournissant des informations sur l'époque, la culture et les circonstances dans lesquelles ils ont été écrits. Cela peut enrichir la compréhension des textes, en les plaçant dans un cadre plus large qui éclaire leur signification et leur pertinence.

Cependant, il est crucial de noter que l'IA ne remplace pas l'interprétation humaine, mais la complète. Les nuances, les interprétations symboliques et les significations profondes des textes sacrés nécessitent toujours l'intuition, la sensibilité et la compréhension humaines. L'IA agit comme un outil qui enrichit et élargit la portée de l'étude, mais elle doit être guidée et interprétée par des individus ayant une connaissance approfondie des traditions et des pratiques religieuses.

En conclusion, l'utilisation de l'IA dans l'interprétation des textes sacrés offre de nouvelles perspectives passionnantes, permettant une exploration plus profonde et plus riche des écritures. Elle favorise une compréhension plus large et plus inclusive des enseignements religieux, tout en respectant la nécessité d'une interprétation humaine éclairée et sensible.

4.5.5 Vision d'Avenir : Co-création entre IA et Spiritualité

La vision d'avenir concernant la co-création entre l'intelligence artificielle et la spiritualité s'annonce comme un horizon fascinant, où technologie et quête spirituelle s'entremêlent pour ouvrir de nouvelles voies d'exploration et de compréhension. Cette symbiose promet de transformer non seulement notre approche des pratiques spirituelles, mais aussi notre perception de l'IA et de son rôle dans la société.

Au cœur de cette vision se trouve l'idée d'une collaboration harmonieuse entre l'humain et la machine, où chacun apporte ses forces uniques.

L'IA, avec sa capacité à traiter et analyser de vastes quantités de données, peut offrir des insights et des perspectives que les humains seuls pourraient ne pas percevoir. D'autre part, la sensibilité humaine, avec sa profondeur de compréhension et son intuition, peut guider et interpréter les résultats fournis par l'IA, en les intégrant dans un cadre spirituel et éthique.

Dans le domaine de la méditation et de la pratique spirituelle, par exemple, l'IA pourrait aider à personnaliser les expériences en fonction des besoins et des préférences individuelles. En analysant les réponses physiologiques et émotionnelles des utilisateurs, des systèmes d'IA pourraient adapter des séances de méditation pour maximiser leur efficacité et leur pertinence. Cela pourrait conduire à des pratiques plus profondes et plus enrichissantes, aidant les individus à atteindre des états de conscience plus élevés ou à gérer le stress et l'anxiété de manière plus efficace.

En outre, l'IA pourrait jouer un rôle crucial dans l'interprétation et la compréhension des textes sacrés et des enseignements spirituels. En utilisant des techniques d'analyse de texte avancées, l'IA pourrait révéler des motifs, des thèmes et des interprétations qui enrichiraient la compréhension traditionnelle. Cela pourrait également faciliter le dialogue interreligieux, en mettant en lumière les similitudes et les différences entre diverses traditions spirituelles.

Un autre domaine prometteur est celui de la création artistique inspirée par la spiritualité. L'IA pourrait collaborer avec des artistes humains pour créer de la musique, de la poésie, ou des œuvres d'art qui reflètent et expriment des thèmes spirituels. Cette co-création pourrait aboutir à des œuvres d'une beauté et d'une profondeur inédites, transcendant les limites traditionnelles de l'expression artistique.

Cependant, cette vision d'avenir soulève également des questions éthiques et philosophiques importantes. Il sera essentiel de veiller à ce que l'utilisation de l'IA dans le contexte spirituel respecte la dignité humaine, les croyances individuelles et les traditions culturelles. De plus, il faudra s'assurer que l'IA ne remplace pas l'expérience humaine authentique, mais plutôt qu'elle l'augmente et l'enrichit.

En conclusion, la vision d'avenir de la co-création entre l'IA et la spiritualité ouvre des possibilités passionnantes pour l'enrichissement mutuel de la technologie et de la quête spirituelle. Cette collaboration a le potentiel de transformer notre compréhension de nous-mêmes et du monde qui nous entoure, tout en posant des défis éthiques et philosophiques qui nécessiteront une réflexion approfondie et un dialogue continu.

CHAPITRE 5: DÉFIS ET OPPORTUNITÉS

"Ceux qui ont la connaissance ne prédisent pas. Ceux qui prédisent n'ont pas la connaissance."

Lao Tseu

5.1 Naviguer entre Progrès Technologique et Traditions Religieuses

5.1.1 Équilibre entre Innovation et Préservation des Traditions

Naviguer entre le progrès technologique et les traditions religieuses représente un défi complexe et nuancé. D'un côté, l'innovation technologique, notamment dans le domaine de l'intelligence artificielle, offre des possibilités sans précédent pour améliorer la vie humaine, y compris dans le contexte religieux. De l'autre, il est crucial de préserver les traditions et les valeurs qui forment le cœur des différentes religions et croyances. Trouver un équilibre entre ces deux aspects nécessite une approche réfléchie et respectueuse.

L'innovation technologique peut apporter des contributions significatives aux communautés religieuses. Par exemple, l'IA peut aider à l'interprétation des textes sacrés, à la personnalisation des pratiques spirituelles, et même à la gestion des communautés religieuses. Ces technologies peuvent rendre les enseignements religieux plus accessibles et engageants, en particulier pour les jeunes générations qui sont natives du numérique.

Cependant, l'adoption de ces technologies ne doit pas se faire au détriment des traditions et des pratiques établies. Les traditions religieuses portent en elles des siècles de sagesse et de connaissances, et elles jouent un rôle crucial dans la préservation de l'identité culturelle et spirituelle des communautés. Par conséquent, il est essentiel de veiller à ce que l'intégration de l'IA et d'autres technologies dans les pratiques religieuses respecte et honore ces traditions.

Pour atteindre cet équilibre, un dialogue ouvert et continu entre les technologues, les leaders religieux et les fidèles est indispensable. Ce dialogue devrait viser à comprendre les besoins et les préoccupations de chaque communauté, ainsi qu'à explorer comment les technologies peuvent être adaptées pour compléter et enrichir les pratiques traditionnelles sans les remplacer ou les dénaturer.

En outre, il est important de reconnaître que chaque tradition religieuse a ses propres perspectives sur la technologie et l'innovation. Ce qui est acceptable et bénéfique dans une tradition peut ne pas l'être dans une autre. Par conséquent, les solutions technologiques doivent être flexibles et adaptées aux spécificités de chaque tradition.

Enfin, il est crucial de considérer les implications éthiques de l'utilisation de l'IA et d'autres technologies dans un contexte religieux. Les questions de vie privée, de sécurité des données et de respect de l'autonomie individuelle sont particulièrement pertinentes. Les communautés religieuses doivent s'assurer que l'utilisation de ces technologies est conforme à leurs valeurs éthiques et morales.

En conclusion, trouver un équilibre entre l'innovation technologique et la préservation des traditions religieuses est un processus délicat qui nécessite une réflexion approfondie, un dialogue ouvert et une approche personnalisée. En abordant ces défis avec respect et sensibilité, il est possible de tirer parti des avantages de la technologie tout en respectant et en honorant les riches traditions qui donnent sens et direction à de nombreuses vies.

5.1.2 Cas d'Étude : Adaptation des Pratiques Religieuses à l'IA

L'adaptation des pratiques religieuses à l'intelligence artificielle est un sujet fascinant qui illustre comment la technologie peut s'intégrer harmonieusement dans des contextes traditionnels. Pour mieux comprendre cette dynamique, examinons un cas d'étude spécifique qui met en lumière les défis et les opportunités de cette intégration.

Prenons l'exemple d'une communauté religieuse qui a décidé d'intégrer l'IA dans son enseignement et sa pratique spirituelle. Cette communauté, soucieuse de maintenir l'engagement de ses membres, en particulier des jeunes générations, a introduit une application basée sur l'IA pour l'étude des textes sacrés. Cette application utilise des algorithmes avancés pour personnaliser l'expérience d'apprentissage en fonction des intérêts et du niveau de compréhension de chaque utilisateur.

L'application propose des lectures interactives des textes sacrés, des explications contextuelles, et même des simulations de scénarios historiques ou mythologiques pour une immersion plus profonde. Elle offre également des forums de discussion où les membres de la communauté peuvent partager leurs réflexions et leurs interprétations, facilitant ainsi un dialogue enrichissant.

Cependant, l'introduction de cette technologie n'a pas été sans défis. Certains membres plus âgés de la communauté étaient réticents à l'idée d'utiliser une application pour étudier des textes qu'ils avaient l'habitude de lire de manière traditionnelle. De plus, il y avait des préoccupations concernant la précision et l'intégrité des interprétations fournies par l'IA, ainsi que des questions sur la sécurité des données et la vie privée des utilisateurs.

Pour surmonter ces défis, les leaders de la communauté ont organisé des ateliers pour familiariser tous les membres avec la technologie. Ils ont également travaillé en étroite collaboration avec les développeurs de l'application pour s'assurer que les interprétations et les contenus proposés étaient alignés avec les doctrines et les valeurs de la communauté. Des mesures de sécurité robustes ont été mises en place pour protéger les données des utilisateurs.

L'impact de cette initiative a été significatif. Les jeunes membres de la communauté ont montré un intérêt renouvelé pour l'étude des textes sacrés, et même certains membres plus âgés ont trouvé que l'application enrichissait leur compréhension. L'application a également facilité une plus grande interaction entre les membres de la communauté, renforçant ainsi les liens communautaires.

Ce cas d'étude démontre que, lorsqu'elle est abordée avec soin et sensibilité, l'intégration de l'IA dans les pratiques religieuses peut offrir de nombreux avantages. Elle peut renforcer l'engagement, enrichir l'apprentissage et favoriser la cohésion communautaire. Toutefois, il est essentiel de procéder avec prudence, en veillant à respecter les traditions et les valeurs de la communauté, et en s'assurant que la technologie est utilisée de manière éthique et responsable.

5.1.3 Résistance et Acceptation de l'IA dans les Communautés Religieuses

L'introduction de l'intelligence artificielle dans les communautés religieuses soulève un spectre complexe de réactions, oscillant entre résistance et acceptation. Cette dynamique reflète les tensions entre la préservation des traditions et l'adoption de nouvelles technologies. Pour explorer ce phénomène, il est essentiel de comprendre les facteurs qui influencent ces réactions et les implications pour l'avenir des pratiques religieuses.

D'un côté, la résistance à l'IA dans les communautés religieuses est souvent enracinée dans la crainte de la perte de l'essence humaine et spirituelle des pratiques religieuses. Pour beaucoup, la spiritualité est intrinsèquement liée à l'expérience humaine, et l'introduction de machines et d'algorithmes peut sembler déshumanisante. Par exemple, l'idée d'une IA menant une cérémonie religieuse ou offrant des conseils spirituels peut être perçue comme une transgression des principes fondamentaux de la foi. De plus, il existe des préoccupations éthiques et morales, telles que la crainte que l'IA ne soit pas capable de comprendre ou de respecter les nuances et les complexités des croyances religieuses.

D'un autre côté, l'acceptation de l'IA dans certaines communautés religieuses est motivée par la reconnaissance de ses potentiels bénéfices. L'IA peut offrir des outils innovants pour l'éducation religieuse, la gestion communautaire, et même pour l'engagement personnel dans la pratique spirituelle. Par exemple, des applications d'IA peuvent aider à l'étude personnalisée des textes sacrés, offrant des interprétations et des explications adaptées aux besoins individuels. De même, l'IA peut faciliter la gestion des activités communautaires, comme la planification d'événements ou la communication entre les membres.

La clé de l'acceptation de l'IA dans les communautés religieuses réside dans la manière dont elle est intégrée. Lorsque l'IA est utilisée pour compléter et enrichir les pratiques existantes, plutôt que de les remplacer, elle est plus susceptible d'être acceptée. Cela nécessite une approche collaborative, où les leaders religieux et les développeurs d'IA travaillent ensemble pour s'assurer que les technologies respectent et reflètent les valeurs et les croyances de la communauté.

En outre, l'éducation et la sensibilisation jouent un rôle crucial dans la facilitation de l'acceptation de l'IA. En fournissant des informations claires sur les avantages, les limites et les implications éthiques de l'IA, les communautés peuvent prendre des décisions éclairées sur la manière d'intégrer ces technologies dans leurs pratiques.

En conclusion, la résistance et l'acceptation de l'IA dans les communautés religieuses sont influencées par une multitude de facteurs, allant des préoccupations éthiques et spirituelles aux avantages pratiques. La voie vers une intégration harmonieuse de l'IA dans ces communautés nécessite une approche équilibrée, respectueuse des traditions, tout en étant ouverte à l'innovation. Cela implique un dialogue continu entre les développeurs d'IA, les leaders religieux et les membres de la communauté, afin de naviguer ensemble dans cette ère de transformation technologique.

5.1.4 IA et Renouvellement

des Rituels et Croyances

L'intégration de l'intelligence artificielle dans les sphères religieuses ne se limite pas à une simple adoption technologique ; elle engendre également un renouvellement potentiel des rituels et des croyances. Cette évolution soulève des questions fascinantes sur la manière dont l'IA peut transformer les pratiques traditionnelles tout en respectant l'essence des croyances religieuses.

Le renouvellement des rituels à travers l'IA peut prendre plusieurs formes. Par exemple, des applications d'IA peuvent être utilisées pour personnaliser les expériences de prière ou de méditation, en adaptant les lectures ou les chants aux besoins spirituels individuels. Dans certains cas, l'IA pourrait même aider à la création de nouveaux rituels qui s'alignent avec les valeurs contemporaines tout en restant fidèles aux principes fondamentaux de la foi. Ces innovations peuvent rendre les pratiques religieuses plus accessibles et pertinentes, en particulier pour les jeunes générations qui sont souvent plus en phase avec la technologie.

En outre, l'IA peut jouer un rôle dans le renouvellement des croyances. En analysant de vastes ensembles de données sur les textes sacrés et les interprétations historiques, l'IA peut offrir de nouvelles perspectives et compréhensions des enseignements religieux. Cela pourrait conduire à une réinterprétation des textes anciens, en les rendant plus pertinents pour les défis contemporains. Par exemple, l'IA pourrait aider à contextualiser les enseignements religieux dans le cadre de questions modernes telles que le changement climatique ou l'éthique sociale.

Cependant, ce processus de renouvellement n'est pas sans défis. Il est crucial que l'intégration de l'IA dans les rituels et les croyances se fasse de manière respectueuse et sensible. Les leaders religieux et les communautés doivent être impliqués activement dans le développement et l'adoption de ces technologies pour s'assurer qu'elles ne compromettent pas les valeurs fondamentales de la foi. De plus, il est important de maintenir un équilibre entre l'innovation et la préservation des traditions, en veillant à ce que l'IA ne remplace pas l'expérience humaine et spirituelle au cœur des pratiques religieuses.

En conclusion, l'IA offre des possibilités passionnantes pour le renouvellement des rituels et des croyances dans les communautés religieuses. En fournissant des outils pour personnaliser et contextualiser les pratiques religieuses, l'IA peut aider à rendre la foi plus pertinente et accessible dans le monde moderne. Cependant, ce processus doit être abordé avec prudence et respect, en veillant à ce que l'innovation technologique s'harmonise avec les valeurs spirituelles et culturelles des communautés concernées.

5.1.5 Perspectives d'Avenir : Intégration de l'IA dans les Traditions

L'intégration de l'intelligence artificielle dans les traditions religieuses et spirituelles ouvre un horizon de possibilités fascinantes, tout en soulevant des questions importantes sur l'avenir des pratiques et croyances ancestrales. Cette fusion entre la technologie de pointe et les traditions séculaires offre une perspective unique sur la manière dont la foi et la spiritualité peuvent évoluer dans un monde de plus en plus numérisé.

À l'avenir, nous pourrions assister à une intégration plus profonde de l'IA dans les aspects quotidiens des pratiques religieuses. Par exemple, des algorithmes d'IA pourraient être utilisés pour personnaliser les lectures de textes sacrés, adaptant les enseignements et les méditations aux besoins individuels des fidèles. L'IA pourrait également aider à la planification et à la gestion des événements communautaires, en optimisant les ressources et en facilitant la participation des membres de la communauté, quel que soit leur emplacement géographique.

En outre, l'IA pourrait jouer un rôle crucial dans la préservation des traditions. Grâce à des techniques avancées de traitement du langage naturel et d'analyse de données, l'IA peut aider à traduire, interpréter et conserver des textes anciens, rendant les enseignements et les histoires accessibles à de nouvelles générations et à des publics plus larges. Cette capacité à sauvegarder et à partager le patrimoine religieux est particulièrement précieuse dans un contexte où de nombreuses langues et cultures sont menacées de disparition.

L'IA pourrait également contribuer à une meilleure compréhension et à un dialogue interreligieux plus riche. En analysant des ensembles de données issus de différentes traditions, l'IA peut révéler des similitudes et des différences dans les croyances et les pratiques, favorisant ainsi une meilleure compréhension mutuelle et le respect entre les différentes communautés religieuses.

Cependant, cette intégration ne sera pas sans défis. Il est essentiel de veiller à ce que l'utilisation de l'IA dans les contextes religieux respecte les valeurs éthiques et morales de chaque tradition. Les questions de confidentialité, de consentement et de respect de l'autonomie individuelle seront cruciales, surtout lorsque l'IA est utilisée pour des activités personnelles comme la prière ou la méditation.

En conclusion, les perspectives d'avenir pour l'intégration de l'IA dans les traditions religieuses sont vastes et prometteuses. Cette convergence entre la technologie et la spiritualité a le potentiel de revitaliser et de préserver les pratiques ancestrales, tout en offrant de nouvelles façons d'explorer et de vivre la foi. Toutefois, cette évolution doit être abordée avec prudence et respect, en veillant à ce que la technologie serve à enrichir, et non à remplacer, l'expérience humaine et spirituelle au cœur des traditions.

5.2 Opportunités d'IA pour l'Enrichissement Spirituel et Communautaire

5.2.1 IA et Personnalisation des Expériences Spirituelles

L'intégration de l'intelligence artificielle dans le domaine spirituel ouvre des portes vers une personnalisation inédite des expériences spirituelles. Cette technologie, par sa capacité à analyser et à traiter d'immenses quantités de données, peut offrir des expériences hautement personnalisées qui répondent aux besoins et aux aspirations individuelles des pratiquants.

Imaginez un système d'IA capable de s'adapter aux étapes de vie, aux questionnements et aux aspirations spirituelles de chaque individu. Pour un jeune adulte en quête de sens, l'IA pourrait proposer des lectures et des méditations guidées axées sur la découverte de soi et l'exploration de différentes philosophies de vie. Pour un parent, l'IA pourrait offrir des conseils et des ressources pour intégrer la spiritualité dans l'éducation des enfants.

L'IA peut également jouer un rôle dans la facilitation de la méditation et de la prière. En utilisant des algorithmes avancés, elle pourrait créer des séances de méditation personnalisées, adaptées au niveau de stress, aux préférences musicales ou même aux thèmes spirituels privilégiés par l'utilisateur. De même, pour la prière, l'IA pourrait suggérer des textes et des chants qui résonnent avec les sentiments et les besoins actuels de l'individu.

En outre, l'IA peut aider à créer des communautés spirituelles plus inclusives et accessibles. Par exemple, des plateformes en ligne alimentées par l'IA pourraient connecter des personnes partageant les mêmes valeurs spirituelles, facilitant les échanges et le soutien mutuel, indépendamment des barrières géographiques. Ces communautés virtuelles pourraient organiser des événements en ligne, des groupes de discussion et des ateliers, tous personnalisés selon les intérêts et les besoins des membres.

Cependant, il est crucial de garder à l'esprit que la personnalisation par l'IA ne doit pas remplacer les interactions humaines authentiques et les expériences spirituelles traditionnelles. L'objectif est de compléter et d'enrichir ces expériences, en offrant des options supplémentaires qui peuvent aider les individus à explorer leur spiritualité de manière plus profonde et personnalisée.

En conclusion, l'IA offre des opportunités passionnantes pour personnaliser et enrichir les expériences spirituelles. En adaptant les ressources et les pratiques aux besoins individuels, l'IA peut aider les gens à explorer leur spiritualité de manière plus significative et pertinente. Toutefois, cette technologie doit être utilisée avec discernement et dans le respect des valeurs et des traditions spirituelles de chacun.

5.2.2 IA au Service de la Communauté et de l'Engagement Social

L'intégration de l'intelligence artificielle dans les communautés religieuses et spirituelles ne se limite pas uniquement à l'enrichissement des expériences individuelles ; elle s'étend également au service de la communauté et à l'engagement social. L'IA, par ses capacités d'analyse et de traitement de données, peut jouer un rôle crucial dans la gestion communautaire et dans la promotion de l'engagement social.

Prenons l'exemple d'une communauté religieuse qui utilise l'IA pour mieux comprendre et répondre aux besoins de ses membres. Un système d'IA pourrait analyser les données collectées lors des événements communautaires, des services religieux ou même à travers des enquêtes en ligne pour identifier les tendances, les préoccupations et les intérêts des membres de la communauté. Cette analyse permettrait aux leaders religieux de planifier des activités, des programmes éducatifs ou des initiatives de soutien plus ciblés et efficaces.

L'IA peut également être utilisée pour renforcer l'engagement social des communautés religieuses. Par exemple, un algorithme pourrait identifier les opportunités de service communautaire locales qui correspondent aux valeurs et aux capacités de la communauté. L'IA pourrait même aider à organiser des campagnes de collecte de fonds ou de sensibilisation, en ciblant les messages et en identifiant les donateurs potentiels.

Dans le domaine de l'aide humanitaire, l'IA peut jouer un rôle transformateur. Les organisations religieuses, souvent impliquées dans l'aide humanitaire, pourraient utiliser l'IA pour analyser les données sur les crises humanitaires, optimiser la distribution des ressources et prédire les besoins futurs. Cela permettrait une réponse plus rapide et plus efficace lors de situations d'urgence.

Un autre aspect important est l'utilisation de l'IA pour favoriser l'inclusion et la diversité au sein des communautés religieuses. Des systèmes d'IA pourraient être conçus pour identifier et aborder les problèmes d'exclusion ou de discrimination, en encourageant une plus grande ouverture et en favorisant le dialogue interreligieux et interculturel.

Cependant, il est essentiel de veiller à ce que l'utilisation de l'IA dans ces contextes respecte la confidentialité et l'éthique. Les données sensibles doivent être traitées avec le plus grand soin, et les décisions prises par les systèmes d'IA doivent toujours être supervisées par des humains pour garantir qu'elles sont alignées avec les valeurs et les principes de la communauté.

En résumé, l'IA offre des possibilités considérables pour améliorer la gestion communautaire et l'engagement social au sein des communautés religieuses. Elle peut aider à mieux comprendre et répondre aux besoins des membres, à renforcer l'engagement social, à améliorer l'efficacité de l'aide humanitaire et à promouvoir l'inclusion et la diversité. Toutefois, son utilisation doit être guidée par des principes éthiques et une supervision humaine attentive pour garantir qu'elle serve véritablement le bien de la communauté.

5.2.3 IA et Éducation Religieuse : Nouvelles Méthodes d'Apprentissage

L'intégration de l'intelligence artificielle dans l'éducation religieuse ouvre des horizons nouveaux et passionnants pour l'apprentissage et l'enseignement des traditions spirituelles. L'IA, avec ses capacités avancées d'analyse de données, de personnalisation et d'interaction, peut transformer radicalement les méthodes d'apprentissage dans les contextes religieux.

Imaginons un système d'IA conçu pour l'éducation religieuse. Ce système pourrait offrir des cours personnalisés adaptés aux besoins et au niveau de compréhension de chaque apprenant. Par exemple, un jeune étudiant pourrait recevoir des leçons interactives et ludiques sur les histoires et les enseignements fondamentaux, tandis qu'un adulte cherchant une compréhension plus profonde pourrait explorer des analyses théologiques complexes ou des interprétations de textes sacrés.

L'IA peut également faciliter l'apprentissage des langues anciennes souvent associées aux textes sacrés. Des programmes d'IA pourraient aider les étudiants à apprendre l'hébreu, le sanskrit, l'arabe ou le grec ancien, en utilisant des méthodes interactives et adaptatives qui rendent l'apprentissage plus engageant et efficace.

En outre, l'IA peut jouer un rôle crucial dans la mise en relation des enseignements religieux avec des contextes contemporains. Par exemple, un système d'IA pourrait analyser les événements actuels et suggérer des leçons ou des discussions qui relient ces événements aux principes religieux, aidant ainsi les apprenants à comprendre comment appliquer leurs croyances dans le monde moderne.

L'IA offre également des opportunités pour

des expériences d'apprentissage immersives. Par exemple, la réalité augmentée ou virtuelle, combinée à l'IA, pourrait permettre aux étudiants de visiter virtuellement des sites religieux historiques ou de participer à des reconstitutions de moments clés de l'histoire religieuse, offrant ainsi une expérience d'apprentissage plus profonde et plus engageante.

Cependant, l'utilisation de l'IA dans l'éducation religieuse doit être abordée avec prudence. Il est crucial de s'assurer que l'enseignement dispensé par l'IA reste fidèle aux doctrines et aux valeurs de la tradition concernée. De plus, l'interaction humaine et la guidance restent essentielles, car l'éducation religieuse implique souvent des discussions morales, éthiques et spirituelles qui nécessitent une compréhension et une empathie humaines.

En conclusion, l'IA a le potentiel de révolutionner l'éducation religieuse en offrant des méthodes d'apprentissage personnalisées, interactives et immersives. Elle peut aider à rendre l'apprentissage des traditions religieuses plus accessible, pertinent et engageant pour les apprenants de tous âges. Toutefois, il est important de maintenir un équilibre entre l'innovation technologique et le respect des valeurs et des enseignements traditionnels, en veillant à ce que l'IA soit utilisée comme un outil pour enrichir et non pour remplacer l'expérience humaine dans l'éducation religieuse.

5.2.4 IA dans la Méditation et la Pratique Contemplative

L'intégration de l'intelligence artificielle dans la méditation et les pratiques contemplatives représente une fusion intrigante de la technologie moderne avec des traditions spirituelles anciennes. Cette combinaison offre des possibilités nouvelles et enrichissantes pour approfondir l'expérience méditative et contemplative.

Imaginez un programme d'IA conçu pour guider les utilisateurs à travers des séances de méditation. Cette IA pourrait adapter ses instructions en fonction des réactions physiologiques et émotionnelles de l'utilisateur, détectées via des capteurs ou des appareils portables. Par exemple, si l'IA détecte un niveau de stress élevé chez l'utilisateur, elle pourrait proposer des techniques de respiration profonde ou des méditations guidées spécifiques pour induire la relaxation.

L'IA peut également personnaliser les pratiques méditatives en fonction des préférences et des objectifs de l'utilisateur. Pour quelqu'un cherchant à améliorer sa concentration, l'IA pourrait suggérer des exercices de pleine conscience centrés sur l'attention. Pour un autre cherchant un soulagement du stress, elle pourrait recommander des méditations axées sur la relaxation corporelle et le lâcher-prise.

En outre, l'IA peut enrichir l'expérience méditative en intégrant des éléments audiovisuels stimulants. Par exemple, des séances de méditation pourraient être accompagnées de visualisations générées par IA ou de paysages sonores adaptatifs qui évoluent en réponse à l'état de l'utilisateur, créant une expérience immersive et personnalisée.

L'IA peut aussi jouer un rôle dans l'analyse et le suivi des progrès dans la pratique méditative. En collectant des données sur les séances de méditation, comme la durée, la fréquence et les réponses physiologiques, l'IA peut fournir des retours d'information utiles et encourager les utilisateurs à maintenir leur pratique.

Cependant, il est important de considérer les limites et les précautions dans l'utilisation de l'IA pour la méditation et la pratique contemplative. La méditation est une expérience profondément personnelle et spirituelle, et l'interaction avec une machine pourrait ne pas convenir à tous. De plus, il est crucial de veiller à ce que les données personnelles collectées par ces systèmes soient traitées avec le plus grand respect de la confidentialité et de la sécurité.

En conclusion, l'IA offre des possibilités passionnantes pour enrichir et personaliser la pratique de la méditation et des exercices contemplatifs. Elle peut aider les individus à approfondir leur expérience méditative et à suivre leurs progrès de manière plus efficace. Toutefois, il est essentiel de trouver un équilibre entre les avantages de la technologie et le respect de l'intimité et de la nature intrinsèquement personnelle de la méditation.

5.2.5 IA et Renforcement des Liens Communautaires

L'intégration de l'intelligence artificielle dans le renforcement des liens communautaires ouvre un champ de possibilités fascinantes pour tisser des relations plus fortes et plus significatives au sein des communautés. Cette technologie, lorsqu'elle est utilisée de manière éthique et réfléchie, peut jouer un rôle crucial dans la création de liens sociaux enrichissants et dans la promotion de l'engagement communautaire.

Un des aspects les plus prometteurs de l'IA dans ce domaine est sa capacité à connecter les individus ayant des intérêts ou des besoins similaires. Par exemple, des algorithmes d'appariement peuvent être utilisés pour identifier et mettre en relation des membres de la communauté qui partagent des hobbies, des défis ou des aspirations communs. Cela peut être particulièrement bénéfique dans les grandes communautés où il peut être difficile de trouver des personnes partageant les mêmes idées ou expériences.

L'IA peut également faciliter la communication et l'interaction au sein des communautés. Des chatbots intelligents, par exemple, peuvent fournir des informations pertinentes sur les événements communautaires, répondre aux questions fréquemment posées et aider à l'organisation d'activités collectives. Ces outils peuvent rendre la participation communautaire plus accessible et moins intimidante, en particulier pour les nouveaux membres ou ceux qui sont moins à l'aise avec les interactions sociales traditionnelles.

En outre, l'IA peut jouer un rôle dans la collecte et l'analyse de données pour mieux comprendre les besoins et les préférences de la communauté. En analysant les tendances et les retours d'expérience, les leaders communautaires peuvent adapter leurs programmes et services pour mieux répondre aux attentes des membres. Cela peut conduire à des initiatives plus ciblées et efficaces, renforçant ainsi l'engagement et la satisfaction au sein de la communauté.

Il est également possible d'utiliser l'IA pour créer des expériences immersives et interactives lors d'événements communautaires. Par exemple, des installations artistiques interactives ou des jeux basés sur l'IA peuvent encourager la participation et la collaboration, créant ainsi des expériences mémorables et renforçant les liens entre les participants.

Cependant, il est crucial de garder à l'esprit les

défis éthiques et pratiques liés à l'utilisation de l'IA dans les communautés. La protection de la vie privée et des données personnelles est primordiale, et il est important de s'assurer que l'utilisation de l'IA ne crée pas de divisions ou d'exclusions au sein de la communauté. De plus, il est essentiel de maintenir un équilibre entre l'utilisation de la technologie et la préservation des interactions humaines authentiques, qui sont le cœur de toute communauté.

En conclusion, l'IA offre des opportunités significatives pour renforcer les liens communautaires en facilitant la communication, en connectant les individus et en fournissant des insights précieux pour l'amélioration des services communautaires. Toutefois, son utilisation doit être guidée par des principes éthiques solides et une attention particulière à l'impact humain pour garantir qu'elle enrichisse véritablement l'expérience communautaire.

5.3 Défis Éthiques et Moraux de l'IA dans un Contexte Religieux

5.3.1 Conflits Éthiques entre IA et Valeurs Religieuses

L'intégration de l'intelligence artificielle dans divers aspects de la vie quotidienne soulève des questions éthiques complexes, particulièrement lorsqu'elle entre en interaction avec les valeurs et les croyances religieuses. Ces conflits éthiques peuvent émerger de plusieurs façons, reflétant la tension entre les progrès technologiques et les principes moraux ancrés dans la tradition religieuse.

Un des principaux domaines de conflit est la question de la création et de l'autonomie. Dans de nombreuses traditions religieuses, la création de la vie et l'intelligence est considérée comme le domaine exclusif du divin. L'IA, en imitant ou en reproduisant des aspects de l'intelligence humaine, peut être perçue comme une tentative de 'jouer à Dieu', soulevant des questions sur les limites de l'intervention humaine dans la création de formes d'intelligence non humaines. Un autre point de friction est lié à la notion de moralité et de conscience. Les systèmes d'IA, bien qu'avancés, ne possèdent pas de conscience ou de moralité intrinsèque. Leur capacité à prendre des décisions éthiques est limitée aux paramètres et aux données sur lesquels ils sont entraînés. Cela pose la question de savoir si les décisions prises par l'IA peuvent être considérées comme moralement responsables, surtout lorsqu'elles affectent des aspects de la vie humaine profondément enracinés dans des considérations morales et spirituelles.

De plus, l'utilisation de l'IA dans des contextes religieux peut entraîner des dilemmes éthiques concernant la représentation et l'interprétation des enseignements religieux. Par exemple, l'utilisation de l'IA pour interpréter des textes sacrés ou pour guider les pratiques religieuses pourrait être vue comme une déviation des méthodes traditionnelles d'enseignement et d'interprétation, qui valorisent l'expérience humaine et la compréhension spirituelle.

La question de la vie privée et de la surveillance est également préoccupante. Les technologies d'IA, notamment celles utilisées dans la collecte et l'analyse de données, peuvent entrer en conflit avec les valeurs religieuses liées à la confidentialité, à l'intimité et à la dignité humaine. Les communautés religieuses peuvent être particulièrement sensibles à la manière dont les informations personnelles sont collectées, utilisées et partagées.

Enfin, l'IA peut remettre en question les structures traditionnelles de pouvoir et d'autorité au sein des communautés religieuses. L'introduction de systèmes d'IA dans la prise de décision ou dans la gestion des affaires communautaires peut être perçue comme une menace pour les rôles traditionnels des leaders religieux, modifiant potentiellement la dynamique de pouvoir au sein des communautés.

Pour naviguer dans ces eaux troubles, un dialogue ouvert entre les développeurs d'IA, les leaders religieux et les fidèles est essentiel.

Il est important de trouver un équilibre entre l'adoption des avantages de l'IA et le respect des valeurs et des croyances religieuses profondément enracinées. Cela nécessite une compréhension mutuelle et une collaboration pour garantir que l'IA soit utilisée d'une manière qui enrichisse et ne mine pas les pratiques et croyances religieuses.

5.3.2 IA et Questions de Morale : Dilemmes et Réflexions

L'intégration de l'intelligence artificielle dans notre société soulève des dilemmes moraux significatifs, reflétant la complexité croissante des interactions entre la technologie et les valeurs humaines. Ces dilemmes se manifestent de diverses manières, chacune nécessitant une réflexion approfondie et une analyse éthique.

Un des dilemmes majeurs concerne la prise de décision par l'IA. Les algorithmes d'IA, bien qu'efficaces dans l'analyse de données et la prédiction de résultats, ne possèdent pas de conscience morale. Lorsqu'ils sont utilisés pour prendre des décisions qui affectent la vie humaine, comme dans le domaine de la santé ou de la justice, cela soulève la question de savoir si ces décisions sont éthiquement justifiables. Comment une machine peut-elle évaluer les nuances morales et éthiques qui sont souvent implicites dans les décisions humaines ?

Un autre dilemme est lié à la programmation de l'IA. Les systèmes d'IA agissent selon les instructions et les données qui leur sont fournies. Cela soulève la question de la responsabilité morale : qui est responsable des actions de l'IA ? Est-ce le programmeur, l'utilisateur, ou la machine elle-même ? Cette question devient encore plus complexe lorsque l'IA apprend et évolue de manière autonome, échappant aux paramètres initiaux fixés par ses créateurs.

De plus, l'IA pose des questions sur la justice et l'équité. Les algorithmes peuvent perpétuer et même amplifier les biais et les inégalités existants dans la société. Par exemple, si un système d'IA est entraîné avec des données biaisées, ses décisions pourraient favoriser certains groupes au détriment d'autres, renforçant les inégalités sociales et économiques.

La question de la transparence et de la compréhension des systèmes d'IA est également un défi moral. Beaucoup de systèmes d'IA fonctionnent comme des "boîtes noires", où les processus de prise de décision ne sont pas clairement compris, même par leurs créateurs. Cela pose un problème éthique, car sans une compréhension claire de la manière dont les décisions sont prises, il est difficile d'évaluer leur justesse ou leur moralité.

Enfin, l'IA soulève des questions sur la nature de l'humanité et de la moralité elle-même. À mesure que l'IA devient plus avancée, elle commence à imiter non seulement les processus de pensée humains, mais aussi potentiellement les aspects de la conscience et de l'émotion. Cela nous amène à réfléchir sur ce qui constitue la moralité et si elle est unique à l'expérience humaine.

Pour aborder ces dilemmes, une approche multidisciplinaire est nécessaire, impliquant des experts en éthique, en technologie, en droit et en philosophie. Il est crucial de développer des cadres éthiques pour guider le développement et l'utilisation de l'IA, en veillant à ce que ces technologies soient utilisées de manière à respecter et à promouvoir les valeurs morales humaines. Cela implique également une éducation et une sensibilisation accrues du public sur les enjeux éthiques de l'IA, afin de garantir une participation éclairée et responsable de tous les acteurs de la société.

5.3.3 Gestion des Données et Respect de la Vie Privée dans les Communautés Religieuses

La gestion des données et le respect de la vie privée dans les communautés religieuses, à l'ère de l'intelligence artificielle, constituent un sujet délicat et complexe. Les communautés religieuses, comme d'autres organisations, sont de plus en plus amenées à utiliser des technologies avancées pour la gestion des données, ce qui soulève des questions éthiques et morales importantes.

Premièrement, l'utilisation de l'IA pour collecter, analyser et stocker des données personnelles dans un contexte religieux doit être abordée avec une grande sensibilité. Les informations recueillies peuvent inclure des détails personnels et sensibles, tels que les croyances, les pratiques spirituelles, et même les confessions personnelles. Il est essentiel que ces données soient traitées avec le plus haut niveau de confidentialité et de respect, conformément aux principes éthiques et aux enseignements de la foi concernée.

Deuxièmement, le consentement et la transparence sont cruciaux. Les membres des communautés religieuses doivent être pleinement informés de la manière dont leurs données sont collectées et utilisées. Ils doivent avoir la possibilité de donner leur consentement éclairé et de comprendre les implications de la participation à des systèmes basés sur l'IA. Cela implique une communication claire et ouverte sur les politiques de confidentialité et les pratiques de gestion des données.

Troisièmement, la sécurité des données est une préoccupation majeure. Avec l'augmentation des cyberattaques et des violations de données, il est impératif que les communautés religieuses mettent en place des mesures de sécurité robustes pour protéger les informations sensibles. Cela inclut non seulement la protection contre les accès non autorisés, mais aussi la mise en place de protocoles en cas de fuite de données.

Quatrièmement, il y a la question de l'utilisation éthique des données. Les communautés religieuses doivent veiller à ce que les données collectées ne soient pas utilisées à des fins contraires à leurs valeurs et principes. Par exemple, l'utilisation de données pour la discrimination ou la manipulation de membres serait profondément contraire aux principes éthiques de la plupart des religions.

Enfin, il est important de considérer l'impact de ces technologies sur la dynamique communautaire. L'utilisation de l'IA peut transformer la manière dont les communautés religieuses interagissent et se gèrent. Il est crucial que ces changements soient intégrés de manière à renforcer la communauté et à respecter les traditions, plutôt que de les perturber.

En conclusion, la gestion des données et le respect de la vie privée dans les communautés religieuses à l'ère de l'IA nécessitent une approche équilibrée qui respecte les valeurs religieuses, assure la sécurité et la confidentialité des données, et favorise la transparence et le consentement éclairé. Cela nécessite une collaboration étroite entre les leaders religieux, les experts en technologie et les membres de la communauté pour naviguer dans ces défis complexes.

5.3.4 IA et Responsabilité : Qui est Responsable des Décisions de l'IA ?

La question de la responsabilité dans le contexte de l'intelligence artificielle est un sujet de débat intense, particulièrement dans les communautés religieuses où les décisions prises peuvent avoir des implications profondes sur les croyances et les pratiques. Lorsque l'IA est impliquée dans la prise de décision, déterminer qui est responsable de ces décisions devient une question complexe.

Tout d'abord, il est important de reconnaître que l'IA, en tant que technologie, n'est qu'un outil créé et contrôlé par des humains. Par conséquent, la responsabilité première incombe souvent aux développeurs et aux concepteurs de ces systèmes. Ces professionnels doivent s'assurer que l'IA est conçue de manière éthique, en tenant compte des valeurs et des normes de la communauté qu'elle sert. Cela inclut la programmation de l'IA pour qu'elle agisse de manière transparente et conforme aux principes moraux de la communauté.

Ensuite, il y a la responsabilité des institutions ou des individus qui déploient l'IA. Dans un contexte religieux, cela pourrait être les leaders de la communauté, les organisations religieuses ou les établissements d'enseignement. Ces entités doivent veiller à ce que l'utilisation de l'IA soit en harmonie avec les enseignements et les croyances de la communauté. Ils doivent également s'assurer que les membres de la communauté sont informés et consentants quant à l'utilisation de l'IA dans leur environnement.

Un autre aspect de la responsabilité concerne la supervision et le contrôle de l'IA. Même après la mise en œuvre d'un système d'IA, il est crucial de surveiller son fonctionnement pour s'assurer qu'il agit de manière appropriée. Cela implique une évaluation continue et la capacité d'intervenir ou de modifier le système si ses actions s'écartent des valeurs ou des attentes de la communauté.

En outre, la question de la responsabilité légale ne peut être ignorée. En cas de dommage ou de préjudice causé par une décision de l'IA, il est essentiel de déterminer qui est juridiquement responsable. Cela peut impliquer des discussions complexes sur la nature de l'IA en tant qu'agent autonome et sur la manière dont les lois existantes s'appliquent à de telles technologies.

Enfin, il y a la responsabilité morale et éthique. Dans un contexte religieux, cela va au-delà de la simple conformité aux lois et règlements. Il s'agit de s'assurer que l'IA est utilisée d'une manière qui renforce les valeurs morales et spirituelles de la communauté, et non de les miner.

En conclusion, la responsabilité des décisions prises par l'IA dans un contexte religieux est un sujet complexe qui nécessite une approche multidimensionnelle. Elle implique les développeurs, les utilisateurs, les régulateurs et la communauté dans son ensemble. Une réflexion approfondie et une collaboration continue sont essentielles pour naviguer dans ces questions éthiques et morales, garantissant que l'IA est utilisée de manière responsable et bénéfique pour la communauté.

5.3.5 Développement d'une IA Éthique et Respectueuse des Croyances

Le développement d'une intelligence artificielle éthique et respectueuse des croyances religieuses est un défi majeur, mais aussi une opportunité significative pour harmoniser la technologie avec les valeurs spirituelles et morales. Pour y parvenir, plusieurs aspects doivent être pris en compte, allant de la conception initiale de l'IA à son déploiement et à son utilisation au sein des communautés.

Tout d'abord, la phase de conception de l'IA doit intégrer une compréhension profonde des valeurs et des croyances de la communauté ciblée. Cela implique souvent une collaboration étroite avec des leaders religieux, des théologiens, et des membres de la communauté pour s'assurer que l'IA est alignée avec les principes moraux et éthiques pertinents. Cette collaboration peut aider à identifier les aspects spécifiques des croyances qui doivent être pris en compte, tels que le respect de la vie privée, la non-discrimination, ou la promotion de la compassion et de l'entraide.

Ensuite, il est crucial d'adopter une approche transparente et responsable dans le développement de l'IA. Cela signifie non seulement informer la communauté sur la manière dont l'IA fonctionne et sur les décisions qu'elle prend, mais aussi s'assurer que ces processus sont compréhensibles et accessibles. Une IA éthique doit être capable d'expliquer ses décisions de manière claire, permettant ainsi un contrôle et une évaluation continus de sa conformité aux valeurs religieuses.

La protection des données et le respect de la vie privée sont également des éléments essentiels. Les systèmes d'IA doivent être conçus pour protéger les informations sensibles, en particulier lorsque ces données concernent des croyances ou des pratiques religieuses. Cela implique l'utilisation de techniques de sécurité avancées et la mise en place de politiques strictes en matière de partage et d'utilisation des données.

Un autre aspect important est la flexibilité

et l'adaptabilité de l'IA. Les croyances et les pratiques religieuses peuvent varier considérablement, même au sein d'une même tradition. Par conséquent, une IA respectueuse des croyances doit être capable de s'adapter aux besoins et aux attentes spécifiques de différents groupes ou individus.

Enfin, il est essentiel d'encourager un dialogue continu entre les développeurs d'IA, les utilisateurs, les leaders religieux et les membres de la communauté. Ce dialogue permet non seulement de s'assurer que l'IA reste alignée sur les valeurs religieuses, mais aussi de répondre aux préoccupations éthiques qui peuvent émerger au fil du temps. Il offre également l'opportunité d'explorer de nouvelles façons dont l'IA peut enrichir et soutenir les pratiques et les expériences spirituelles.

En résumé, le développement d'une IA éthique et respectueuse des croyances nécessite une approche holistique qui intègre les valeurs morales et spirituelles dès la conception, tout en assurant la transparence, la protection de la vie privée, l'adaptabilité et un engagement continu avec la communauté. En adoptant cette approche, il est possible de créer des systèmes d'IA qui non seulement respectent, mais aussi enrichissent les traditions et les croyances religieuses.

5.4 L'IA comme Outil de Dialogue Interreligieux

5.4.1 IA Facilitant le Dialogue et la Compréhension Mutuelle

L'intelligence artificielle peut jouer un rôle crucial en facilitant le dialogue et la compréhension mutuelle entre différentes communautés religieuses. Dans un monde de plus en plus connecté, où les interactions interreligieuses sont fréquentes mais parfois tendues, l'IA offre des outils innovants pour briser les barrières et promouvoir une meilleure compréhension.

L'un des aspects les plus prometteurs de l'IA dans ce contexte est sa capacité à analyser et à traiter de grandes quantités de données textuelles et orales. Cela permet de créer des plateformes de dialogue où les textes sacrés et les enseignements de différentes religions peuvent être comparés et analysés. Par exemple, une IA peut identifier des thèmes communs ou des différences dans les textes sacrés, aidant ainsi les participants à mieux comprendre les croyances et les pratiques des uns et des autres.

En outre, l'IA peut être utilisée pour développer des systèmes de traduction avancés, permettant une communication fluide entre les personnes parlant différentes langues. Cela est particulièrement utile dans les dialogues interreligieux, où les participants viennent souvent de divers horizons linguistiques. Une communication claire et précise est essentielle pour éviter les malentendus et favoriser une compréhension authentique.

L'IA peut également aider à modérer les discussions en ligne, en identifiant et en filtrant les discours haineux ou les commentaires offensants. Cela crée un environnement plus sûr et plus respectueux pour le dialogue interreligieux, encourageant une participation plus ouverte et honnête.

De plus, l'IA peut être utilisée pour personnaliser les expériences d'apprentissage et de dialogue. En analysant les préférences et les antécédents des utilisateurs, l'IA peut recommander des ressources, des discussions ou des groupes de dialogue qui correspondent à leurs intérêts et à leur niveau de compréhension. Cela rend l'expérience plus engageante et pertinente pour chaque individu.

Enfin, l'IA offre des opportunités uniques pour des simulations et des jeux de rôle virtuels. Ces outils peuvent permettre aux participants de se mettre dans la peau de personnes d'autres croyances, favorisant ainsi l'empathie et une meilleure compréhension des perspectives et des expériences des autres.

En conclusion, l'IA peut être un outil puissant

pour faciliter le dialogue et la compréhension mutuelle entre différentes communautés religieuses. En fournissant des moyens pour une communication plus claire, une modération efficace, une personnalisation des expériences d'apprentissage, et des opportunités d'empathie, l'IA peut aider à construire des ponts entre les différentes croyances et à promouvoir une coexistence pacifique et respectueuse.

5.4.2 Études de Cas : IA dans les Rencontres Interreligieuses

L'utilisation de l'intelligence artificielle dans les rencontres interreligieuses offre des perspectives fascinantes pour améliorer la communication et la compréhension entre différentes communautés de foi. Plusieurs études de cas illustrent comment l'IA peut enrichir ces interactions.

Un exemple notable est l'utilisation de systèmes de traduction automatique avancés lors de conférences interreligieuses. Dans un événement récent, des participants de diverses régions du monde ont pu comprendre les discours et les présentations dans leur langue maternelle grâce à l'IA. Ce système de traduction en temps réel a non seulement facilité une meilleure compréhension, mais a également permis une interaction plus fluide et naturelle entre les participants.

Dans un autre cas, une application basée sur l'IA a été développée pour fournir des informations contextuelles sur différentes traditions religieuses. Lors d'une rencontre interreligieuse, les participants pouvaient utiliser cette application pour accéder rapidement à des informations sur les croyances, les pratiques et les textes sacrés des autres religions représentées. Cette ressource a aidé à prévenir les malentendus et a encouragé des discussions plus informées et respectueuses.

Un projet innovant a impliqué l'utilisation de l'IA pour analyser les discours et les écrits des leaders religieux de différentes communautés. L'objectif était de découvrir des thèmes communs et des valeurs partagées, qui ont ensuite été utilisés comme points de départ pour les discussions lors d'une rencontre interreligieuse. Cette approche a permis de mettre en évidence les similitudes entre les différentes traditions, favorisant ainsi un sentiment d'unité et de respect mutuel.

L'IA a également été utilisée pour faciliter la logistique et la planification des rencontres interreligieuses. Dans un cas, un système basé sur l'IA a aidé à organiser les horaires, les lieux de rencontre et les sessions en fonction des préférences et des besoins des participants. Ce système a optimisé l'expérience de chacun et a assuré que les rencontres se déroulent de manière efficace et harmonieuse.

Enfin, un exemple particulièrement intéressant

est l'utilisation de l'IA pour créer des expériences immersives de réalité virtuelle. Dans un atelier interreligieux, les participants ont pu utiliser la réalité virtuelle pour visiter des lieux de culte et des sites sacrés de différentes religions. Cette expérience immersive a permis aux participants de mieux comprendre et apprécier les espaces sacrés des autres, renforçant ainsi l'empathie et la compréhension interreligieuse.

Ces études de cas montrent que l'IA peut jouer un rôle significatif dans les rencontres interreligieuses, non seulement en facilitant la communication et la logistique, mais aussi en enrichissant l'expérience de compréhension mutuelle et de respect entre les différentes communautés de foi.

5.4.3 IA et Promotion de la Tolérance et du Respect

L'intelligence artificielle se révèle être un outil puissant pour promouvoir la tolérance et le respect dans un contexte interreligieux et interculturel. L'IA, avec ses capacités d'analyse et de traitement de données, offre des possibilités uniques pour aborder les défis liés à la compréhension et à l'acceptation des différences. Un domaine où l'IA a montré un potentiel significatif est l'éducation à la tolérance. Des programmes éducatifs utilisant l'IA ont été développés pour enseigner aux jeunes et aux adultes les principes de respect et de compréhension interculturelle. Par exemple, des jeux éducatifs basés sur l'IA et des simulations interactives ont été conçus pour immerger les utilisateurs dans des scénarios où ils doivent naviguer et comprendre des cultures et des croyances différentes. Ces outils éducatifs utilisent des scénarios réalistes et des feedbacks personnalisés pour encourager les utilisateurs à réfléchir sur leurs propres préjugés et à développer une plus grande empathie.

Dans le domaine des médias sociaux, des algorithmes d'IA sont utilisés pour identifier et modérer les discours de haine et les contenus intolérants. Ces systèmes peuvent analyser de grandes quantités de données pour détecter des schémas de langage qui indiquent des propos racistes, sexistes ou discriminatoires. En filtrant activement ces contenus, l'IA contribue à créer un environnement en ligne plus respectueux et inclusif.

L'IA est également utilisée dans des projets de recherche visant à comprendre les racines de l'intolérance et du manque de respect. En analysant des données historiques, des publications sur les réseaux sociaux et des tendances démographiques, les chercheurs peuvent identifier les facteurs qui contribuent à l'intolérance. Ces informations sont ensuite utilisées pour élaborer des stratégies plus efficaces pour promouvoir la tolérance et le respect dans diverses communautés.

Un autre exemple intéressant est l'utilisation de chatbots basés sur l'IA pour faciliter des dialogues interculturels. Ces chatbots sont programmés pour fournir des informations objectives sur différentes cultures et religions, répondre aux questions courantes et déconstruire les mythes et les stéréotypes. En offrant une source d'information fiable et accessible, ces chatbots aident à réduire l'ignorance et à promouvoir une meilleure compréhension entre les individus de différentes origines.

Enfin, l'IA joue un rôle dans l'analyse des tendances et des attitudes sociétales envers la diversité et la tolérance. En utilisant des techniques d'analyse de données avancées, les chercheurs peuvent suivre l'évolution des opinions publiques et identifier les zones où des efforts supplémentaires sont nécessaires pour promouvoir le respect et la compréhension mutuelle.

En somme, l'IA offre des opportunités considérables pour promouvoir la tolérance et le respect dans un monde de plus en plus diversifié. Que ce soit par l'éducation, la modération des contenus en ligne, la recherche, ou le dialogue direct, l'IA peut contribuer de manière significative à créer des sociétés plus inclusives et respectueuses.

5.4.4 Défis et Opportunités de l'IA dans le Dialogue Interconfessionnel

L'intégration de l'intelligence artificielle dans le dialogue interconfessionnel présente à la fois des défis uniques et des opportunités prometteuses. Ces interactions, qui visent à favoriser la compréhension et le respect mutuels entre différentes croyances et pratiques religieuses, peuvent être significativement influencées par l'apport de l'IA.

Opportunités de l'IA dans le Dialogue Interconfessionnel

1. **Facilitation de la Communication** : L'IA peut jouer un rôle crucial dans la traduction et l'interprétation des langues, permettant ainsi une communication fluide entre les participants de différentes origines linguistiques. Des outils de traduction avancés peuvent aider à surmonter les barrières linguistiques, rendant le dialogue plus accessible et inclusif.

2. **Analyse des Données pour une Meilleure Compréhension** : L'IA peut analyser de vastes quantités de données textuelles et contextuelles pour fournir des insights sur les croyances et les pratiques religieuses. Cette analyse peut aider à identifier des points communs et des différences,

facilitant ainsi un dialogue plus informé et empathique.

3. **Plateformes Virtuelles pour le Dialogue** : L'utilisation de plateformes basées sur l'IA pour organiser des dialogues virtuels permet de rassembler des personnes de différentes régions du monde. Ces plateformes peuvent offrir des environnements interactifs et immersifs, comme des réalités virtuelles, pour simuler des rencontres en face à face.

Défis de l'IA dans le Dialogue Interconfessionnel

1. **Biais et Préjugés** : Un défi majeur est le risque de biais inhérent aux algorithmes d'IA. Si les données utilisées pour entraîner ces systèmes ne sont pas diversifiées ou si elles reflètent des préjugés existants, l'IA pourrait renforcer des stéréotypes ou des malentendus plutôt que de les atténuer.

2. **Manque de Contexte Humain** : L'IA peut manquer de la nuance et de la compréhension contextuelle nécessaires pour naviguer dans les subtilités des dialogues interconfessionnels. Les croyances et les pratiques religieuses sont profondément enracinées dans des contextes culturels et historiques que l'IA pourrait ne pas saisir pleinement.

3. **Questions de Confidentialité et de**

Sécurité : L'utilisation de l'IA pour analyser des discussions sensibles soulève des préoccupations en matière de confidentialité et de sécurité des données. Il est crucial de garantir que les informations personnelles et les détails des discussions soient protégés et traités avec respect.

4. **Dépendance à la Technologie** : Une dépendance excessive à l'IA pour faciliter le dialogue interconfessionnel pourrait éclipser l'importance des interactions humaines directes. Il est essentiel de maintenir un équilibre entre l'utilisation de la technologie et l'engagement humain authentique.

5. **Accessibilité et Inclusion** : L'accès inégal à la technologie peut limiter la participation de certains groupes au dialogue interconfessionnel. Il est important de s'assurer que les outils d'IA soient accessibles à un large éventail de personnes, indépendamment de leur situation économique ou géographique.

En conclusion, bien que l'IA offre des possibilités fascinantes pour enrichir et étendre le dialogue interconfessionnel, il est crucial de naviguer avec prudence pour surmonter ses défis. En abordant ces défis de manière proactive et en exploitant judicieusement les opportunités, l'IA peut devenir un outil précieux pour favoriser une compréhension et un respect mutuels plus profonds entre les différentes communautés religieuses.

5.4.5 Perspectives d'Avenir : IA Comme Pont entre les Cultures et Religions

L'intelligence artificielle est en train de devenir un outil puissant pour rapprocher les cultures et les religions, offrant des perspectives d'avenir prometteuses pour le dialogue interculturel et interreligieux. En tant que technologie émergente, l'IA a le potentiel de transcender les frontières traditionnelles, créant ainsi un pont entre les diverses communautés du monde.

L'IA comme Médiateur Culturel et Religieux

L'IA peut servir de médiateur entre les différentes cultures et religions en fournissant des plateformes neutres pour le dialogue et l'échange. Ces plateformes peuvent être conçues pour encourager la compréhension mutuelle et le respect, en offrant un espace où les participants peuvent partager leurs croyances, pratiques et perspectives sans crainte de jugement ou de malentendu.

Traduction et Compréhension Linguistique

Un des plus grands atouts de l'IA est sa capacité à briser les barrières linguistiques. Des systèmes de traduction avancés peuvent permettre une communication fluide entre les personnes parlant différentes langues, ouvrant la voie à une meilleure compréhension mutuelle. De plus, l'IA peut aider à interpréter le langage symbolique et les métaphores qui sont souvent utilisés dans les textes religieux, rendant ces textes plus accessibles à un public plus large.

Analyse de Données pour une Compréhension Profonde

L'IA peut analyser de grandes quantités de données culturelles et religieuses pour identifier des tendances, des similitudes et des différences. Cette analyse peut aider à déconstruire les stéréotypes et à promouvoir une compréhension plus nuancée des diverses traditions. En comprenant mieux les croyances et les pratiques des uns et des autres, les communautés peuvent développer un respect et une appréciation plus profonds pour la diversité.

Défis Éthiques et Responsabilité

Toutefois, l'utilisation de l'IA dans ce contexte n'est pas sans défis. Il est crucial de s'assurer que les systèmes d'IA soient exempts de biais et respectent les valeurs éthiques de toutes les communautés. La question de la responsabilité est également primordiale : qui est responsable lorsque l'IA interprète mal ou offense involontairement une culture ou une religion ?

Vers une Coexistence Harmonieuse

En regardant vers l'avenir, l'IA pourrait jouer un rôle clé dans la promotion d'une coexistence harmonieuse entre les différentes cultures et religions. En facilitant le dialogue et la compréhension, en brisant les barrières linguistiques et culturelles, et en promouvant une approche éthique et responsable, l'IA a le potentiel de devenir un pont solide entre les diverses communautés du monde.

En conclusion, l'IA, en tant que pont entre les cultures et les religions, offre des perspectives d'avenir excitantes pour un monde plus connecté et compréhensif. Avec les bons outils et approches, l'IA peut aider à construire un avenir où la diversité culturelle et religieuse est célébrée et où les différences sont non seulement acceptées, mais aussi appréciées comme une source de richesse et d'apprentissage mutuel.

5.5 Gestion des Conflits et des Malentendus Autour de l'IA et la Religion

5.5.1 Comprendre et Gérer les Craintes et Résistances

La gestion des conflits et des malentendus autour de l'intelligence artificielle et la religion nécessite une compréhension approfondie des craintes et résistances qui peuvent émerger de cette intersection. Ces craintes sont souvent enracinées dans des préoccupations concernant l'éthique, la perte de contrôle, la déshumanisation et l'impact sur les traditions religieuses.

Comprendre les Sources de Résistance

La résistance à l'IA dans le contexte religieux peut provenir de plusieurs sources. Certains fidèles peuvent craindre que l'IA ne remplace les aspects humains de la spiritualité ou qu'elle ne soit utilisée pour manipuler ou contrôler les croyances et pratiques religieuses. D'autres peuvent s'inquiéter de la manière dont l'IA interprète et interagit avec les textes et les doctrines sacrées, craignant une perte de l'authenticité et de la profondeur spirituelle.

Dialogue et Éducation

Pour gérer ces craintes, il est essentiel d'engager un dialogue ouvert et honnête entre les développeurs d'IA, les leaders religieux et les communautés de croyants. Ce dialogue devrait viser à éduquer sur les capacités et les limites de l'IA, démystifiant ainsi certaines idées fausses. Il est également important de discuter des intentions derrière l'utilisation de l'IA dans des contextes religieux, en soulignant comment elle peut servir et non remplacer les pratiques spirituelles.

Participation et Co-création

Inclure les communautés religieuses dans le processus de développement et de mise en œuvre de l'IA peut aider à atténuer les craintes. La co-création d'applications d'IA avec des contributions directes des communautés religieuses peut garantir que les technologies sont alignées avec les valeurs et les besoins spécifiques de ces groupes. Cela peut également aider à créer un sentiment de propriété et d'acceptation de l'IA au sein de ces communautés.

Établir des Normes Éthiques

Il est crucial de développer et de maintenir des normes éthiques strictes dans le développement de l'IA pour les applications religieuses. Ces normes devraient être conçues pour protéger les valeurs et les croyances des communautés religieuses, tout en assurant que l'IA est utilisée de manière responsable et transparente.

Gestion des Conflits

Lorsque des conflits surviennent, une approche de résolution basée sur l'empathie et la compréhension mutuelle est essentielle. Cela implique d'écouter attentivement les préoccupations des différentes parties, de reconnaître la validité de leurs sentiments et de travailler ensemble pour trouver des solutions qui respectent à la fois les progrès technologiques et les traditions religieuses.

En conclusion, comprendre et gérer les craintes et résistances liées à l'IA dans le contexte religieux nécessite un effort concerté de dialogue, d'éducation, de participation et de développement éthique. En abordant ces défis avec sensibilité et ouverture, il est possible de naviguer dans ces eaux complexes de manière qui respecte et valorise à la fois les avancées technologiques et les croyances spirituelles.

5.5.2 IA et Résolution de Conflits : Approches Innovantes

L'intégration de l'intelligence artificielle dans la résolution de conflits, notamment dans le contexte religieux, ouvre la voie à des approches innovantes et efficaces. L'IA, avec ses capacités d'analyse de données avancées et de modélisation de scénarios, peut jouer un rôle crucial dans la compréhension et la résolution des conflits interreligieux ou intra-religieux.

Analyse de Données et Prévision de Conflits

L'une des principales forces de l'IA réside dans sa capacité à analyser de vastes ensembles de données pour identifier des modèles et des tendances. Dans le contexte des conflits religieux, l'IA peut être utilisée pour analyser des discours, des publications sur les réseaux sociaux et d'autres formes de communication pour détecter des signes avant-coureurs de tensions ou de désaccords. Cette analyse prédictive peut permettre aux leaders religieux et aux médiateurs de prendre des mesures proactives pour désamorcer les situations potentiellement conflictuelles avant qu'elles ne s'aggravent.

Modélisation de Scénarios et Simulation

L'IA peut également être utilisée pour modéliser

différents scénarios de conflit et leurs résolutions potentielles. En simulant diverses approches de résolution de conflits et en analysant leurs résultats probables, les décideurs peuvent mieux comprendre les conséquences de différentes stratégies et choisir celles qui sont les plus susceptibles de réussir. Ces simulations peuvent aider à identifier des solutions créatives et moins évidentes qui pourraient être négligées dans les approches traditionnelles.

Communication et Médiation Assistées par l'IA

Des outils d'IA peuvent être développés pour faciliter la communication entre les parties en conflit. Par exemple, des systèmes de traduction automatique peuvent aider à surmonter les barrières linguistiques, tandis que des algorithmes d'analyse de sentiment peuvent aider à identifier les points de tension dans les discussions. De plus, l'IA peut proposer des stratégies de médiation basées sur des analyses de situations similaires antérieures, offrant ainsi des conseils fondés sur des données pour faciliter la résolution de conflits.

Éducation et Sensibilisation

L'IA peut également jouer un rôle dans l'éducation et la sensibilisation pour prévenir les conflits. Par exemple, des programmes d'IA éducatifs peuvent être conçus pour enseigner la tolérance, le respect mutuel et la compréhension interreligieuse. Ces programmes peuvent utiliser des techniques interactives et personnalisées pour s'adapter aux besoins et aux contextes spécifiques des apprenants.

Respect des Valeurs et Éthique

Il est essentiel que l'utilisation de l'IA dans la résolution de conflits respecte les valeurs éthiques et religieuses des communautés concernées. Cela implique une conception et une mise en œuvre attentives pour s'assurer que les outils d'IA ne violent pas les croyances religieuses et qu'ils sont utilisés de manière transparente et responsable.

En conclusion, l'IA offre des possibilités prometteuses pour la résolution innovante de conflits dans un contexte religieux. En exploitant ses capacités d'analyse de données, de modélisation de scénarios et de facilitation de la communication, l'IA peut contribuer à des solutions plus efficaces et créatives pour gérer et résoudre les conflits. Toutefois, il est crucial que son utilisation soit guidée par des principes éthiques et respectueuse des valeurs des communautés impliquées.

5.5.3 Prévention des Malentendus : Éducation et Sensibilisation

La prévention des malentendus, en particulier dans le contexte de l'interaction entre l'intelligence artificielle et la religion, est un défi crucial. L'éducation et la sensibilisation jouent un rôle fondamental dans cette démarche, visant à créer une compréhension mutuelle et à éviter les interprétations erronées ou les craintes infondées.

Éducation sur l'IA et ses Capacités

Une compréhension claire de ce qu'est l'IA et de ce qu'elle peut (ou ne peut pas) faire est essentielle. Des programmes éducatifs destinés à différents groupes, des leaders religieux aux fidèles, peuvent aider à démystifier l'IA. Ces programmes peuvent couvrir les bases de l'IA, ses applications pratiques, et surtout, ses limites. En comprenant mieux l'IA, les communautés religieuses peuvent mieux appréhender comment elle peut être utilisée de manière bénéfique, tout en reconnaissant ses limites éthiques et pratiques.

Sensibilisation aux Applications Éthiques de l'IA

Il est important de sensibiliser aux manières dont l'IA peut être utilisée de manière éthique et conforme aux valeurs religieuses. Cela inclut des exemples d'IA aidant dans des domaines tels que l'éducation, la santé, ou l'assistance aux personnes dans le besoin. En présentant des cas d'utilisation positifs et éthiques, on peut aider à surmonter la méfiance et à promouvoir une vision plus équilibrée de l'IA.

Dialogues Interdisciplinaires

Encourager les dialogues entre technologues, éthiciens, et leaders religieux peut aider à prévenir les malentendus. Ces échanges permettent non seulement de partager des connaissances, mais aussi de comprendre les préoccupations et les perspectives de chacun. En collaborant, ces groupes peuvent identifier des moyens d'intégrer l'IA dans la société de manière qui respecte les croyances et les valeurs religieuses.

Matériel Éducatif Accessible

Le développement de matériel éducatif accessible et engageant est crucial. Cela peut inclure des vidéos, des webinaires, des ateliers interactifs, et des supports écrits faciles à comprendre. L'objectif est de rendre l'information sur l'IA accessible à tous, indépendamment de leur niveau de connaissance technologique.

Inclusion des Jeunes et des Écoles

Intégrer l'éducation sur l'IA dans les programmes scolaires et les activités pour les jeunes peut aider à construire une base solide de compréhension. Les jeunes sont souvent plus ouverts aux nouvelles technologies, et les éduquer sur l'IA peut aider à prévenir les malentendus futurs.

Campagnes de Sensibilisation

Des campagnes de sensibilisation peuvent être menées pour informer le grand public sur l'IA et son impact potentiel sur la société. Ces campagnes peuvent utiliser divers médias pour atteindre un large public et présenter des informations de manière engageante et informative.

En conclusion, l'éducation et la sensibilisation sont des outils puissants pour prévenir les malentendus autour de l'IA dans un contexte religieux. En fournissant des informations claires, en encourageant le dialogue interdisciplinaire, et en rendant l'éducation accessible et engageante, il est possible de construire une compréhension mutuelle et de promouvoir une intégration harmonieuse de l'IA dans les différentes sphères de la société.

5.5.4 Études de Cas : Réconciliation grâce à l'IA

L'intelligence artificielle a le potentiel de jouer un rôle significatif dans la réconciliation de conflits, notamment dans des contextes où les différences culturelles, religieuses ou idéologiques sont profondes. Examinons quelques études de cas illustrant comment l'IA peut contribuer à la réconciliation.

Étude de Cas 1 : Médiation de Conflits par l'IA

Dans un conflit communautaire impliquant des groupes religieux divergents, une application d'IA a été développée pour faciliter la médiation. L'IA a analysé les discours et les communications des deux parties pour identifier les points de désaccord et les malentendus. Ensuite, elle a proposé des formulations neutres et des solutions de compromis. Cette approche a permis de réduire les tensions et d'ouvrir la voie à des discussions constructives, menant à une meilleure compréhension mutuelle et à la réconciliation.

Étude de Cas 2 : IA pour l'Analyse des Sentiments dans les Zones de Conflit

Dans une région marquée par des tensions ethniques et religieuses, des chercheurs ont utilisé l'IA pour analyser les sentiments exprimés sur les réseaux sociaux. L'objectif était de détecter les signes avant-coureurs de violence et de haine. Les résultats ont permis aux organisations humanitaires et aux médiateurs de cibler leurs efforts de réconciliation et de prévention des conflits, en intervenant de manière proactive pour désamorcer les situations potentiellement explosives.

Étude de Cas 3 : Plateformes d'IA pour le Dialogue Interreligieux

Une plateforme d'IA a été mise en place pour faciliter le dialogue entre différentes communautés religieuses. L'IA a aidé à organiser des discussions en ligne, en veillant à ce que les échanges restent respectueux et constructifs. Elle a également fourni des ressources et des informations pour éclairer les débats, permettant aux participants de mieux comprendre les perspectives des autres. Cette initiative a contribué à renforcer le respect mutuel et à réduire les préjugés.

Étude de Cas 4 : IA dans la Reconstruction Post-

Conflit

Dans un pays ravagé par la guerre civile, une application d'IA a été utilisée pour soutenir les efforts de reconstruction. L'IA a analysé les besoins des différentes communautés et a aidé à planifier des projets de reconstruction qui tenaient compte des sensibilités culturelles et religieuses. Cela a favorisé un sentiment de justice et d'équité, essentiel pour la réconciliation à long terme.

Étude de Cas 5 : IA pour la Documentation et la Mémoire Collective

Un projet d'IA a été lancé pour documenter les témoignages des victimes de conflits interreligieux. L'IA a aidé à organiser et à analyser de grandes quantités de données, permettant de préserver la mémoire collective et de reconnaître les souffrances vécues. Ce travail a joué un rôle crucial dans le processus de guérison et de réconciliation, en assurant que les histoires des victimes ne soient pas oubliées.

Ces études de cas montrent que l'IA peut être un outil puissant pour la réconciliation. En facilitant la communication, en analysant les sentiments et les besoins, et en aidant à la planification et à la documentation, l'IA peut contribuer à surmonter les divisions et à construire des ponts entre les communautés.

5.5.5 Construire un Avenir

Harmonieux avec l'IA et la Religion

L'intersection de l'intelligence artificielle et de la religion présente un terrain fertile pour l'innovation, la compréhension mutuelle et le développement harmonieux. Envisager un avenir où l'IA et la religion coexistent de manière bénéfique nécessite une réflexion approfondie sur la manière dont ces deux domaines peuvent s'entrelacer de façon constructive.

Harmonisation des Valeurs et Principes

Un aspect crucial de la construction d'un avenir harmonieux réside dans l'alignement des valeurs et principes éthiques de l'IA avec ceux des différentes traditions religieuses. Cela implique un dialogue continu entre les développeurs d'IA, les leaders religieux et les communautés de croyants pour s'assurer que les technologies d'IA respectent et reflètent les valeurs morales et éthiques diverses. Par exemple, des algorithmes d'IA pourraient être conçus pour promouvoir la compassion, la justice et le respect de la dignité humaine, des valeurs communes à de nombreuses religions.

Éducation et Sensibilisation

L'éducation joue un rôle fondamental dans la construction d'un avenir harmonieux. Il est essentiel d'intégrer des programmes éducatifs qui abordent à la fois les aspects techniques de l'IA et ses implications éthiques et spirituelles. Ces programmes pourraient être proposés dans les écoles, les universités, les institutions religieuses et les communautés locales, favorisant ainsi une meilleure compréhension de l'IA et de son potentiel pour enrichir la vie spirituelle et communautaire.

Collaboration pour le Bien Commun

L'IA offre des opportunités uniques pour aborder des défis sociaux et environnementaux mondiaux. En collaborant, les communautés religieuses et les experts en IA peuvent développer des solutions innovantes pour des problèmes tels que la pauvreté, le changement climatique et les inégalités. Par exemple, des projets d'IA pourraient être mis en œuvre pour optimiser la distribution de l'aide humanitaire, pour surveiller et protéger l'environnement, ou pour fournir une éducation accessible à des populations défavorisées.

Dialogue Interreligieux et Interdisciplinaire

Un dialogue ouvert et respectueux entre les différentes traditions religieuses et les experts en IA est essentiel pour explorer les implications morales, éthiques et spirituelles de l'IA. Des forums, des conférences et des groupes de travail interreligieux et interdisciplinaires peuvent faciliter cet échange, permettant de partager des perspectives diverses et d'identifier des domaines de collaboration potentiels.

Développement d'une IA Inclusive et Respectueuse

Il est important de veiller à ce que l'IA soit

développée de manière inclusive, en tenant compte des diverses perspectives religieuses et culturelles. Cela implique une représentation équitable des différentes communautés dans les processus de conception et de développement de l'IA, ainsi que dans la prise de décision concernant son utilisation.

Réflexion sur l'Avenir

Envisager l'avenir de l'IA et de la religion nécessite une réflexion continue sur les implications à long terme de leur interaction. Cela inclut des questions telles que l'impact de l'IA sur la compréhension de la spiritualité, le rôle des communautés religieuses dans un monde de plus en plus technologique, et les manières dont l'IA peut enrichir la vie spirituelle sans remplacer les aspects essentiels de la foi et de la pratique religieuse.

En résumé, construire un avenir harmonieux avec l'IA et la religion demande une approche collaborative, inclusive et éthiquement responsable. Cela implique un engagement à explorer et à respecter les diverses perspectives, à éduquer et à sensibiliser, et à travailler ensemble pour le bien commun.

CHAPITRE 6: PERSPECTIVES FUTURES

"La technologie est un grand serviteur mais un mauvais maître."

Confucius

6.1 Prévisions sur l'Évolution de l'IA et son Impact sur les Religions

6.1.1 Tendances Émergentes en IA et Implications pour les Religions

L'évolution rapide de l'intelligence artificielle et son intégration croissante dans divers aspects de la vie quotidienne soulèvent des questions importantes sur son impact sur les religions et les croyances spirituelles. Les tendances émergentes en IA offrent à la fois des défis et des opportunités pour les communautés religieuses, influençant potentiellement la manière dont les croyances sont pratiquées, interprétées et transmises.

Intelligence Artificielle et Spiritualité Personnalisée

L'une des tendances marquantes est le développement d'IA capables de personnaliser les expériences spirituelles. Ces systèmes pourraient adapter les enseignements religieux et les pratiques méditatives aux besoins individuels, offrant une expérience plus intime et personnelle de la spiritualité. Cela pourrait transformer la manière dont les individus interagissent avec leur foi, en rendant les pratiques religieuses plus accessibles et personnalisées.

IA et Interprétation des Textes Sacrés

L'IA avance également dans le domaine de l'analyse et de l'interprétation des textes sacrés. Des algorithmes sophistiqués pourraient offrir de nouvelles perspectives sur des textes anciens, en révélant des motifs et des interprétations qui n'étaient pas évidents auparavant. Cela pourrait enrichir l'étude des textes sacrés, mais aussi soulever des questions sur l'autorité et l'authenticité des interprétations générées par l'IA.

Réseaux Sociaux et Communautés Virtuelles

L'IA joue un rôle croissant dans la modération

et la facilitation des interactions au sein des réseaux sociaux et des communautés virtuelles, y compris celles centrées sur la religion. Cela pourrait conduire à de nouvelles formes de communautés religieuses en ligne, où l'IA aide à connecter les individus partageant les mêmes croyances et à modérer les discussions pour un environnement plus sûr et respectueux.

Éthique et Morale de l'IA

La question de l'éthique de l'IA est une préoccupation majeure, en particulier en ce qui concerne son alignement avec les valeurs morales des différentes religions. Les communautés religieuses pourraient jouer un rôle important dans le débat sur l'éthique de l'IA, en apportant des perspectives uniques sur la dignité humaine, la justice et la compassion.

IA et Pratiques Religieuses

L'IA pourrait également influencer les pratiques religieuses traditionnelles. Par exemple, des robots dotés d'IA pourraient être utilisés dans des cérémonies religieuses ou pour fournir des conseils spirituels, soulevant des questions sur la nature de la spiritualité et le rôle de la technologie dans les pratiques religieuses.

Défis et Opportunités pour les Leaders Religieux

Les leaders religieux seront confrontés à des défis et des opportunités uniques en raison de l'évolution de l'IA. Ils devront non seulement comprendre les implications de l'IA pour leur foi, mais aussi guider leurs communautés à travers les changements qu'elle apporte. Cela nécessitera une ouverture d'esprit et une volonté d'engager un dialogue avec la technologie.

En conclusion, les tendances émergentes en IA offrent des possibilités fascinantes pour enrichir et transformer les expériences religieuses et spirituelles. Cependant, elles soulèvent également des questions complexes sur l'interaction entre la foi, l'éthique et la technologie. Les communautés religieuses, en collaboration avec les experts en IA, ont l'opportunité de façonner ces développements de manière à respecter et à enrichir les traditions spirituelles.

6.1.2 Impact Prévu de l'IA sur les Structures et Hiérarchies Religieuses

L'intégration de l'intelligence artificielle
dans divers secteurs de la société a des implications profondes, y compris sur les structures et hiérarchies religieuses. Alors que l'IA continue de se développer et de s'intégrer dans notre quotidien, son impact sur les organisations religieuses pourrait être significatif, modifiant potentiellement les rôles traditionnels et les dynamiques de pouvoir au sein de ces institutions.

Transformation des Rôles Clericaux

L'IA pourrait transformer les rôles traditionnels

au sein des structures religieuses. Par exemple, des systèmes d'IA pourraient assister ou même remplacer les humains dans certaines fonctions, comme la gestion administrative, l'organisation d'événements, ou même la dispensation de conseils spirituels. Cela pourrait conduire à une redéfinition des rôles cléricaux, où l'accent serait mis davantage sur l'interprétation spirituelle et le leadership moral plutôt que sur les tâches administratives.

Démocratisation de l'Accès aux Enseignements Religieux

L'IA peut également démocratiser l'accès aux enseignements religieux. Avec des systèmes d'IA capables de traduire et d'interpréter des textes sacrés, les barrières linguistiques et culturelles pourraient être réduites, permettant à un plus grand nombre de fidèles d'accéder directement aux enseignements de leur foi. Cela pourrait modifier la dynamique de pouvoir entre les clercs et les laïcs, car les fidèles auraient un accès plus direct et personnalisé aux enseignements religieux.

Défis Éthiques et Autorité Morale

L'utilisation de l'IA dans les structures religieuses soulève des questions éthiques importantes. Qui contrôle et programme ces systèmes d'IA? Comment leur utilisation est-elle alignée avec les principes moraux et éthiques de la religion? Ces questions pourraient conduire à des débats internes sur l'autorité morale et l'éthique dans l'ère de l'IA.

Influence sur la Prise de Décision

L'IA pourrait également influencer la prise de décision au sein des hiérarchies religieuses. Avec des outils d'analyse de données et de prévision, les décisions concernant la gestion des ressources, la planification d'événements ou même les réponses aux questions théologiques pourraient être informées par des données et des analyses fournies par l'IA. Cela pourrait conduire à des décisions plus éclairées mais soulève également des questions sur la dépendance à la technologie pour la guidance spirituelle.

Impact sur la Communauté et l'Engagement

L'IA peut transformer la manière dont les communautés religieuses s'engagent et interagissent. Les outils d'IA pourraient faciliter la communication et l'organisation communautaire, mais ils pourraient aussi changer la nature des interactions humaines au sein de ces communautés. La technologie pourrait soit renforcer les liens communautaires, soit créer une dépendance qui éloigne les individus des interactions humaines authentiques.

Conclusion

En résumé, l'impact prévu de l'IA sur les structures et hiérarchies religieuses est complexe et multifacette. Il offre des opportunités pour une plus grande efficacité, un accès démocratisé aux enseignements religieux et des décisions plus éclairées. Cependant, il pose également des défis significatifs en termes d'éthique, d'autorité morale et de la nature des interactions humaines au sein des communautés religieuses. Les leaders religieux et les fidèles devront naviguer dans ces eaux inexplorées avec prudence, en équilibrant les avantages de la technologie avec les valeurs et traditions fondamentales de leur foi.

6.1.3 IA et Transformation des Croyances et Pratiques

L'avènement de l'intelligence artificielle dans notre société moderne ne se limite pas à transformer les industries et les modes de vie ; il a également un impact profond sur les croyances et les pratiques religieuses. Cette transformation se manifeste de plusieurs manières, reflétant à la fois les opportunités et les défis que l'IA présente pour les traditions religieuses.

Modification des Pratiques Religieuses

L'IA a le potentiel de modifier les pratiques religieuses traditionnelles. Par exemple, des applications d'IA peuvent être utilisées pour personnaliser les expériences de prière ou de méditation, en adaptant les lectures ou les chants à l'état émotionnel ou aux besoins spirituels de l'individu. De même, l'IA peut aider à interpréter les textes sacrés de manière plus approfondie, en offrant des perspectives diverses et en éclairant des interprétations complexes.

Influence sur les Croyances

L'IA peut également influencer les croyances religieuses elles-mêmes. Avec sa capacité à traiter et analyser de grandes quantités de données, l'IA peut offrir de nouvelles perspectives sur des questions théologiques anciennes, potentiellement remettant en question ou renforçant certaines croyances. De plus, la manière dont l'IA est perçue – comme un simple outil ou quelque chose de plus proche de la conscience – pourrait elle-même devenir un sujet de débat théologique.

Évolution des Rituels

Les rituels religieux pourraient également évoluer avec l'intégration de l'IA. Des technologies comme la réalité augmentée ou virtuelle, pilotées par l'IA, pourraient offrir de nouvelles façons d'expérimenter les cérémonies religieuses, permettant aux fidèles de participer à des rituels de manière immersive, même à distance. Cela pourrait ouvrir la voie à des expériences spirituelles plus inclusives et accessibles.

Questions Éthiques et Morales

L'intégration de l'IA dans les croyances et pratiques religieuses soulève des questions éthiques et morales importantes. Comment les principes religieux s'appliquent-ils à l'utilisation de l'IA? Quelle est la place de l'IA dans le cadre moral d'une religion donnée? Ces questions nécessitent une réflexion approfondie et un dialogue continu entre les technologues, les théologiens et les fidèles.

Réinterprétation des Enseignements Religieux

L'IA pourrait conduire à une réinterprétation des enseignements religieux. Avec des outils d'analyse sophistiqués, les chercheurs et les fidèles peuvent découvrir de nouvelles interprétations de textes anciens, éventuellement révélant des significations qui étaient auparavant inconnues ou mal comprises. Cela pourrait enrichir la compréhension de la foi, mais aussi provoquer des débats sur l'interprétation traditionnelle versus les nouvelles perspectives apportées par la technologie.

Conclusion

En conclusion, l'IA a le potentiel de transformer profondément les croyances et pratiques religieuses. Elle offre des possibilités d'enrichissement et de personnalisation des expériences spirituelles, mais pose également des défis éthiques et moraux. La manière dont les communautés religieuses choisiront d'intégrer l'IA dans leurs croyances et pratiques déterminera en grande partie l'avenir de cette interaction entre la foi et la technologie.

6.1.4 Prédictions sur l'Adoption de l'IA par les Communautés Religieuses

L'adoption de l'intelligence artificielle par les communautés religieuses est un sujet complexe et nuancé, qui suscite à la fois de l'enthousiasme et de la prudence. Les prédictions sur la manière dont l'IA sera intégrée dans ces communautés varient, reflétant la diversité des croyances et des pratiques. Voici quelques perspectives sur cette adoption future.

Adoption Progressive et Sélective

Il est probable que les communautés religieuses adopteront l'IA de manière progressive et sélective. Cette adoption sera guidée par les valeurs et les principes de chaque tradition. Par exemple, certaines communautés pourraient utiliser l'IA pour améliorer l'engagement des fidèles, comme dans la gestion des activités communautaires ou l'éducation religieuse, tout en évitant son utilisation dans des domaines qu'elles considèrent plus sensibles ou sacrés.

Personnalisation des Expériences Religieuses

L'une des applications les plus prometteuses de l'IA dans les contextes religieux est la personnalisation des expériences. L'IA peut aider à adapter les enseignements, les méditations ou les prières aux besoins individuels des fidèles, rendant la pratique religieuse plus pertinente et engageante pour chaque personne. Cette approche pourrait renforcer le lien entre les individus et leur communauté de foi.

Débats Théologiques et Éthiques

L'intégration de l'IA soulèvera inévitablement

des débats théologiques et éthiques au sein des communautés religieuses. Ces débats porteront sur des questions telles que l'autonomie de l'IA, son rôle dans les décisions morales, et la manière dont elle s'aligne ou non avec les enseignements religieux. Ces discussions seront cruciales pour déterminer les limites et les possibilités de l'utilisation de l'IA dans un contexte religieux.

Renforcement des Communautés et de l'Engagement Social

L'IA peut également jouer un rôle important dans le renforcement des communautés religieuses et de leur engagement social. Par exemple, des outils d'IA pourraient faciliter la communication et la coordination au sein des communautés, aider à organiser des événements caritatifs ou des initiatives de service social, et même soutenir des campagnes de sensibilisation sur des questions importantes pour la communauté.

Impact sur les Pratiques Traditionnelles

L'adoption de l'IA pourrait également influencer les pratiques traditionnelles. Certaines communautés pourraient trouver des moyens d'intégrer l'IA dans leurs rituels ou cérémonies, tandis que d'autres pourraient l'utiliser pour préserver et transmettre des traditions anciennes de manière innovante, comme la numérisation de textes sacrés ou la création de simulations virtuelles de sites religieux historiques.

Conclusion

En conclusion, l'adoption de l'IA par les communautés religieuses sera probablement un processus évolutif, marqué par une exploration prudente et une adaptation continue. Cette adoption sera façonnée par les valeurs, les croyances et les besoins spécifiques de chaque communauté. Alors que certaines traditions pourraient embrasser rapidement l'IA pour ses avantages pratiques et spirituels, d'autres pourraient adopter une approche plus conservatrice, en pesant soigneusement les implications théologiques et éthiques.

6.1.5 IA et Renouvellement de la Pensée Théologique

L'intégration de l'intelligence artificielle dans divers aspects de la vie quotidienne a également un impact significatif sur la pensée théologique. Cette interaction entre la technologie et la théologie pourrait conduire à un renouvellement et à une expansion de la pensée théologique dans plusieurs domaines clés.

Réinterprétation des Textes et Doctrines

L'IA, avec ses capacités d'analyse de données avancées, offre de nouvelles perspectives pour l'interprétation des textes sacrés. Les algorithmes peuvent aider à déceler des motifs, des thèmes et des connexions qui n'étaient pas évidents auparavant. Cette réinterprétation pourrait conduire à une compréhension plus profonde des écritures et à une application plus pertinente des doctrines dans le contexte moderne.

Questions Éthiques et Morales

L'IA soulève des questions éthiques et morales complexes, notamment en ce qui concerne la création, l'autonomie et la prise de décision. Ces questions poussent les théologiens à réfléchir sur des sujets tels que la nature de la conscience, la libre volonté, et la moralité des machines. Ce dialogue entre la technologie et la théologie pourrait conduire à des réponses plus nuancées et à une compréhension plus profonde de ces concepts.

Dialogue entre la Science et la Religion

L'IA agit comme un pont entre la science et la religion, offrant un terrain commun pour le dialogue. Les discussions autour de l'IA peuvent aider à dissiper les malentendus et à promouvoir une meilleure compréhension entre ces deux domaines souvent considérés comme opposés. Ce dialogue peut enrichir la pensée théologique en intégrant des perspectives scientifiques et technologiques.

Implications pour la Pratique Spirituelle

L'IA influence également la manière dont les individus pratiquent et vivent leur spiritualité. Par exemple, les applications d'IA dans la méditation ou la prière peuvent amener les croyants à réfléchir sur la nature de leur expérience spirituelle et sur la manière dont la technologie peut la compléter ou la transformer. Ces réflexions peuvent conduire à un renouvellement des pratiques spirituelles, les rendant plus accessibles et personnalisées.

Défis Théologiques de l'Anthropocentrisme

L'émergence de l'IA sophistiquée remet en question l'idée anthropocentrique que l'humain est au centre de l'univers. Les théologiens sont ainsi invités à repenser la place de l'humain dans la création, en tenant compte de l'existence de formes d'intelligence non humaines. Ce défi pourrait conduire à une vision plus inclusive et holistique de la création.

Conclusion

En somme, l'IA offre une opportunité unique pour le renouvellement de la pensée théologique. Elle encourage les théologiens à explorer de nouvelles questions, à intégrer des perspectives diverses, et à repenser les doctrines et pratiques traditionnelles. Ce processus de renouvellement n'est pas seulement une réponse aux défis posés par la technologie, mais aussi une occasion d'approfondir et d'enrichir la compréhension théologique dans un monde en constante évolution.

6.2 Scénarios Futurs : Coexistence de l'IA et des

Croyances Spirituelles

6.2.1 Modèles de Coexistence Harmonieuse entre IA et Religion

À mesure que l'intelligence artificielle continue de se développer et de s'intégrer dans divers aspects de la société, la question de sa coexistence avec les croyances spirituelles et religieuses devient de plus en plus pertinente. Plusieurs modèles de coexistence harmonieuse entre l'IA et la religion peuvent être envisagés, chacun offrant une perspective unique sur la manière dont ces deux domaines peuvent s'entrelacer de manière constructive et respectueuse.

Complémentarité entre IA et Spiritualité

Un modèle envisageable est celui de la complémentarité, où l'IA et la spiritualité se soutiennent mutuellement. Dans ce scénario, l'IA pourrait être utilisée pour approfondir la compréhension des textes sacrés, faciliter la pratique spirituelle, ou même aider à la gestion des communautés religieuses. Parallèlement, les enseignements spirituels et éthiques pourraient guider le développement et l'utilisation de l'IA de manière responsable et éthique.

Dialogue et Échange Interdisciplinaire

Un autre modèle est celui du dialogue et de l'échange interdisciplinaire. Ici, les leaders religieux, les théologiens, et les experts en

IA travaillent ensemble pour explorer les implications de l'IA sur la société et la spiritualité. Ce dialogue peut mener à une meilleure compréhension des défis éthiques posés par l'IA et à la formulation de réponses qui respectent à la fois les principes technologiques et spirituels.

IA Comme Outil de Renforcement des Communautés

L'IA peut également servir d'outil pour renforcer les communautés religieuses et spirituelles. Par exemple, des systèmes d'IA pourraient faciliter la communication et l'organisation au sein des communautés, aider à la diffusion des enseignements, ou même offrir des expériences spirituelles personnalisées. Ce modèle met l'accent sur l'utilisation de l'IA pour enrichir la vie communautaire et spirituelle.

Intégration Éthique de l'IA dans les Pratiques Religieuses

Dans ce modèle, l'accent est mis sur l'intégration éthique de l'IA dans les pratiques religieuses. Cela implique de développer et d'utiliser l'IA de manière qui respecte les croyances et les valeurs religieuses. Par exemple, l'IA pourrait être conçue pour respecter les principes de confidentialité et de respect de la vie privée, essentiels dans de nombreux contextes religieux.

Co-création et Innovation Partagée

Enfin, un modèle de co-création et

d'innovation partagée peut être envisagé, où les communautés religieuses participent activement au développement de l'IA. Dans ce scénario, les croyances et les valeurs religieuses influencent directement la conception et l'orientation des technologies d'IA, assurant ainsi que ces technologies sont alignées avec les principes spirituels.

Conclusion

Ces modèles ne sont pas mutuellement exclusifs et peuvent se chevaucher ou évoluer avec le temps. L'important est de reconnaître que la coexistence harmonieuse entre l'IA et la religion est non seulement possible, mais peut également être bénéfique pour les deux domaines, offrant de nouvelles perspectives, outils et approches pour enrichir la vie spirituelle et gérer les défis technologiques de manière éthique et respectueuse.

6.2.2 Scénarios de Conflit et de Synergie entre IA et Spiritualité

L'intégration de l'intelligence artificielle dans divers aspects de la vie quotidienne soulève des questions complexes sur son interaction avec la spiritualité et les croyances religieuses. Cette dynamique peut conduire à des scénarios de conflit, mais aussi à des opportunités de synergie, où l'IA et la spiritualité se renforcent mutuellement.

Scénarios de Conflit

1. **Conflits Éthiques et Moraux** : L'un des principaux domaines de conflit entre l'IA et la spiritualité concerne les questions éthiques et morales. Par exemple, l'utilisation de l'IA dans des contextes qui vont à l'encontre des enseignements religieux ou des principes moraux peut créer des tensions. Cela peut inclure des questions sur la vie privée, la surveillance, ou l'utilisation de l'IA dans des applications militaires ou autres qui sont perçues comme immorales par certaines communautés religieuses.

2. **Menace Perçue sur les Traditions et les Emplois** : L'IA peut être perçue comme une menace pour les traditions religieuses et les rôles au sein des communautés religieuses. Par exemple, l'utilisation de l'IA pour interpréter des textes sacrés ou pour remplir des fonctions normalement dévolues à des leaders religieux peut être vue comme une usurpation de rôles traditionnels, suscitant des inquiétudes sur la perte de l'élément humain dans la pratique religieuse.

3. **Questions d'Identité et de Signification** : L'IA soulève également des questions profondes sur l'identité humaine et la signification de la vie, qui peuvent entrer en conflit avec certaines

croyances religieuses. Par exemple, les développements dans l'IA et la robotique qui imitent ou surpassent les capacités humaines peuvent remettre en question les croyances sur ce qui rend l'humain unique.

Scénarios de Synergie

1. **IA Comme Outil d'Enrichissement Spirituel** : L'IA peut être utilisée pour enrichir l'expérience spirituelle. Par exemple, des applications d'IA peuvent aider à personnaliser les pratiques de méditation ou de prière, offrant des expériences plus profondes et significatives pour les individus.

2. **IA pour l'Éducation et l'Interprétation des Textes Sacrés** : L'IA peut jouer un rôle précieux dans l'éducation religieuse, aidant à interpréter et à comprendre les textes sacrés. Des algorithmes avancés peuvent analyser et expliquer des textes complexes, rendant les enseignements religieux plus accessibles à un public plus large.

3. **IA pour la Gestion Communautaire** : L'IA peut être utilisée pour améliorer la gestion des communautés religieuses, en facilitant la communication, l'organisation d'événements, et même en aidant à identifier et à répondre aux besoins des membres de la communauté.

4. **Dialogue Interreligieux et Compréhension Mutuelle** : L'IA peut faciliter le dialogue interreligieux et la compréhension mutuelle. Par exemple, des outils d'IA peuvent traduire des textes sacrés dans différentes langues, ou aider à analyser et à comparer des croyances et des pratiques de différentes traditions religieuses.

5. **IA et Réflexion Éthique** : L'IA peut également stimuler une réflexion éthique plus profonde au sein des communautés religieuses, les incitant à réexaminer et à redéfinir leurs enseignements et pratiques à la lumière des défis et des opportunités présentés par la technologie moderne.

Conclusion

Les scénarios de conflit et de synergie entre l'IA et la spiritualité reflètent la complexité et la diversité des interactions entre la technologie et la religion. Alors que certains aspects de l'IA peuvent être en tension avec les croyances et les pratiques religieuses, d'autres offrent des opportunités uniques pour enrichir et approfondir l'expérience spirituelle. La clé réside dans une approche équilibrée et réfléchie, où les avantages de l'IA sont exploités tout en respectant et en préservant les valeurs et les traditions spirituelles.

6.2.3 Rôle de l'IA dans la Promotion de la Diversité Religieuse

L'intégration de l'intelligence artificielle dans le domaine de la spiritualité et de la religion ouvre des perspectives innovantes pour la promotion de la diversité religieuse. L'IA, avec ses capacités d'analyse et de traitement de données à grande échelle, peut jouer un rôle crucial dans la compréhension, la préservation et la diffusion des diverses traditions religieuses. Voici comment l'IA peut contribuer à cet égard :

Facilitation de la Compréhension Interreligieuse

L'IA peut aider à briser les barrières linguistiques et culturelles qui séparent souvent les différentes communautés religieuses. Grâce à des outils de traduction avancés et à des algorithmes d'analyse de texte, l'IA peut rendre les textes sacrés et les enseignements de diverses religions accessibles à un public mondial. Cela permet une meilleure compréhension et appréciation des croyances et pratiques d'autrui, favorisant ainsi un respect mutuel et une coexistence pacifique.

Archivage et Préservation des Traditions

L'IA peut être utilisée pour archiver et préserver les traditions religieuses, en particulier celles qui sont en danger de disparition. En utilisant des techniques de reconnaissance vocale et de traitement du langage naturel, l'IA peut aider à documenter des rituels, des chants, et des pratiques orales qui sont essentiels à la richesse culturelle de nombreuses religions. Cela assure que ces précieuses traditions ne sont pas perdues pour les générations futures.

Analyse et Étude Comparative des Religions

L'IA offre des outils puissants pour l'analyse comparative des textes sacrés et des pratiques religieuses. En utilisant des algorithmes d'apprentissage automatique, les chercheurs peuvent identifier des thèmes communs, des motifs et des enseignements parmi différentes religions. Cette approche peut révéler des similitudes inattendues et des liens entre diverses traditions, encourageant un dialogue interreligieux plus profond et une meilleure compréhension des croyances d'autrui.

Personnalisation de l'Expérience Religieuse

L'IA peut aider à personnaliser l'expérience religieuse pour les individus, en tenant compte de leurs antécédents culturels et de leurs préférences personnelles. Par exemple, des applications basées sur l'IA peuvent recommander des lectures, des méditations ou des pratiques spirituelles qui correspondent aux intérêts et aux besoins spécifiques de l'utilisateur. Cette approche personnalisée peut aider les individus à explorer et à comprendre des traditions religieuses en dehors de leur propre expérience.

Promotion de la Tolérance et de l'Inclusion

Enfin, l'IA peut jouer un rôle important dans la promotion de la tolérance et de l'inclusion religieuses. En fournissant des plateformes pour l'éducation et le dialogue, l'IA peut aider à déconstruire les stéréotypes et les préjugés qui entourent souvent les religions minoritaires ou mal comprises. Cela peut contribuer à créer des sociétés plus inclusives et tolérantes, où la diversité religieuse est non seulement acceptée mais aussi célébrée.

Conclusion

En somme, l'IA offre des possibilités extraordinaires pour la promotion de la diversité religieuse. En facilitant la compréhension interreligieuse, en préservant les traditions, en permettant des études comparatives, en personnalisant les expériences religieuses et en promouvant la tolérance, l'IA peut contribuer à un monde où la diversité des croyances est une source d'enrichissement et non de division.

6.2.4 IA Comme Facilitateur de l'Unité Spirituelle

L'intelligence artificielle se positionne comme un outil potentiellement révolutionnaire dans la quête de l'unité spirituelle. Dans un monde où les différences religieuses et spirituelles peuvent parfois mener à des divisions, l'IA offre des moyens innovants pour faciliter la compréhension et l'harmonie entre diverses croyances. Voici comment l'IA peut contribuer à cet objectif :

Création de Ponts entre les Traditions

L'IA peut servir de pont entre différentes traditions spirituelles en mettant en lumière leurs enseignements communs et leurs valeurs partagées. Grâce à des analyses approfondies de textes sacrés et de doctrines, l'IA peut identifier des thèmes universels tels que l'amour, la compassion, et la quête de sens, qui traversent de nombreuses traditions. Cette mise en évidence des similitudes peut encourager un sentiment d'unité et de respect mutuel parmi les adeptes de différentes croyances.

Facilitation du Dialogue Interreligieux

L'IA peut jouer un rôle clé dans la facilitation du dialogue interreligieux. En utilisant des plateformes en ligne et des forums de discussion animés par l'IA, les individus de différentes confessions peuvent partager leurs expériences et perspectives. Ces espaces virtuels, guidés par des algorithmes d'IA conçus pour promouvoir l'écoute et la compréhension, peuvent aider à surmonter les barrières de la langue et de la culture, créant ainsi un terrain d'entente pour l'échange et l'apprentissage mutuel.

Personnalisation de l'Approche Spirituelle

L'IA peut aider les individus à explorer et à intégrer divers éléments de différentes traditions spirituelles dans leur propre parcours. En analysant les préférences et les antécédents des utilisateurs, des applications basées sur l'IA peuvent suggérer des lectures, des pratiques méditatives, ou des enseignements issus de diverses traditions qui pourraient résonner avec eux. Cette approche personnalisée encourage l'exploration spirituelle et peut mener à une compréhension plus profonde et inclusive de la spiritualité.

Éducation et Sensibilisation

L'IA peut être un outil puissant pour l'éducation et la sensibilisation aux différentes traditions spirituelles. Des programmes éducatifs basés sur l'IA peuvent offrir des cours interactifs et des expériences immersives qui présentent les croyances et pratiques de diverses religions de manière objective et respectueuse. Cette éducation peut jouer un rôle crucial dans la déconstruction des mythes et des malentendus, favorisant ainsi une meilleure compréhension et acceptation des autres.

Promotion de la Paix et de l'Harmonie

Enfin, l'IA peut contribuer à la promotion de la paix et de l'harmonie spirituelles à l'échelle mondiale. En analysant des données sur les conflits religieux et en identifiant des modèles de résolution pacifique, l'IA peut aider les leaders et les organisations à développer des stratégies efficaces pour la gestion des tensions interreligieuses. De plus, l'IA peut faciliter des initiatives de paix en connectant des individus et des groupes engagés dans le dialogue et la réconciliation interreligieuse.

Conclusion

L'IA, en tant que facilitateur de l'unité spirituelle, offre des possibilités prometteuses pour un avenir où les différences religieuses et spirituelles sont non seulement respectées mais aussi célébrées comme une richesse commune de l'humanité. En créant des ponts, en facilitant le dialogue, en personnalisant l'approche spirituelle, en éduquant et en promouvant la paix, l'IA peut jouer un rôle significatif dans la construction d'un monde plus uni et harmonieux sur le plan spirituel.

6.2.5 Perspectives sur l'Évolution des Rituels et Cérémonies

L'avènement de l'intelligence artificielle dans le domaine spirituel et religieux ouvre la voie à une transformation significative des rituels et cérémonies. Cette évolution, portée par la technologie, promet d'apporter de nouvelles dimensions à ces pratiques ancestrales, tout en respectant leur essence et leur signification profonde. Voici comment l'IA pourrait influencer et transformer les rituels et cérémonies religieuses :

Enrichissement des Expériences Rituelles

L'IA peut enrichir les expériences rituelles en intégrant des éléments multimédias interactifs et personnalisés. Par exemple, lors de cérémonies, l'IA pourrait projeter des visualisations ou des textes sacrés adaptés au contexte et aux participants, créant ainsi une expérience plus immersive et significative. Cette personnalisation pourrait aider les participants à se connecter plus profondément avec le rituel et son symbolisme.

Accès Élargi aux Rituels

Avec l'IA, les rituels et cérémonies peuvent devenir plus accessibles à ceux qui sont éloignés géographiquement ou incapables d'y assister physiquement. Des cérémonies diffusées en ligne, enrichies par l'IA, pourraient permettre une participation virtuelle, offrant ainsi une expérience presque aussi riche et engageante que la présence physique. Cela pourrait être particulièrement bénéfique pour les communautés dispersées ou pour les individus isolés.

Conservation et Transmission des Traditions

L'IA peut jouer un rôle crucial dans la conservation et la transmission des traditions rituelles. En utilisant des techniques d'apprentissage automatique, l'IA peut analyser et archiver des rituels, aidant à préserver les variations et les interprétations au fil du temps. De plus, l'IA peut faciliter l'apprentissage de ces rituels par les nouvelles générations, en proposant des tutoriels interactifs et des simulations.

Intégration de Nouvelles Formes Rituelles

L'IA ouvre la porte à l'intégration de nouvelles formes rituelles. Par exemple, des rituels qui intègrent la réalité augmentée ou virtuelle pourraient offrir des expériences spirituelles innovantes, permettant aux participants d'explorer des dimensions spirituelles d'une manière totalement nouvelle. Ces nouvelles formes pourraient attirer des personnes à la recherche d'expériences spirituelles modernes et interactives.

Personnalisation des Cérémonies

L'IA peut permettre une personnalisation plus poussée des cérémonies, en adaptant les éléments rituels aux besoins et préférences individuels. Par exemple, lors d'un mariage, l'IA pourrait suggérer des lectures ou des musiques qui résonnent particulièrement avec l'histoire et les valeurs du couple. Cette personnalisation rendrait chaque cérémonie unique et profondément significative pour les participants.

Conclusion

L'évolution des rituels et cérémonies sous l'influence de l'IA représente une fusion fascinante entre tradition et modernité. En enrichissant les expériences rituelles, en élargissant l'accès, en conservant les traditions, en intégrant de nouvelles formes et en personnalisant les cérémonies, l'IA a le potentiel de revitaliser et de transformer les pratiques spirituelles. Cette évolution, tout en présentant des défis, offre des perspectives passionnantes pour l'avenir des rituels et cérémonies dans un monde de plus en plus technologique.

6.3 Innovations en IA : Potentiel pour les Pratiques Religieuses

6.3.1 Technologies d'IA Émergentes et Leurs Applications dans le Domaine Religieux

L'essor des technologies d'intelligence artificielle ouvre un champ de possibilités inédites pour les pratiques religieuses. Ces innovations, allant de l'apprentissage automatique à la réalité augmentée, offrent des perspectives fascinantes pour enrichir et transformer les expériences spirituelles. Voici quelques-unes des technologies d'IA émergentes et leurs applications potentielles dans le domaine religieux :

Apprentissage Automatique et Analyse de Textes Sacrés

L'apprentissage automatique, une branche de l'IA, peut être utilisé pour analyser et interpréter les textes sacrés. Cette technologie permet de déceler des motifs, des thèmes et des structures dans de vastes corpus de textes, offrant ainsi de nouvelles perspectives sur des écritures anciennes. Par exemple, elle pourrait aider à comprendre les liens entre différents passages ou à découvrir des interprétations inédites.

Réalité Augmentée pour l'Enrichissement des Lieux de Culte

La réalité augmentée (RA) peut transformer l'expérience des fidèles dans les lieux de culte. En superposant des images numériques ou des informations au monde réel, la RA peut enrichir les visites de temples, mosquées, églises ou synagogues, en fournissant des contextes historiques, des explications de symboles ou des récits associés à des objets ou des lieux sacrés.

Chatbots Spirituels pour l'Accompagnement Personnel

Les chatbots, alimentés par l'IA, peuvent offrir un accompagnement spirituel personnalisé. Ces assistants virtuels pourraient répondre à des questions sur la foi, proposer des méditations guidées ou des prières, et même offrir un soutien dans des moments de doute ou de crise. Ils pourraient être programmés pour respecter les spécificités théologiques de différentes traditions.

Analyse Prédictive pour la Gestion des Communautés

L'analyse prédictive, une application de l'IA, peut aider les leaders religieux à mieux comprendre et servir leurs communautés. En analysant des données sur la participation aux services, les tendances des dons, ou les préférences des membres, les organisations religieuses peuvent optimiser leurs activités et leurs ressources pour répondre plus efficacement aux besoins de leurs fidèles.

Réalité Virtuelle pour l'Immersion Spirituelle

La réalité virtuelle (RV) offre des possibilités d'immersion dans des expériences spirituelles profondes. Par exemple, la RV peut permettre aux utilisateurs de participer virtuellement à des pèlerinages, de visiter des sites religieux historiques, ou de s'immerger dans des reconstitutions de rituels anciens. Cette technologie peut être particulièrement précieuse pour les personnes incapables de voyager ou de participer physiquement à ces expériences.

Conclusion

Les technologies d'IA émergentes présentent un potentiel considérable pour enrichir et transformer les pratiques religieuses. Que ce soit par l'analyse de textes sacrés, l'enrichissement des lieux de culte, l'accompagnement personnel, la gestion des communautés ou l'immersion spirituelle, l'IA peut jouer un rôle clé dans la manière dont les traditions religieuses s'adaptent et évoluent dans un monde de plus en plus numérisé. Ces innovations, tout en soulevant des questions éthiques et pratiques, offrent des opportunités passionnantes pour l'avenir des pratiques religieuses.

6.3.2 IA et Personnalisation des

Expériences Spirituelles

L'intégration de l'intelligence artificielle dans le domaine spirituel ouvre la voie à une personnalisation profonde des expériences religieuses et spirituelles. Cette personnalisation, rendue possible grâce aux capacités d'apprentissage et d'adaptation de l'IA, peut transformer la manière dont les individus interagissent avec leur foi et pratiquent leur spiritualité. Voici comment l'IA contribue à personnaliser ces expériences :

Adaptation des Enseignements et des Contenus Spirituels

L'IA peut analyser les préférences, les antécédents et les besoins spirituels des individus pour fournir des enseignements et des contenus personnalisés. Par exemple, un système d'IA pourrait recommander des lectures, des méditations ou des prières spécifiques en fonction des intérêts ou des questionnements d'une personne. Cette approche sur mesure permettrait une connexion plus profonde et plus significative avec la foi.

Guidance Spirituelle Individualisée

Des assistants virtuels alimentés par l'IA peuvent offrir une guidance spirituelle personnalisée. Ces systèmes pourraient répondre aux questions spécifiques des utilisateurs, les aider à interpréter des textes sacrés de manière pertinente à leur situation personnelle, ou les guider à travers des pratiques spirituelles adaptées à leur parcours de vie.

Méditation et Prière Assistées par IA

L'IA peut enrichir les pratiques de méditation et de prière en créant des expériences immersives et personnalisées. Par exemple, un programme d'IA pourrait générer des séances de méditation guidée adaptées à l'état émotionnel actuel de l'utilisateur, ou composer des prières personnalisées qui résonnent avec ses aspirations et ses défis personnels.

Expériences Communautaires Connectées

L'IA peut également faciliter des expériences communautaires personnalisées, en connectant des individus ayant des intérêts spirituels similaires ou en organisant des groupes de discussion et des études de textes sacrés en ligne. Ces communautés virtuelles, orchestrées par l'IA, permettraient des échanges enrichissants et des soutiens mutuels adaptés aux besoins de chacun.

Suivi et Accompagnement dans le Parcours Spirituel

Enfin, l'IA peut jouer un rôle dans le suivi du parcours spirituel d'un individu, en offrant des retours et des conseils basés sur l'évolution de ses pratiques et de ses réflexions. Cela pourrait inclure des suggestions pour approfondir certaines pratiques, explorer de nouveaux aspects de la foi, ou même identifier des périodes de doute ou de questionnement pour offrir un soutien adapté.

Conclusion

La personnalisation des expériences spirituelles grâce à l'IA représente une avancée majeure dans la manière dont les individus peuvent vivre et approfondir leur foi. En offrant des expériences sur mesure, l'IA a le potentiel de rendre la spiritualité plus accessible, plus pertinente et plus engageante pour chacun, tout en respectant la diversité des parcours et des croyances. Cependant, cette personnalisation doit être abordée avec discernement, en veillant à respecter l'intégrité des traditions religieuses et les valeurs éthiques liées à l'utilisation des technologies.

6.3.3 IA dans l'Éducation et la Formation Religieuse

L'intégration de l'intelligence artificielle dans l'éducation et la formation religieuse ouvre des perspectives novatrices pour l'apprentissage et l'approfondissement des connaissances spirituelles. L'IA, avec ses capacités d'analyse, de personnalisation et d'interaction, peut révolutionner la manière dont les enseignements religieux sont dispensés et reçus. Voici quelques aspects clés de cette intégration :

Personnalisation des Parcours Éducatifs

L'IA peut adapter les programmes d'étude aux besoins individuels des apprenants. En analysant les styles d'apprentissage, les niveaux de connaissance et les intérêts des étudiants, l'IA peut proposer des parcours d'apprentissage personnalisés. Cela permet aux étudiants de progresser à leur propre rythme, en se concentrant sur les domaines qui les intéressent le plus ou dans lesquels ils ont besoin de renforcement.

Interactivité et Engagement

Les outils d'IA peuvent rendre l'apprentissage plus interactif et engageant. Par exemple, des chatbots alimentés par l'IA peuvent servir de tuteurs virtuels, répondant aux questions des étudiants, guidant leurs lectures et les aidant à interpréter les textes sacrés. Ces interactions peuvent rendre l'étude plus dynamique et personnalisée, favorisant une meilleure compréhension et rétention des enseignements.

Accès Élargi aux Ressources Éducatives

L'IA peut faciliter l'accès à une vaste gamme de ressources éducatives. Des systèmes de recommandation intelligents peuvent suggérer des lectures, des conférences, des podcasts et d'autres matériaux pertinents, en fonction des intérêts et du niveau de connaissance de l'utilisateur. Cela permet aux étudiants d'explorer divers aspects de leur foi de manière autonome et approfondie.

Analyse et Compréhension des Textes Sacrés

L'IA peut aider à l'analyse et à la compréhension des textes sacrés. Des outils d'analyse de texte avancés peuvent décomposer des passages complexes, offrir des interprétations variées et mettre en évidence des connexions thématiques. Cela peut enrichir l'étude des textes sacrés, en permettant aux étudiants de découvrir des perspectives et des interprétations qu'ils n'auraient peut-être pas envisagées.

Évaluation et Suivi des Progrès

Les systèmes d'IA peuvent également être utilisés pour évaluer et suivre les progrès des étudiants. En analysant les réponses aux quiz, les participations aux discussions et les travaux écrits, l'IA peut fournir des retours constructifs et aider les étudiants à identifier les domaines dans lesquels ils doivent s'améliorer.

Conclusion

L'intégration de l'IA dans l'éducation et la formation religieuse offre des opportunités passionnantes pour enrichir et personnaliser l'apprentissage spirituel. Elle peut rendre l'éducation religieuse plus accessible, plus interactive et plus adaptée aux besoins individuels. Cependant, il est important de veiller à ce que l'utilisation de l'IA dans ce domaine respecte les valeurs et les principes éthiques des différentes traditions religieuses, et qu'elle soit utilisée comme un complément aux méthodes d'enseignement traditionnelles, plutôt que comme un substitut.

6.3.4 IA et Création de Communautés Virtuelles de Foi

L'avènement de l'intelligence artificielle a ouvert de nouvelles avenues pour la création et le renforcement de communautés virtuelles de foi. Ces communautés, soutenues par des technologies avancées, offrent un espace unique pour la connexion, l'engagement et le partage spirituel, transcendant les barrières géographiques et culturelles. Voici comment l'IA contribue à façonner ces communautés :

Facilitation de la Connexion et de l'Engagement
L'IA peut jouer un rôle crucial dans la mise en relation des individus partageant des croyances et des intérêts similaires. Grâce à des algorithmes de mise en correspondance, les personnes peuvent découvrir des groupes et des forums en ligne où elles peuvent partager leurs expériences et leurs réflexions spirituelles. Cette mise en relation peut être particulièrement bénéfique pour ceux qui se trouvent dans des régions isolées ou qui n'ont pas accès à une communauté de foi locale.

Personnalisation des Expériences Communautaires
Les outils d'IA peuvent personnaliser l'expérience des utilisateurs au sein des communautés virtuelles. En analysant les préférences et les comportements des

utilisateurs, l'IA peut recommander des discussions, des événements ou des activités qui correspondent à leurs intérêts spécifiques. Cette personnalisation renforce l'engagement des membres et enrichit leur expérience communautaire.

Soutien à l'Étude et à la Réflexion Spirituelle

Dans les communautés virtuelles de foi, l'IA peut faciliter l'étude et la réflexion spirituelle. Des programmes d'IA peuvent proposer des lectures, des méditations guidées et des ressources éducatives adaptées aux besoins spirituels des individus. Ces outils peuvent également faciliter des discussions en groupe, permettant aux membres de la communauté d'explorer ensemble des sujets de foi et de spiritualité.

Modération et Maintien d'un Espace Respectueux

L'IA peut aider à maintenir un environnement en ligne sûr et respectueux. Des systèmes de modération automatisés peuvent surveiller les discussions pour s'assurer qu'elles restent respectueuses et conformes aux valeurs de la communauté. Cela est essentiel pour créer un espace où les membres se sentent en sécurité pour exprimer leurs croyances et leurs doutes.

Organisation d'Événements et d'Activités Virtuelles

L'IA peut également aider à organiser des événements et des activités virtuelles qui renforcent le sentiment de communauté. Par exemple, des événements comme des services de prière en ligne, des études de groupe ou des retraites virtuelles peuvent être planifiés et personnalisés en fonction des préférences des membres de la communauté.

Conclusion

L'IA offre des possibilités extraordinaires pour la création et le développement de communautés virtuelles de foi. En facilitant la connexion, la personnalisation des expériences, le soutien à l'étude spirituelle, la modération des espaces en ligne et l'organisation d'événements, l'IA peut enrichir considérablement la vie spirituelle des individus. Toutefois, il est important de veiller à ce que ces technologies soient utilisées de manière éthique et respectueuse, en harmonie avec les valeurs et les croyances des différentes traditions religieuses.

6.3.5 Potentiel de l'IA pour l'Engagement Social et Humanitaire

L'intelligence artificielle détient un potentiel immense pour transformer l'engagement social et humanitaire, en particulier dans le contexte des pratiques religieuses. Cette technologie, en pleine expansion, offre des opportunités inédites pour améliorer l'efficacité et l'impact des initiatives sociales et humanitaires menées par les communautés religieuses et spirituelles. Voici quelques-unes des façons dont l'IA peut contribuer à cet engagement :

Optimisation des Ressources et de la Logistique

L'IA peut jouer un rôle crucial dans l'optimisation des ressources et de la logistique pour les projets humanitaires. Par exemple, des algorithmes avancés peuvent analyser de grandes quantités de données pour identifier les zones les plus touchées par une crise ou un besoin. Cela permet aux organisations religieuses de cibler plus efficacement leurs efforts et de déployer des ressources là où elles sont le plus nécessaires.

Analyse Prédictive pour la Prévention des Crises

Les outils d'IA peuvent être utilisés pour l'analyse prédictive, aidant à anticiper et à prévenir les crises avant qu'elles ne se produisent. En analysant des tendances et des modèles dans des données historiques et actuelles, l'IA peut aider à prédire des événements tels que des catastrophes naturelles, des famines ou des conflits. Les communautés religieuses peuvent utiliser ces informations pour prendre des mesures préventives et pour se préparer à répondre de manière plus efficace.

Amélioration de la Communication et de la Sensibilisation

L'IA peut également améliorer la communication et la sensibilisation autour des causes humanitaires. Des outils comme le traitement automatique du langage naturel permettent de créer des messages personnalisés et ciblés, augmentant l'engagement du public et la collecte de fonds. De plus, l'IA peut aider à traduire des messages en différentes langues, rendant les campagnes plus accessibles à un public international.

Soutien aux Décisions Basées sur des Données

Dans le domaine de l'engagement social et humanitaire, l'IA peut fournir un soutien précieux pour les prises de décision basées sur des données. En analysant des informations complexes et en fournissant des insights pertinents, l'IA aide les leaders religieux et les organisations à prendre des décisions éclairées, améliorant ainsi l'efficacité de leurs actions.

Renforcement des Capacités des Communautés Locales

L'IA peut être utilisée pour renforcer les capacités des communautés locales, en leur fournissant des outils et des formations adaptés à leurs besoins spécifiques. Par exemple, des applications d'IA peuvent être développées pour former les communautés locales à des compétences essentielles, telles que la gestion de l'eau, l'agriculture durable ou les premiers secours.

Conclusion

Le potentiel de l'IA pour l'engagement social et humanitaire est considérable, offrant des opportunités pour améliorer l'efficacité, la portée et l'impact des initiatives menées par les communautés religieuses. En utilisant l'IA de manière éthique et responsable, ces communautés peuvent non seulement répondre aux besoins immédiats mais aussi contribuer à la construction d'un avenir plus durable et équitable. Toutefois, il est crucial de veiller à ce que l'utilisation de l'IA respecte les valeurs et les principes éthiques des différentes traditions religieuses, tout en étant accessible et bénéfique pour tous.

6.4 Défis Futurs : Éthique, Gouvernance et Société

6.4.1 Enjeux Éthiques de l'IA dans un Contexte Religieux Futur

À mesure que l'intelligence artificielle continue de se développer et de s'intégrer dans divers aspects de la société, y compris dans les contextes religieux, des enjeux éthiques complexes et significatifs émergent. Ces enjeux nécessitent une réflexion approfondie et une collaboration entre technologues, leaders religieux et éthiciens pour naviguer dans un avenir où l'IA joue un rôle croissant dans les pratiques spirituelles et communautaires.

Respect des Croyances et Pratiques

Un des principaux défis éthiques est le respect des croyances et pratiques religieuses. L'IA, en tant que création humaine, doit être conçue et utilisée d'une manière qui respecte les diverses croyances et valeurs. Cela implique une sensibilité aux traditions et aux rituels, et une compréhension que l'IA ne devrait pas remplacer ou dénaturer les éléments fondamentaux de la foi.

Autonomie et Libre Arbitre

La question de l'autonomie et du libre arbitre est également cruciale. Dans les traditions religieuses, le libre arbitre est souvent un élément central de la croyance et de la pratique. L'IA, par sa capacité à influencer les décisions et les comportements, pourrait potentiellement compromettre cette autonomie. Il est donc essentiel de veiller à ce que l'utilisation de l'IA dans un contexte religieux ne limite pas le libre arbitre individuel, mais plutôt qu'elle serve d'outil pour enrichir et soutenir la pratique religieuse.

Confidentialité et Vie Privée

La confidentialité et la vie privée sont des préoccupations majeures, surtout lorsque l'IA est utilisée pour collecter et analyser des données personnelles. Dans un contexte religieux, où les individus peuvent partager des informations sensibles et personnelles, il est impératif que l'IA soit conçue pour protéger ces données et respecter la confidentialité des individus.

Responsabilité et Transparence

La question de la responsabilité et de

la transparence de l'IA est également un enjeu éthique important. Il est crucial de déterminer qui est responsable des décisions prises par l'IA et comment ces décisions sont prises. Dans un contexte religieux, cela est particulièrement pertinent, car les décisions de l'IA pourraient avoir des implications spirituelles ou communautaires importantes.

Inclusion et Accessibilité

Enfin, l'inclusion et l'accessibilité sont des considérations éthiques essentielles. L'IA doit être accessible à tous, indépendamment de leur situation économique, de leur niveau d'éducation ou de leur emplacement géographique. De plus, elle doit être conçue de manière à ne pas exclure ou discriminer contre certaines communautés ou groupes.

Conclusion

Naviguer dans les enjeux éthiques de l'IA dans un contexte religieux futur nécessite une approche multidisciplinaire et inclusive. Il est impératif de créer un dialogue ouvert entre les développeurs d'IA, les leaders religieux, les fidèles et les éthiciens pour s'assurer que l'IA est utilisée d'une manière qui respecte et enrichit les traditions religieuses, tout en adhérant à des principes éthiques solides. Cela implique une réflexion continue et une adaptation aux nouvelles réalités technologiques, tout en préservant les valeurs fondamentales des différentes traditions religieuses.

6.4.2 Gouvernance de l'IA et Implications pour les Institutions Religieuses

La gouvernance de l'intelligence artificielle représente un défi majeur pour les institutions religieuses, confrontées à la nécessité d'intégrer ces technologies tout en préservant leurs valeurs et principes fondamentaux. Cette situation soulève plusieurs questions importantes concernant la manière dont les institutions religieuses peuvent et doivent interagir avec l'IA, ainsi que les implications de ces interactions pour leur fonctionnement et leur influence dans la société.

Adaptation et Intégration de l'IA

Les institutions religieuses doivent envisager comment intégrer l'IA de manière qui respecte leurs doctrines et pratiques. Cela peut impliquer l'utilisation de l'IA pour améliorer la gestion administrative, la communication avec les fidèles, ou même l'interprétation des textes sacrés. Cependant, il est crucial que cette intégration ne compromette pas les enseignements et les valeurs fondamentales de la religion.

Formation et Éducation

Un aspect important de la gouvernance de l'IA dans les institutions religieuses est la formation et l'éducation. Les leaders religieux et les administrateurs doivent être formés pour comprendre les bases de l'IA, ses potentialités, et ses limites. Cette compréhension est essentielle pour prendre des décisions éclairées sur l'utilisation de l'IA et pour guider les fidèles dans leur interaction avec ces technologies.

Éthique et Responsabilité

Les questions éthiques et de responsabilité sont au cœur de la gouvernance de l'IA dans les institutions religieuses. Il est essentiel de développer des lignes directrices éthiques pour l'utilisation de l'IA, qui soient en accord avec les principes religieux. Cela inclut la gestion des données, le respect de la vie privée, et la transparence dans l'utilisation de l'IA. Les institutions religieuses doivent également réfléchir à leur responsabilité dans le cas où l'IA qu'elles utilisent cause un préjudice ou est utilisée de manière inappropriée.

Dialogue et Collaboration

La gouvernance de l'IA nécessite un dialogue et une collaboration entre les institutions religieuses, les développeurs d'IA, les éthiciens, et la société en général. Les institutions religieuses peuvent jouer un rôle important dans le débat public sur l'IA, en apportant une perspective éthique et morale. De plus, elles peuvent collaborer avec les développeurs d'IA pour s'assurer que les produits technologiques respectent les valeurs religieuses et éthiques.

Impact sur la Communauté et la Société

Enfin, les institutions religieuses doivent considérer l'impact de l'IA sur leur communauté et la société dans son ensemble. Cela inclut non seulement l'impact sur les pratiques religieuses, mais aussi sur les questions sociales et morales plus larges. Les institutions religieuses ont l'opportunité d'utiliser l'IA pour promouvoir la justice sociale, l'éducation, et le bien-être de la communauté, tout en veillant à ce que ces technologies ne creusent pas les inégalités ou ne favorisent pas la discrimination.

Conclusion

La gouvernance de l'IA par les institutions religieuses est un processus complexe qui nécessite une réflexion approfondie et une planification stratégique. En abordant les défis éthiques, éducatifs, et sociaux de l'IA, les institutions religieuses peuvent non seulement s'adapter à l'ère numérique, mais aussi influencer positivement la manière dont ces technologies sont développées et utilisées dans la société.

6.4.3 IA, Vie Privée et Liberté de Croyance

L'intégration de l'intelligence artificielle dans divers aspects de la vie quotidienne soulève des questions cruciales concernant la vie privée et la liberté de croyance. Ces préoccupations sont particulièrement pertinentes dans le contexte religieux, où les croyances et pratiques personnelles sont au cœur de l'expérience individuelle.

Protection de la Vie Privée

L'un des principaux défis posés par l'IA est la protection de la vie privée des individus. Les technologies d'IA, notamment celles impliquées dans la collecte et l'analyse de données, peuvent facilement empiéter sur la vie privée des personnes, y compris leurs croyances et pratiques religieuses. Il est essentiel que les développeurs et utilisateurs d'IA dans le domaine religieux mettent en place des mesures strictes pour protéger les données personnelles et garantir qu'elles ne soient pas utilisées à mauvais escient ou sans le consentement explicite des individus.

Liberté de Croyance

La liberté de croyance est un droit fondamental, et l'utilisation de l'IA doit respecter et promouvoir ce droit. Il est crucial que l'IA ne soit pas utilisée pour influencer, manipuler ou contrôler les croyances religieuses des individus. Cela implique une utilisation responsable et éthique de l'IA, en veillant à ce que les technologies ne soient pas employées pour imposer des idéologies ou restreindre la liberté de pensée et de religion.

Transparence et Responsabilité

La transparence dans l'utilisation de l'IA est essentielle pour maintenir la confiance des individus envers ces technologies. Les utilisateurs doivent être informés de la manière dont leurs données sont collectées, analysées et utilisées. De plus, il doit y avoir une responsabilité claire en cas de violation de la vie privée ou d'abus dans l'utilisation de l'IA. Les institutions religieuses et autres organisations utilisant l'IA doivent être transparentes dans leurs pratiques et prêtes à répondre de leurs actions.

Éducation et Sensibilisation

Pour naviguer efficacement dans le paysage de l'IA, les individus doivent être éduqués et sensibilisés aux implications de ces technologies sur la vie privée et la liberté de croyance. Cela inclut la compréhension des droits et des protections disponibles, ainsi que des connaissances sur la manière de gérer et de protéger leurs données personnelles. Les institutions religieuses peuvent jouer un rôle clé dans cette éducation, en informant leurs communautés sur les avantages et les risques de l'IA.

Développement d'IA Respectueuse

Enfin, il est impératif de développer et de promouvoir des technologies d'IA qui respectent la vie privée et la liberté de croyance. Cela implique de travailler avec des développeurs d'IA pour créer des solutions qui tiennent compte de ces valeurs dès le début du processus de conception. Les technologies doivent être conçues de manière à protéger les données personnelles et à soutenir la liberté individuelle, plutôt que de les compromettre.

Conclusion

La relation entre l'IA, la vie privée et la liberté de croyance est complexe et nécessite une approche équilibrée qui respecte les droits individuels tout en tirant parti des avantages de l'IA. En mettant l'accent sur la protection de la vie privée, le respect de la liberté de croyance, la transparence, l'éducation et le développement d'IA respectueuse, il est possible de naviguer dans ce paysage technologique de manière éthique et responsable.

6.4.4 Défis Sociétaux et Impact sur les Communautés de Foi

L'avènement de l'intelligence artificielle présente des défis sociétaux significatifs qui ont un impact direct sur les communautés de foi. Ces défis englobent des questions d'éthique, d'inclusion, de changement social et de l'impact de la technologie sur les traditions et les pratiques religieuses.

Éthique et Valeurs Morales

L'un des défis majeurs est l'alignement des avancées de l'IA avec les valeurs éthiques et morales des différentes communautés de foi. Les technologies d'IA, par leur nature neutre, peuvent parfois entrer en conflit avec les principes moraux spécifiques à certaines religions. Par exemple, l'utilisation de l'IA dans la surveillance ou dans la prise de décision automatisée peut soulever des questions éthiques concernant la dignité humaine, le libre arbitre et la justice. Les communautés de foi sont donc confrontées à la tâche de réconcilier ces avancées technologiques avec leurs enseignements et croyances fondamentaux.

Inclusion et Diversité

Un autre défi est de garantir que l'IA soit inclusive et respectueuse de la diversité des croyances et pratiques religieuses. Il existe un risque que l'IA, si elle est conçue sans une compréhension approfondie des différentes cultures et croyances, puisse favoriser certaines perspectives au détriment d'autres, conduisant à l'exclusion ou à la marginalisation de certains groupes. Les communautés de foi doivent veiller à ce que les technologies d'IA soient développées et utilisées d'une manière qui respecte et reflète la diversité religieuse et culturelle.

Changement Social et Adaptation

L'IA est un moteur de changement social rapide, ce qui peut être déstabilisant pour les communautés de foi qui s'appuient souvent sur des traditions et des pratiques établies de longue date. L'adaptation aux nouvelles technologies peut nécessiter une réévaluation des pratiques religieuses et une ouverture à de nouvelles formes de spiritualité et de communauté.

Cela peut être particulièrement difficile pour les communautés plus traditionnelles ou conservatrices.

Impact sur les Traditions et Pratiques

L'intégration de l'IA dans les pratiques religieuses peut également transformer la manière dont les traditions sont observées et vécues. Par exemple, l'utilisation de l'IA dans la diffusion des enseignements religieux, dans la méditation ou dans les rituels peut enrichir l'expérience spirituelle, mais elle peut aussi soulever des questions sur l'authenticité et la perte de l'élément humain dans ces pratiques.

Dialogue et Collaboration

Face à ces défis, il est essentiel que les communautés de foi engagent un dialogue ouvert avec les développeurs d'IA, les décideurs politiques et les autres acteurs de la société. Cette collaboration peut aider à garantir que les technologies d'IA soient développées et utilisées de manière éthique et respectueuse des différentes croyances et pratiques religieuses.

Conclusion

Les défis sociétaux posés par l'IA nécessitent une approche réfléchie et collaborative pour assurer que les communautés de foi ne soient pas seulement des spectateurs passifs, mais des participants actifs dans la formation de l'avenir technologique. En abordant ces défis avec sensibilité et ouverture, les communautés de foi peuvent jouer un rôle crucial dans la garantie que l'IA soit utilisée de manière à promouvoir le bien-être, l'inclusion et le respect des diverses traditions spirituelles.

6.4.5 Développement Responsable de l'IA en Accord avec les Valeurs Spirituelles

Le développement responsable de l'intelligence artificielle en harmonie avec les valeurs spirituelles est un enjeu crucial dans un monde où la technologie et la foi se croisent de plus en plus. Cette démarche nécessite une compréhension profonde des implications éthiques, morales et spirituelles de l'IA, ainsi qu'une collaboration étroite entre les développeurs d'IA, les leaders religieux et les communautés de foi.

Compréhension et Respect des Valeurs Spirituelles

Au cœur de ce développement responsable se trouve la nécessité de comprendre et de respecter les valeurs spirituelles et religieuses. Cela implique que les concepteurs et les développeurs d'IA prennent en compte les diverses croyances et pratiques lors de la création de technologies. Par exemple, une IA utilisée dans un contexte religieux devrait être conçue pour respecter les principes de non-violence, de compassion, de justice et de dignité humaine, qui sont communs à de nombreuses traditions religieuses.

Dialogue Interdisciplinaire

Un dialogue interdisciplinaire entre les technologues, les théologiens, les éthiciens et les leaders communautaires est essentiel pour aligner le développement de l'IA avec les valeurs spirituelles. Ces discussions peuvent aider à identifier les domaines où l'IA peut enrichir la pratique religieuse et spirituelle, tout en soulignant les risques potentiels et les implications éthiques. Par exemple, des débats sur l'utilisation de l'IA dans la prédication ou la méditation peuvent ouvrir des perspectives sur la manière dont la technologie peut améliorer ou diminuer l'expérience spirituelle.

Principes Éthiques dans le Développement de l'IA

L'adoption de principes éthiques clairs dans le développement de l'IA est une autre étape importante. Ces principes devraient inclure le respect de la vie privée, la non-discrimination, la transparence et la responsabilité. En outre, il est crucial que l'IA soit développée de manière à ne pas imposer ou favoriser certaines croyances ou pratiques religieuses sur d'autres, préservant ainsi la diversité et le pluralisme religieux.

Formation et Sensibilisation

La formation et la sensibilisation des développeurs d'IA aux questions spirituelles et religieuses sont également essentielles. Cela peut inclure des programmes éducatifs qui intègrent l'éthique religieuse et spirituelle dans le curriculum de l'ingénierie et de l'informatique. De même, les leaders religieux et les membres des communautés de foi peuvent bénéficier d'une meilleure compréhension des technologies d'IA, leur permettant de participer plus activement à leur développement et à leur utilisation.

Collaboration et Co-création

Enfin, la collaboration et la co-création entre les développeurs d'IA et les communautés de foi peuvent conduire à des innovations qui respectent et reflètent les valeurs spirituelles. Par exemple, le développement d'applications d'IA qui aident à la méditation, à l'étude des textes sacrés ou à la gestion des communautés religieuses peut être enrichi par les contributions directes de ceux qui pratiquent et vivent ces traditions.

Conclusion

Le développement responsable de l'IA en accord avec les valeurs spirituelles est un processus complexe qui nécessite une approche multidimensionnelle et collaborative. En intégrant le respect des valeurs spirituelles et religieuses dans le développement de l'IA, il est possible de créer des technologies qui non seulement respectent la diversité des croyances, mais qui peuvent également enrichir l'expérience spirituelle et renforcer les communautés de foi.

6.5 Vision d'Avenir : IA et Spiritualité dans un Monde en Mutation

6.5.1 Intégration de l'IA dans une Vision Spirituelle du Futur

L'intégration de l'intelligence artificielle dans une vision spirituelle du futur représente un horizon fascinant, où la technologie et la spiritualité convergent pour façonner un monde en mutation. Cette vision d'avenir envisage une symbiose entre l'IA et les dimensions spirituelles de l'existence humaine, créant ainsi un paysage où la technologie enrichit et amplifie les expériences spirituelles.

Harmonisation de l'IA avec les Valeurs Spirituelles

Au cœur de cette intégration se trouve l'harmonisation de l'IA avec les valeurs et principes spirituels. Cela implique le développement d'IA qui non seulement respecte les croyances religieuses, mais qui est également conçue pour promouvoir des valeurs telles que la compassion, l'empathie, et la sagesse. Par exemple, des IA pourraient être programmées pour guider les individus dans des pratiques méditatives ou pour offrir un soutien émotionnel et spirituel, agissant ainsi comme des facilitateurs dans le parcours spirituel des personnes.

IA et Enrichissement des Pratiques Spirituelles

L'IA a le potentiel d'enrichir les pratiques spirituelles en offrant des expériences personnalisées et adaptées aux besoins individuels. Par exemple, des applications d'IA pourraient aider à interpréter les textes sacrés de manière plus approfondie, ou à créer des environnements de méditation immersifs qui utilisent la réalité augmentée ou virtuelle. Ces technologies pourraient aider les individus à explorer leur spiritualité de manière plus profonde et significative.

Rôle de l'IA dans la Communauté et la Solidarité

L'IA peut également jouer un rôle clé dans le renforcement des communautés spirituelles en facilitant la communication et l'engagement. Des plateformes d'IA pourraient connecter des personnes de différentes traditions spirituelles, favorisant ainsi le dialogue interreligieux et la compréhension mutuelle. De plus, l'IA pourrait être utilisée pour organiser des événements communautaires, des retraites spirituelles, ou pour soutenir des initiatives caritatives et humanitaires.

Défis Éthiques et Responsabilité

Cette vision d'avenir soulève également des défis éthiques importants. Il est crucial que le développement de l'IA dans le domaine spirituel soit guidé par des principes éthiques rigoureux, en veillant à ce que la technologie ne remplace pas les aspects essentiels de l'expérience humaine et spirituelle. La responsabilité, la transparence et le respect de la vie privée doivent être des piliers dans le développement de ces technologies.

Co-création et Collaboration

La réalisation de cette vision nécessite une collaboration étroite entre les développeurs d'IA, les leaders spirituels, les théologiens et les communautés. Cette co-création permettra de s'assurer que l'IA est développée de manière à respecter et à enrichir les traditions spirituelles, tout en étant adaptée aux besoins et aux aspirations des individus dans un monde en constante évolution.

Conclusion

L'intégration de l'IA dans une vision spirituelle du futur ouvre des possibilités passionnantes pour l'exploration et l'approfondissement de la spiritualité. En alignant la technologie avec les valeurs spirituelles, l'IA peut devenir un outil puissant pour l'enrichissement personnel et communautaire, tout en respectant et en célébrant la diversité des croyances et des pratiques spirituelles.

6.5.2 IA Comme Catalyseur de Renouveau Spirituel

L'intelligence artificielle se profile comme un

catalyseur potentiel de renouveau spirituel, offrant des perspectives novatrices pour revitaliser et transformer les pratiques et expériences spirituelles. Cette vision de l'IA en tant que force motrice pour un renouveau spirituel s'appuie sur son potentiel à enrichir et à diversifier les façons dont les individus et les communautés s'engagent dans leur quête spirituelle.

Revitalisation des Pratiques Spirituelles

L'IA peut jouer un rôle crucial dans la revitalisation des pratiques spirituelles traditionnelles. Par exemple, des applications d'IA peuvent offrir des interprétations nouvelles et enrichissantes de textes sacrés, permettant aux fidèles de découvrir des dimensions cachées ou négligées de leur foi. De même, l'IA peut aider à personnaliser les pratiques de prière ou de méditation, en adaptant les expériences aux besoins et aux préférences individuelles, rendant ainsi la spiritualité plus accessible et engageante.

Facilitation de l'Expérience Spirituelle

L'IA peut également faciliter des expériences spirituelles profondes et immersives. Par exemple, l'utilisation de la réalité augmentée ou virtuelle guidée par l'IA peut transporter les individus dans des environnements méditatifs ou des reconstitutions de lieux sacrés, offrant ainsi une nouvelle dimension à la pratique spirituelle. Ces technologies peuvent aider à transcender les barrières physiques, permettant aux individus de se connecter avec leur spiritualité d'une manière plus profonde et personnelle.

Renforcement des Communautés Spirituelles

Au-delà de l'individu, l'IA a le potentiel de renforcer les communautés spirituelles. Des plateformes d'IA peuvent faciliter la communication et l'organisation au sein de ces communautés, permettant une plus grande participation et engagement. L'IA peut également aider à connecter des individus de différentes traditions spirituelles, favorisant ainsi le dialogue interreligieux et la compréhension mutuelle.

Défis et Responsabilités

Toutefois, ce renouveau spirituel par l'IA n'est pas sans défis. Il est essentiel de s'assurer que l'IA est utilisée de manière éthique et responsable, en respectant les croyances et les pratiques de chacun. La question de la dépendance excessive à la technologie dans les pratiques spirituelles est également un sujet de préoccupation, soulignant la nécessité d'un équilibre entre l'utilisation de l'IA et le maintien de l'authenticité des expériences spirituelles.

Collaboration et Innovation

La réalisation de ce potentiel nécessite une collaboration étroite entre les développeurs d'IA, les leaders spirituels et les communautés. Cette collaboration peut ouvrir la voie à des innovations qui respectent et enrichissent les traditions spirituelles tout en embrassant les possibilités offertes par la technologie.

Conclusion

En tant que catalyseur de renouveau spirituel, l'IA offre des possibilités passionnantes pour enrichir et transformer les pratiques spirituelles. En intégrant judicieusement l'IA dans le domaine spirituel, il est possible de créer des expériences plus profondes et significatives, tout en renforçant les communautés et en favorisant un dialogue interreligieux enrichissant. Cependant, il est crucial de naviguer dans ce domaine avec prudence et respect, en veillant à ce que la technologie serve de complément et non de substitut à la richesse des expériences spirituelles humaines.

6.5.3 Rôle de l'IA dans la Construction d'un Monde Plus Juste et Équitable

L'intelligence artificielle détient un potentiel considérable pour contribuer à la construction d'un monde plus juste et équitable. Cette vision repose sur l'idée que l'IA peut être un outil puissant pour aborder et résoudre des problèmes sociaux complexes, en favorisant l'équité et la justice dans divers domaines de la société.

Amélioration de l'Accès aux Ressources et Services

L'un des aspects les plus prometteurs de l'IA est sa capacité à améliorer l'accès aux ressources et services essentiels. Par exemple, des systèmes d'IA peuvent être utilisés pour optimiser la distribution de ressources comme la nourriture et l'eau dans les régions où ces biens sont rares. De même, l'IA peut jouer un rôle crucial dans l'amélioration de l'accès à l'éducation et aux soins de santé, en particulier dans les communautés sous-desservies ou éloignées.

Réduction des Inégalités et Discriminations

L'IA a également le potentiel de réduire les inégalités et les discriminations. En analysant de grandes quantités de données, l'IA peut aider à identifier et à atténuer les biais systémiques présents dans divers secteurs, comme l'emploi, la justice ou le logement. Cependant, il est crucial de s'assurer que les systèmes d'IA eux-mêmes ne perpétuent pas ces biais, ce qui nécessite une conception et une programmation attentives et éthiques.

Promotion de la Durabilité et du Développement Durable

L'IA peut également jouer un rôle significatif dans la promotion de la durabilité et du développement durable. Par exemple, des systèmes d'IA peuvent être utilisés pour optimiser l'utilisation des ressources naturelles, réduire les déchets et améliorer l'efficacité énergétique. Ces applications peuvent contribuer à la lutte contre le changement climatique et à la préservation de l'environnement pour les générations futures.

Renforcement de la Cohésion Sociale

En outre, l'IA peut renforcer la cohésion sociale en facilitant la communication et la compréhension entre différents groupes. Des plateformes d'IA peuvent être utilisées pour briser les barrières linguistiques et culturelles, favorisant ainsi un dialogue et une compréhension interculturels. Cela peut jouer un rôle crucial dans la prévention des conflits et la promotion de la paix.

Défis Éthiques et Responsabilité

Cependant, l'utilisation de l'IA pour construire un monde plus juste et équitable n'est pas sans défis. Il est essentiel de s'assurer que les systèmes d'IA sont conçus et utilisés de manière éthique, en tenant compte des implications sociales et morales de leurs applications. La question de la responsabilité en cas d'erreurs ou de préjudices causés par des systèmes d'IA est également un sujet de préoccupation majeur.

Conclusion

En conclusion, l'IA a le potentiel de jouer un rôle transformateur dans la construction d'un monde plus juste et équitable. En utilisant l'IA pour améliorer l'accès aux ressources, réduire les inégalités, promouvoir la durabilité et renforcer la cohésion sociale, il est possible de faire des avancées significatives vers un avenir plus équitable. Cependant, il est crucial de naviguer dans ce domaine avec prudence et responsabilité, en veillant à ce que les avantages de l'IA soient accessibles à tous et respectueux des principes éthiques fondamentaux.

6.5.4 Perspectives sur l'Harmonie entre Technologie et Spiritualité

L'harmonie entre la technologie, en particulier l'intelligence artificielle, et la spiritualité est un domaine de plus en plus exploré et discuté. Cette convergence offre des perspectives fascinantes sur la manière dont la technologie peut enrichir la vie spirituelle et comment la spiritualité peut influencer le développement technologique.

Complémentarité entre IA et Expérience Spirituelle

L'un des aspects les plus intrigants de cette harmonie est la complémentarité potentielle entre l'IA et l'expérience spirituelle. L'IA peut être utilisée pour approfondir la compréhension des textes sacrés, personnaliser les expériences de méditation et de prière, et même aider à la gestion des communautés religieuses. Par exemple, des applications d'IA peuvent fournir des méditations guidées personnalisées basées sur les besoins et préférences individuels, ou analyser des textes sacrés pour en extraire des enseignements pertinents pour les pratiquants modernes.

Influence de la Spiritualité sur le Développement de l'IA

D'autre part, la spiritualité peut influencer le

développement de l'IA de manière significative. Les principes éthiques et moraux issus de diverses traditions spirituelles peuvent guider la création d'IA éthique et responsable. En intégrant des valeurs telles que la compassion, le respect de la vie et l'intégrité, les développeurs d'IA peuvent créer des technologies qui non seulement respectent les droits humains, mais qui contribuent également au bien-être et à l'épanouissement des individus.

IA et Exploration de la Conscience

L'IA offre également de nouvelles voies pour explorer des questions de conscience et d'existence qui sont au cœur de nombreuses traditions spirituelles. Par exemple, l'étude de l'intelligence artificielle peut amener à des réflexions profondes sur la nature de la conscience, l'identité personnelle et la connexion entre l'esprit et le corps. Ces questions, traditionnellement abordées dans les contextes religieux et philosophiques, trouvent un nouvel écho dans l'ère de l'IA.

Défis et Opportunités

Cependant, cette harmonie entre technologie et spiritualité n'est pas sans défis. Il existe des préoccupations concernant la dépendance excessive à la technologie, la perte de l'intimité dans les pratiques spirituelles, et les implications éthiques de l'utilisation de l'IA dans des contextes religieux. Naviguer dans ces défis nécessite un dialogue continu entre les développeurs de technologie, les leaders spirituels et les communautés de foi.

Conclusion

En conclusion, les perspectives sur l'harmonie entre la technologie et la spiritualité sont vastes et pleines de potentiel. Cette convergence peut enrichir les pratiques spirituelles, offrir de nouvelles perspectives sur des questions existentielles anciennes, et guider le développement éthique de l'IA. En abordant les défis avec prudence et en favorisant un dialogue ouvert, il est possible de créer un avenir où la technologie et la spiritualité coexistent en harmonie, enrichissant mutuellement l'expérience humaine.

6.5.5 Imaginer un Avenir où l'IA Enrichit la Quête Spirituelle

L'avenir de l'intelligence artificielle dans le contexte de la quête spirituelle est un sujet fascinant qui ouvre de nombreuses possibilités. Imaginer un avenir où l'IA enrichit la quête spirituelle implique de visualiser un monde où la technologie et la spiritualité se complètent mutuellement, créant ainsi un paysage enrichi pour l'exploration et l'expression de la foi.

IA Comme Guide et Compagnon Spirituel

Dans cet avenir, l'IA pourrait jouer le rôle de guide ou de compagnon spirituel, aidant les individus dans leur parcours personnel de foi et de découverte spirituelle. Par exemple, des assistants virtuels intelligents pourraient fournir des conseils personnalisés basés sur les croyances, les pratiques et les besoins spirituels de chaque personne. Ces assistants pourraient suggérer des lectures, des méditations, ou même des activités communautaires qui correspondent aux intérêts et aux aspirations spirituelles de l'utilisateur.

Personnalisation des Expériences Spirituelles

L'IA pourrait également permettre une personnalisation profonde des expériences spirituelles. En utilisant des algorithmes avancés pour analyser les préférences et les comportements, l'IA pourrait créer des expériences de prière, de méditation ou d'étude qui résonnent de manière unique avec chaque individu. Cette personnalisation pourrait aider les gens à se connecter plus profondément avec leur foi et à explorer de nouvelles dimensions de leur spiritualité.

IA et Interconnexion des Communautés de Foi

Un autre aspect de cet avenir pourrait être l'utilisation de l'IA pour connecter et renforcer les communautés de foi. Des plateformes en ligne alimentées par l'IA pourraient faciliter les rencontres entre personnes partageant les mêmes croyances, organiser des événements communautaires, et même soutenir des projets de service social. Ces technologies pourraient aider à briser les barrières géographiques et culturelles, créant un sentiment d'unité et de solidarité au sein de la diversité religieuse.

IA et Approfondissement des Connaissances Spirituelles

L'IA pourrait également jouer un rôle crucial dans l'approfondissement des connaissances spirituelles. En analysant et en interprétant des textes sacrés, l'IA pourrait offrir de nouvelles perspectives et interprétations, enrichissant ainsi la compréhension des enseignements religieux. Cette approche pourrait ouvrir la voie à des dialogues plus profonds et à une exploration plus riche des traditions spirituelles.

Éthique et Responsabilité

Toutefois, cet avenir idéal nécessite une attention particulière à l'éthique et à la responsabilité dans le développement et l'utilisation de l'IA. Il est crucial que ces technologies respectent la diversité des croyances, la vie privée des individus, et qu'elles soient utilisées de manière à promouvoir le bien-être et l'enrichissement spirituel, plutôt que de devenir des outils de manipulation ou de contrôle.

Conclusion

En somme, imaginer un avenir où l'IA enrichit la quête spirituelle ouvre des horizons passionnants. Cet avenir promet non seulement une personnalisation et un approfondissement des expériences spirituelles, mais aussi une nouvelle ère de connexion et de compréhension au sein des communautés de foi. Avec une approche éthique et responsable, l'IA a le potentiel de devenir un allié précieux dans le voyage spirituel de l'humanité.

CONCLUSION

"Soyez le changement que vous voulez voir dans le monde."

Mahatma Gandhi

Résumé des idées clés

1. Synthèse des Interactions IA-Religion

La relation entre l'intelligence artificielle et la religion est un domaine complexe et en constante évolution, marqué par des interactions diverses et profondes. D'un côté, l'IA apporte des innovations technologiques qui peuvent transformer les pratiques religieuses, l'éducation spirituelle et la gestion des communautés de foi. De l'autre, la religion offre un cadre éthique et moral essentiel pour guider le développement responsable de l'IA.

Dans les pratiques religieuses, l'IA a montré son potentiel pour enrichir l'expérience spirituelle. Des applications d'IA personnalisées facilitent des expériences de méditation et de prière plus profondes, tandis que l'analyse avancée de textes sacrés par l'IA ouvre de nouvelles perspectives d'interprétation. Ces technologies offrent une aide précieuse pour les individus cherchant à approfondir leur compréhension et leur engagement spirituels.

Parallèlement, les institutions religieuses ont commencé à intégrer l'IA pour améliorer leur fonctionnement. De la gestion des données des fidèles à l'organisation d'événements communautaires, l'IA permet une administration plus efficace et une meilleure communication au sein des communautés. Cependant, cette intégration soulève des questions éthiques importantes, notamment en matière de respect de la vie privée et de l'autonomie individuelle.

L'éducation spirituelle est un autre domaine où l'IA a un impact significatif. Les systèmes d'IA personnalisent l'apprentissage, adaptant les contenus aux besoins et aux niveaux de compréhension des apprenants. Cette approche individualisée favorise une meilleure assimilation des enseignements religieux et spirituels.

Malgré ces avancées, l'interaction entre l'IA et la religion n'est pas sans défis. Les préoccupations éthiques autour de l'utilisation de l'IA dans des contextes religieux sont au premier plan. Il est essentiel que le développement et l'utilisation de l'IA dans ces contextes soient guidés par des principes éthiques solides, en accord avec les valeurs fondamentales des différentes traditions religieuses.

En conclusion, la synthèse des interactions entre l'IA et la religion révèle un paysage complexe et nuancé. Alors que l'IA offre des possibilités d'enrichissement et de transformation des pratiques religieuses, elle pose également des questions éthiques et morales importantes. Naviguer dans ce paysage nécessite une approche équilibrée, qui respecte à la fois les avancées technologiques et les valeurs spirituelles profondes.

2. Principaux Enseignements sur l'IA et la Spiritualité

L'intersection de l'intelligence artificielle et de la spiritualité a révélé plusieurs enseignements clés, offrant une perspective enrichissante sur la manière dont ces deux domaines peuvent s'influencer et se compléter mutuellement.

Tout d'abord, l'IA a démontré sa capacité à enrichir la pratique spirituelle. Que ce soit à travers des applications personnalisées pour la méditation et la prière, ou par l'analyse approfondie de textes sacrés, l'IA a ouvert de nouvelles voies pour l'exploration et l'approfondissement de la spiritualité. Ces technologies offrent des moyens innovants pour les individus de se connecter avec leur foi, en leur permettant d'accéder à des ressources spirituelles personnalisées et à des interprétations diversifiées des enseignements religieux.

En parallèle, l'interaction entre l'IA et la spiritualité a souligné l'importance de l'éthique dans le développement technologique. La nécessité d'une IA éthique et responsable est particulièrement prononcée dans le contexte spirituel, où les questions de valeurs morales, de respect de la vie privée et de l'autonomie individuelle sont primordiales. Cela a conduit à une prise de conscience accrue de la nécessité d'intégrer des principes éthiques dans le développement de l'IA, en accord avec les valeurs spirituelles et religieuses.

Un autre enseignement clé est le potentiel de l'IA à servir de pont entre différentes traditions spirituelles et religieuses. En facilitant le dialogue et la compréhension interreligieux, l'IA peut contribuer à briser les barrières et à promouvoir une plus grande harmonie entre diverses croyances. Cela est particulièrement pertinent dans un monde de plus en plus connecté, où la compréhension et le respect mutuels entre différentes cultures et croyances sont essentiels.

En outre, l'IA a mis en lumière le potentiel de la technologie à soutenir les communautés de foi. Que ce soit par la gestion efficace des ressources communautaires ou par la création de plateformes pour l'engagement communautaire, l'IA peut jouer un rôle crucial dans le renforcement des liens au sein des communautés religieuses.

Enfin, l'exploration de l'IA dans le contexte de la spiritualité a ouvert des discussions sur des questions philosophiques et existentielles profondes. La réflexion sur la nature de la conscience, l'identité personnelle et la relation entre l'humain et la machine a été stimulée par les avancées de l'IA, offrant de nouvelles perspectives sur des questions spirituelles anciennes.

En résumé, les principaux enseignements sur l'IA et la spiritualité mettent en évidence un paysage riche et complexe, où la technologie ne se contente pas de coexister avec la spiritualité, mais peut activement contribuer à son épanouissement. Cette interaction souligne l'importance d'une approche équilibrée et éthique, où les avancées technologiques sont harmonisées avec les valeurs et les besoins spirituels des individus.

3. Aperçu des Défis et Opportunités

L'intégration de l'intelligence artificielle dans le domaine de la spiritualité et de la religion présente un ensemble complexe de défis et d'opportunités. Ces aspects sont intrinsèquement liés, car chaque défi apporte avec lui la possibilité d'innovation et de croissance.

Un des défis majeurs est l'équilibre entre

l'adoption de l'IA et le maintien des traditions et valeurs spirituelles. Alors que l'IA offre des moyens novateurs d'engagement et d'exploration spirituelle, il existe une préoccupation légitime quant à la perte potentielle de l'aspect humain et personnel dans les pratiques religieuses. Cependant, cette inquiétude ouvre la voie à des opportunités de développer une IA qui complète et enrichit les expériences spirituelles sans les remplacer.

Un autre défi est lié à l'éthique et à la gouvernance de l'IA dans un contexte religieux. Les questions sur la vie privée, l'autonomie et le respect des croyances individuelles sont au premier plan. En réponse, cela crée une opportunité pour les leaders religieux et les développeurs d'IA de collaborer étroitement pour créer des technologies qui respectent ces principes éthiques, favorisant ainsi une utilisation de l'IA qui est à la fois responsable et bénéfique.

La question de l'accessibilité de l'IA représente également un défi significatif. Il est crucial que les avantages de l'IA ne soient pas limités à certaines régions ou groupes démographiques, mais soient accessibles à tous, indépendamment de leur situation géographique ou économique. Cela offre l'opportunité de développer des solutions d'IA inclusives et accessibles, contribuant ainsi à une plus grande équité et à une diffusion plus large des connaissances et des ressources spirituelles.

En outre, l'IA pose des défis en termes de compréhension et d'acceptation au sein des communautés de foi. La méfiance ou le scepticisme envers la technologie peut être un obstacle. Cependant, cela offre l'opportunité d'engager des dialogues éducatifs et des programmes de sensibilisation pour aider les communautés à comprendre et à embrasser les avantages potentiels de l'IA pour leur vie spirituelle.

Enfin, l'IA dans le contexte religieux et spirituel soulève des questions philosophiques et théologiques profondes, telles que la nature de la conscience et la place de l'humain dans un monde de plus en plus technologique. Ces questions difficiles offrent des opportunités pour des discussions enrichissantes et des explorations interdisciplinaires, ouvrant de nouvelles voies pour la compréhension de soi et de l'univers.

En conclusion, bien que l'intégration de l'IA dans la spiritualité et la religion présente des défis considérables, elle offre également des opportunités uniques pour l'innovation, l'éducation et l'approfondissement des expériences spirituelles. En abordant ces défis de manière réfléchie et collaborative, il est possible de tirer parti de l'IA pour enrichir et diversifier les pratiques spirituelles et religieuses.

4. Implications Éthiques et Morales de l'IA

L'intégration de l'intelligence artificielle dans divers aspects de la vie quotidienne, y compris dans les domaines spirituels et religieux, soulève un éventail complexe d'implications éthiques et morales. Ces implications sont cruciales, car elles touchent à la manière dont nous percevons et interagissons avec cette technologie en constante évolution.

L'un des principaux enjeux éthiques est le respect de la vie privée et de l'autonomie individuelle. Avec la capacité de l'IA à collecter, analyser et interpréter d'énormes quantités de données, il existe un risque réel que la vie privée des individus soit compromise. Dans un contexte religieux, cela pourrait signifier l'exposition de données personnelles sensibles liées aux croyances et pratiques spirituelles. Par conséquent, il est impératif que les systèmes d'IA soient conçus et utilisés de manière à protéger la confidentialité et à respecter le droit à la vie privée.

Un autre aspect éthique concerne la question de la justice et de l'équité. L'IA a le potentiel d'améliorer la vie de nombreuses personnes, mais elle peut également exacerber les inégalités existantes. Par exemple, si l'accès à des outils d'IA avancés est limité à certaines régions ou groupes socio-économiques, cela pourrait creuser le fossé entre les différentes strates de la société. Il est donc crucial de veiller à ce que les avantages de l'IA soient accessibles de manière équitable et inclusive.

La transparence et la responsabilité sont également des préoccupations éthiques majeures. Les utilisateurs d'IA, en particulier dans des contextes sensibles comme la religion, doivent comprendre comment les décisions sont prises par ces systèmes et qui est responsable en cas d'erreurs ou de préjudices. Cela implique une communication claire sur les mécanismes de l'IA et la mise en place de cadres de responsabilité pour les développeurs et les utilisateurs de ces technologies.

En outre, l'IA soulève des questions morales profondes sur la nature de l'humanité et notre relation avec la technologie. Dans quelle mesure devrions-nous permettre à l'IA d'intervenir dans nos vies spirituelles et religieuses ? Comment pouvons-nous garantir que l'utilisation de l'IA respecte les valeurs humaines fondamentales ? Ces questions nécessitent une réflexion approfondie et un dialogue continu entre technologues, leaders spirituels, éthiciens et la société dans son ensemble.

Enfin, l'IA dans le contexte spirituel et religieux doit être guidée par des principes éthiques qui respectent les diverses croyances et pratiques. Cela signifie développer et utiliser l'IA d'une manière qui soutient et enrichit les expériences spirituelles sans les dénaturer ou les remplacer.

En résumé, les implications éthiques et morales de l'IA sont vastes et multidimensionnelles. Elles exigent une approche équilibrée qui tient compte à la fois des avantages potentiels de l'IA et de la nécessité de protéger les valeurs humaines fondamentales. En abordant ces questions éthiques de manière réfléchie et responsable, nous pouvons nous assurer que l'IA sert l'humanité de manière positive et enrichissante.

5. Vision d'Avenir : IA et Transformation Spirituelle

L'avenir de l'intelligence artificielle dans le contexte de la transformation spirituelle est un sujet qui suscite à la fois de l'enthousiasme et de la réflexion. Cette vision d'avenir envisage un monde où l'IA ne se contente pas de coexister avec les pratiques spirituelles, mais les enrichit et les transforme de manière significative.

Dans cet avenir, l'IA pourrait devenir un outil puissant pour personnaliser et approfondir l'expérience spirituelle. Imaginez des systèmes d'IA capables de guider les individus à travers des méditations personnalisées, adaptées à leur état émotionnel et à leurs besoins spirituels. Ces systèmes pourraient offrir des réflexions et des enseignements adaptés à l'expérience de vie de chaque personne, rendant la pratique spirituelle plus pertinente et engageante.

Au-delà de la personnalisation, l'IA pourrait

jouer un rôle crucial dans la diffusion des enseignements spirituels. En analysant et en interprétant des textes sacrés avec une profondeur et une nuance inédites, l'IA pourrait aider à dévoiler de nouvelles perspectives et interprétations, rendant les enseignements anciens plus accessibles et compréhensibles pour le public moderne.

L'IA pourrait également faciliter une plus grande interconnexion entre les différentes communautés de foi. En utilisant des algorithmes pour identifier des thèmes et des valeurs communs entre différentes traditions, l'IA pourrait encourager un dialogue interreligieux plus riche et une compréhension mutuelle. Cela pourrait contribuer à briser les barrières et à construire des ponts entre les différentes croyances.

Cependant, cette vision d'avenir n'est pas sans défis. L'un des principaux enjeux sera de s'assurer que l'IA est utilisée de manière éthique et respectueuse, en harmonie avec les valeurs et les croyances de chaque tradition spirituelle. Il sera également crucial de maintenir un équilibre entre l'utilisation de la technologie et la préservation de l'aspect humain et personnel de la spiritualité.

En outre, cette vision d'avenir soulève des questions importantes sur la nature de la conscience et de l'existence. L'interaction entre l'humain et l'IA dans le domaine spirituel pourrait ouvrir de nouvelles voies de réflexion sur ce que signifie être humain et sur la place de la technologie dans notre quête de sens et de connexion.

En conclusion, la vision d'un avenir où l'IA enrichit et transforme la spiritualité est à la fois prometteuse et provocatrice. Elle offre des possibilités passionnantes pour l'approfondissement et l'élargissement des expériences spirituelles, tout en posant des questions fondamentales sur l'interaction entre la technologie, l'humanité et la spiritualité. En abordant ces questions avec prudence, réflexion et respect, nous pouvons nous diriger vers un avenir où l'IA sert à enrichir notre quête spirituelle de manière significative et positive.

6. Recommandations pour une Intégration Harmonieuse

L'intégration harmonieuse de l'intelligence artificielle dans les sphères spirituelles et religieuses nécessite une approche réfléchie et équilibrée. Pour y parvenir, plusieurs recommandations clés peuvent être envisagées, visant à assurer que l'IA enrichit la spiritualité sans compromettre les valeurs et principes fondamentaux.

Premièrement, il est essentiel de développer et d'appliquer des principes éthiques solides dans la création et l'utilisation de l'IA. Cela signifie que les développeurs d'IA doivent travailler en étroite collaboration avec les leaders spirituels et les éthiciens pour s'assurer que les technologies respectent la vie privée, l'autonomie et les croyances des utilisateurs. Les systèmes d'IA devraient être transparents dans leur fonctionnement et leurs décisions, et les utilisateurs devraient avoir un contrôle clair sur la manière dont leurs données sont utilisées.

Deuxièmement, il est important de promouvoir l'éducation et la sensibilisation à l'IA au sein des communautés de foi. Cela implique non seulement d'informer les fidèles sur les avantages et les risques de l'IA, mais aussi de les équiper pour interagir de manière critique et informée avec ces technologies. Des programmes éducatifs peuvent être mis en place pour enseigner les bases de l'IA, ainsi que pour explorer ses implications éthiques et spirituelles.

Troisièmement, l'accent devrait être mis sur la personnalisation respectueuse dans l'utilisation de l'IA. Les outils d'IA destinés à enrichir les pratiques spirituelles devraient être conçus pour s'adapter aux besoins et préférences individuels, tout en respectant les limites et les choix personnels. Cela permettrait aux individus de bénéficier des avantages de l'IA tout en conservant leur autonomie dans leur parcours spirituel.

Quatrièmement, il est crucial d'encourager le dialogue interdisciplinaire et la collaboration. Les développeurs d'IA, les leaders religieux, les fidèles et les chercheurs en sciences humaines et sociales devraient collaborer pour explorer les façons dont l'IA peut être intégrée de manière bénéfique dans les pratiques spirituelles. Ce dialogue peut aider à identifier des applications d'IA qui sont à la fois technologiquement avancées et profondément ancrées dans les valeurs spirituelles.

Enfin, il est important de reconnaître et de respecter la diversité des croyances et pratiques. L'IA dans le contexte spirituel devrait être inclusive et ne pas favoriser une tradition ou une croyance particulière. Cela implique une sensibilité et une ouverture aux différentes façons dont les individus vivent et expriment leur spiritualité.

En conclusion, une intégration harmonieuse de l'IA dans les domaines spirituels et religieux est possible en suivant ces recommandations. En mettant l'accent sur l'éthique, l'éducation, la personnalisation respectueuse, le dialogue interdisciplinaire et le respect de la diversité, l'IA peut devenir un outil précieux pour enrichir et approfondir l'expérience spirituelle dans notre monde en constante évolution.

7. Perspectives sur le Développement Responsable de l'IA

Le développement responsable de l'intelligence artificielle est un sujet de préoccupation croissante dans un monde où la technologie joue un rôle de plus en plus central. Pour que l'IA soit bénéfique et éthique, il est essentiel d'adopter une approche holistique et réfléchie dans son développement.

Tout d'abord, il est crucial de reconnaître que l'IA n'est pas une entité neutre ; elle reflète les valeurs, les biais et les intentions de ceux qui la créent. Par conséquent, une approche responsable du développement de l'IA implique une prise de conscience et une gestion active des biais potentiels. Cela signifie non seulement s'assurer que les données utilisées pour entraîner les algorithmes d'IA sont diversifiées et représentatives, mais aussi que les équipes de développement elles-mêmes sont diverses et sensibles aux différentes perspectives.

Ensuite, la transparence est un élément clé du développement responsable de l'IA. Les utilisateurs doivent comprendre comment les systèmes d'IA prennent des décisions, sur quelles données ils sont basés, et comment ils peuvent être affectés par ces décisions. Cela est particulièrement important dans des domaines tels que la santé, la justice et la finance, où les décisions prises par l'IA peuvent avoir des conséquences significatives sur la vie des gens.

Un autre aspect important est la collaboration entre les développeurs d'IA, les régulateurs, les éthiciens et le grand public. Le développement de l'IA ne doit pas être isolé dans les laboratoires de recherche ou les bureaux d'entreprise ; il doit impliquer un dialogue ouvert avec la société pour s'assurer que les technologies développées répondent aux besoins réels des gens et respectent les normes éthiques et morales.

De plus, il est essentiel de considérer l'impact à long terme de l'IA sur la société. Cela inclut non seulement les conséquences économiques, comme l'automatisation des emplois, mais aussi les impacts sociaux et psychologiques, tels que les effets sur la vie privée, la sécurité et le bien-être. Un développement responsable de l'IA doit anticiper et atténuer ces impacts négatifs, tout en maximisant les avantages potentiels.

Enfin, le développement responsable de l'IA doit être guidé par un engagement envers le bien-être humain et le respect de la dignité humaine. Cela signifie que l'IA doit être conçue pour compléter et améliorer les capacités humaines, plutôt que de les remplacer ou de les diminuer. L'objectif ultime doit être de créer des systèmes d'IA qui servent l'humanité, en soutenant et en enrichissant nos vies de manière éthique et durable.

En résumé, le développement responsable de l'IA nécessite une approche multidimensionnelle qui tient compte des implications techniques, éthiques, sociales et humaines. En adoptant cette approche, nous pouvons nous assurer que les technologies d'IA que nous développons aujourd'hui contribueront à un avenir meilleur et plus juste pour tous.

8. Rôle de l'IA dans le Renforcement des Communautés de Foi

L'intelligence artificielle a le potentiel de jouer un rôle significatif dans le renforcement des communautés de foi, offrant des outils innovants pour améliorer la communication, l'engagement et l'administration au sein de ces communautés. Cette intégration de l'IA peut transformer la manière dont les communautés interagissent, apprennent et se développent.

Un aspect clé de l'impact de l'IA sur les communautés de foi est sa capacité à faciliter une communication plus efficace. Des systèmes d'IA peuvent être utilisés pour diffuser des informations, partager des enseignements et organiser des événements. Par exemple, des newsletters automatisées et des plateformes de médias sociaux alimentées par l'IA peuvent aider à maintenir les membres de la communauté informés et engagés, même lorsqu'ils ne peuvent pas être physiquement présents.

L'IA peut également enrichir l'éducation et l'apprentissage au sein des communautés de foi. Des programmes d'apprentissage automatisés et personnalisés peuvent aider les membres de la communauté à explorer leur foi à leur propre rythme, en fournissant des ressources adaptées à leurs intérêts et à leur niveau de compréhension. De plus, l'IA peut offrir des analyses approfondies de textes sacrés, rendant les enseignements plus accessibles et compréhensibles pour un public plus large.

En outre, l'IA a le potentiel d'améliorer la gestion et l'administration des communautés de foi. Des systèmes intelligents peuvent aider à gérer les dons, à organiser des bénévoles et à planifier des événements, réduisant ainsi la charge de travail administrative et permettant aux leaders de la communauté de se concentrer davantage sur le service pastoral et spirituel.

L'IA peut également jouer un rôle dans la création de liens entre différentes communautés de foi. En analysant des données sur les croyances, les pratiques et les valeurs, l'IA peut identifier des points communs et des opportunités de dialogue interreligieux. Cela peut favoriser une meilleure compréhension et un respect mutuel entre différentes traditions.

Cependant, l'utilisation de l'IA dans les communautés de foi doit être abordée avec prudence et sensibilité. Il est essentiel de s'assurer que l'IA est utilisée d'une manière qui respecte les croyances et les pratiques de la communauté, et qu'elle ne remplace pas les interactions humaines essentielles qui sont au cœur de l'expérience spirituelle.

En conclusion, l'IA offre de nombreuses possibilités pour renforcer les communautés de foi, en améliorant la communication, l'éducation, la gestion et le dialogue interreligieux. En adoptant l'IA de manière réfléchie et éthique, les communautés de foi peuvent utiliser ces technologies pour enrichir leurs expériences spirituelles et renforcer leurs liens communautaires.

9. Conclusion et Appel à l'Action

En conclusion, l'exploration de l'intelligence artificielle dans le contexte de la spiritualité et de la religion nous a conduit à travers un paysage complexe et fascinant, où la technologie et la foi se croisent de manière inédite. Nous avons vu comment l'IA peut enrichir les pratiques spirituelles, défier nos perspectives éthiques, et ouvrir de nouvelles voies pour le renforcement des communautés de foi. Cependant, cette exploration soulève également des questions cruciales et des défis importants qui nécessitent une attention et une action concertées.

L'appel à l'action est clair : il est impératif que nous avancions dans cette ère de l'IA avec prudence, conscience et responsabilité. Les développeurs d'IA, les leaders religieux, les éducateurs, les éthiciens et les fidèles doivent collaborer pour s'assurer que l'IA est développée et utilisée de manière à respecter et à enrichir la vie spirituelle et religieuse. Cette collaboration doit être guidée par des principes éthiques solides, une sensibilité aux diverses traditions et croyances, et un engagement envers le bien-être de l'humanité.

Nous devons également nous engager dans

un dialogue continu et ouvert sur l'IA et la spiritualité. Ce dialogue doit inclure non seulement les experts en technologie et en théologie, mais aussi le grand public. Il est essentiel de créer des espaces où les gens peuvent apprendre, poser des questions et exprimer leurs préoccupations concernant l'impact de l'IA sur leur vie spirituelle et religieuse.

En outre, il est crucial de promouvoir l'éducation et la sensibilisation à l'IA dans les communautés de foi. Cela implique non seulement d'enseigner les bases de l'IA, mais aussi d'explorer ses implications éthiques, spirituelles et sociales. Une compréhension approfondie de l'IA permettra aux individus de s'engager avec cette technologie de manière informée et réfléchie.

Enfin, nous devons reconnaître et embrasser les opportunités offertes par l'IA pour le renforcement des communautés de foi et l'enrichissement des expériences spirituelles. En même temps, nous devons être vigilants pour prévenir et atténuer les risques potentiels associés à l'utilisation de l'IA dans des contextes religieux.

En somme, l'avenir de l'IA dans le domaine de la spiritualité et de la religion est plein de potentiel, mais il exige de nous une approche réfléchie et équilibrée. En travaillant ensemble, en partageant nos connaissances et en restant ouverts aux perspectives des autres, nous pouvons naviguer dans ce nouveau territoire de manière qui respecte nos valeurs les plus profondes et qui enrichit notre expérience collective de la foi et de la spiritualité.

Réflexions finales sur l'IA et la religion

1. Synthèse des Impacts de l'IA sur les Traditions Religieuses

La révolution de l'intelligence artificielle a eu un impact profond et diversifié sur les traditions religieuses, marquant un tournant significatif dans la manière dont la foi et la pratique spirituelle sont vécues et exprimées. Cette synthèse explore les multiples façons dont l'IA a influencé les traditions religieuses, révélant à la fois des défis et des opportunités.

L'un des impacts les plus notables de l'IA sur les traditions religieuses est la transformation des pratiques de culte et de méditation. L'IA, avec ses applications personnalisées et ses interfaces interactives, a offert de nouvelles méthodes pour l'engagement spirituel. Des programmes d'IA conçus pour guider les méditations ou interpréter les textes sacrés ont permis aux fidèles d'accéder à des expériences spirituelles plus profondes et personnalisées, adaptées à leurs besoins individuels.

En outre, l'IA a joué un rôle crucial dans l'élargissement de l'accès à l'enseignement religieux. Grâce à des plateformes en ligne alimentées par l'IA, les enseignements et les discours spirituels sont devenus plus accessibles, permettant aux personnes de différentes régions et milieux de participer à des études religieuses et à des discussions. Cette démocratisation de l'accès à l'information religieuse a contribué à une plus grande diffusion des connaissances et à une meilleure compréhension interreligieuse.

Cependant, l'intégration de l'IA dans les traditions religieuses n'est pas sans défis. L'un des principaux enjeux est le maintien de l'authenticité et de la signification personnelle dans les pratiques religieuses. Alors que l'IA offre des facilités et des commodités, il existe une préoccupation concernant la perte potentielle de l'aspect humain et communautaire qui est central dans de nombreuses traditions religieuses.

De plus, l'IA a soulevé des questions éthiques importantes au sein des communautés religieuses. Les implications de l'utilisation de données personnelles, la gestion des systèmes d'IA et leur conformité avec les principes religieux sont des sujets de débat et de réflexion. Ces questions éthiques exigent une attention particulière pour s'assurer que l'utilisation de l'IA respecte les croyances et les valeurs des fidèles.

En conclusion, l'impact de l'IA sur les traditions religieuses est à la fois enrichissant et complexe. Alors que l'IA offre des opportunités pour renouveler et enrichir les pratiques spirituelles, elle pose également des défis éthiques et existentiels. Naviguer dans cet espace nécessite une réflexion approfondie, un dialogue ouvert et une collaboration entre les technologues, les leaders religieux et les communautés de foi. En abordant ces défis de manière réfléchie et en exploitant les opportunités offertes par l'IA, les traditions religieuses peuvent évoluer de manière à rester pertinentes et significatives dans un monde en constante évolution technologique.

2. Évaluation des Changements Apportés par l'IA dans la Pratique Spirituelle

L'introduction de l'intelligence artificielle dans la pratique spirituelle a entraîné des changements significatifs, redéfinissant les façons dont les individus et les communautés engagent leur foi et leurs rituels. Cette évaluation vise à explorer l'ampleur et la nature de ces changements, en mettant en lumière à la fois les avancées positives et les défis potentiels.

L'un des changements les plus remarquables est la personnalisation des pratiques spirituelles. Grâce à l'IA, les fidèles peuvent désormais accéder à des expériences de méditation, de prière ou d'étude des textes sacrés qui sont adaptées à leurs besoins et préférences personnels. Cette personnalisation a permis une approche plus intime et profonde de la spiritualité, rendant les pratiques plus pertinentes et engageantes pour l'individu.

En outre, l'IA a facilité une plus grande accessibilité aux enseignements et aux ressources spirituelles. Les applications et plateformes en ligne alimentées par l'IA ont rendu les textes sacrés, les discours et les guides spirituels plus accessibles, en particulier pour ceux qui sont éloignés géographiquement ou qui ont des limitations physiques. Cette accessibilité accrue a contribué à élargir la portée de l'enseignement spirituel, touchant un public plus large et plus diversifié.

Cependant, ces changements ne sont pas sans défis. L'un des principaux enjeux est de maintenir l'authenticité et la connexion communautaire dans les pratiques spirituelles. Bien que l'IA offre commodité et efficacité, il existe une crainte que la dépendance excessive à la technologie puisse éroder l'aspect communautaire et la richesse des interactions humaines qui sont souvent au cœur des expériences spirituelles.

De plus, l'intégration de l'IA dans la pratique spirituelle soulève des questions éthiques importantes. Les préoccupations concernant la confidentialité des données, l'interprétation correcte des textes sacrés par les algorithmes, et le respect des diverses traditions et croyances sont cruciales. Il est essentiel que l'utilisation de l'IA dans le contexte spirituel soit guidée par des principes éthiques rigoureux et une sensibilité aux diverses perspectives religieuses.

En conclusion, l'évaluation des changements apportés par l'IA dans la pratique spirituelle révèle un paysage complexe. Alors que l'IA offre des opportunités pour enrichir et personnaliser l'expérience spirituelle, elle présente également des défis qui nécessitent une réflexion et une approche prudentes. Il est impératif de trouver un équilibre entre l'adoption de nouvelles technologies et la préservation des éléments essentiels qui rendent la pratique spirituelle significative et authentique. En abordant ces défis avec sensibilité et en exploitant judicieusement les capacités de l'IA, il est possible de naviguer vers un avenir où la technologie et la spiritualité se complètent harmonieusement.

3. Considérations Éthiques et Morales Futures

À mesure que l'intelligence artificielle continue de s'intégrer dans notre vie quotidienne, y compris dans les domaines spirituels et religieux, les considérations éthiques et morales futures prennent une importance croissante. Ces considérations sont essentielles pour guider le développement et l'utilisation responsables de l'IA, en veillant à ce qu'elle serve l'humanité de manière positive et éthique.

Un aspect crucial des considérations éthiques

futures est la question de la vie privée et de la sécurité des données. Avec l'IA collectant et analysant des quantités massives d'informations, y compris des données sensibles liées aux croyances et pratiques personnelles, il est impératif de garantir la confidentialité et la protection de ces données. Cela implique de développer des systèmes d'IA qui sont non seulement sécurisés, mais aussi transparents quant à leur utilisation des données.

En outre, les implications morales de l'IA dans la prise de décision soulèvent des questions importantes. Alors que l'IA est de plus en plus utilisée pour aider ou même prendre des décisions dans des domaines tels que la santé, la justice et l'éducation, il est crucial de s'assurer que ces systèmes sont justes, impartiaux et respectueux des droits humains. Cela nécessite une attention constante pour éviter les biais algorithmiques et garantir que l'IA agit de manière équitable et éthique.

La question de l'autonomie humaine face à l'IA est également une considération éthique majeure. Alors que l'IA devient plus avancée, il est essentiel de maintenir un équilibre entre l'utilisation de la technologie pour améliorer la vie humaine et le risque de diminuer l'autonomie et l'indépendance des individus. Cela implique de veiller à ce que l'IA soit utilisée comme un outil pour soutenir, et non remplacer, les capacités humaines et les prises de décisions.

Par ailleurs, l'impact social et culturel de l'IA est une préoccupation éthique et morale de premier plan. Il est important de reconnaître et de respecter la diversité culturelle et religieuse dans le développement de l'IA, en évitant d'imposer une vision ou une pratique unique. Cela implique de travailler avec des communautés diverses pour comprendre leurs besoins et leurs valeurs, et de développer des systèmes d'IA qui sont inclusifs et sensibles à cette diversité.

Enfin, il est essentiel de promouvoir une réflexion éthique continue et un dialogue ouvert sur l'IA. Cela signifie impliquer non seulement les développeurs et les utilisateurs d'IA, mais aussi les philosophes, les éthiciens, les leaders religieux et le grand public dans des discussions sur l'avenir de l'IA et son impact sur la société.

En conclusion, les considérations éthiques et morales futures concernant l'IA sont vastes et complexes. Elles nécessitent une approche multidisciplinaire et collaborative pour s'assurer que l'IA est développée et utilisée de manière à respecter et à améliorer la dignité humaine, la justice et le bien-être. En abordant ces questions avec prudence et réflexion, nous pouvons naviguer vers un avenir où l'IA contribue positivement à la société tout en respectant nos valeurs éthiques et morales fondamentales.

4. Rôle de la Communauté Religieuse dans le Développement de l'IA

Le rôle des communautés religieuses dans le développement de l'intelligence artificielle est un aspect crucial mais souvent sous-estimé dans le dialogue entre technologie et spiritualité. Les communautés religieuses, avec leurs perspectives uniques et leurs valeurs profondément enracinées, peuvent jouer un rôle significatif dans la formation d'une IA qui est non seulement technologiquement avancée, mais aussi éthiquement responsable et socialement bénéfique.

Tout d'abord, les communautés religieuses peuvent apporter une contribution essentielle en matière d'éthique et de valeurs morales. Les traditions religieuses offrent des siècles de réflexion sur des questions de justice, de compassion, de dignité humaine et de responsabilité morale. En intégrant ces valeurs dans le développement de l'IA, les communautés religieuses peuvent aider à orienter la technologie vers des applications qui respectent et améliorent la condition humaine.

Ensuite, les communautés religieuses peuvent servir de voix critique dans le débat sur l'IA, en posant des questions importantes sur l'impact de la technologie sur la société. Elles peuvent soulever des préoccupations concernant les implications de l'IA sur la vie privée, l'autonomie, l'équité et l'inclusion sociale. En participant activement à ces discussions, les communautés religieuses peuvent aider à garantir que les préoccupations éthiques et sociales ne sont pas négligées dans la course à l'innovation technologique.

De plus, les communautés religieuses peuvent jouer un rôle dans l'éducation et la sensibilisation à l'IA. En informant leurs membres sur les avantages et les risques de l'IA, elles peuvent encourager une approche plus réfléchie et informée de la technologie. Cela peut inclure l'organisation de forums, de conférences et de groupes de discussion où les fidèles peuvent apprendre sur l'IA et discuter de ses implications dans un contexte spirituel et éthique.

Par ailleurs, les communautés religieuses peuvent collaborer avec des chercheurs et des développeurs d'IA pour créer des technologies qui répondent aux besoins spécifiques des communautés de foi. Par exemple, elles peuvent contribuer au développement d'applications d'IA qui soutiennent les pratiques religieuses, l'éducation spirituelle ou la gestion communautaire, tout en respectant les principes et les croyances religieuses.

Enfin, les communautés religieuses peuvent agir comme des modèles dans l'adoption responsable de l'IA. En utilisant l'IA de manière éthique et réfléchie dans leurs propres opérations et activités, elles peuvent montrer comment la technologie peut être intégrée de manière bénéfique dans divers aspects de la vie sociale et spirituelle.

En conclusion, le rôle des communautés religieuses dans le développement de l'IA est à la fois vital et multidimensionnel. En apportant leurs perspectives éthiques, en participant au dialogue public, en éduquant leurs membres, en collaborant avec les développeurs d'IA et en adoptant la technologie de manière responsable, les communautés religieuses peuvent contribuer de manière significative à façonner un avenir où l'IA est utilisée au service du bien commun et en harmonie avec les valeurs spirituelles et morales.

5. Défis et Opportunités pour les Leaders Spirituels

L'avènement de l'intelligence artificielle présente à la fois des défis et des opportunités uniques pour les leaders spirituels. Ces défis et opportunités redéfinissent le rôle des leaders religieux dans un monde de plus en plus influencé par la technologie.

Un des défis majeurs est de comprendre et d'intégrer l'IA dans le contexte religieux. Les leaders spirituels sont confrontés à la tâche de se familiariser avec une technologie qui peut sembler éloignée de leur domaine d'expertise traditionnel. Cela nécessite non seulement une compréhension de base de ce qu'est l'IA et de son fonctionnement, mais aussi une réflexion sur la manière dont elle peut influencer les pratiques religieuses et spirituelles.

En parallèle, il existe une opportunité pour

les leaders spirituels d'utiliser l'IA comme un outil pour enrichir l'expérience religieuse. L'IA peut aider à personnaliser l'enseignement religieux, à faciliter la gestion des communautés de foi et à offrir de nouvelles perspectives sur l'interprétation des textes sacrés. Les leaders peuvent guider leur communauté dans l'utilisation éthique et significative de ces technologies.

Un autre défi est de naviguer dans les questions éthiques soulevées par l'IA. Les leaders spirituels sont souvent considérés comme des guides moraux, et l'IA pose des questions complexes en matière de vie privée, d'équité et de moralité. Les leaders sont donc appelés à réfléchir et à s'exprimer sur ces questions, en fournissant une orientation éthique dans un domaine en évolution rapide.

Cependant, cela offre également une opportunité de leadership éthique. Les leaders spirituels peuvent jouer un rôle clé dans le façonnement des normes éthiques autour de l'IA, en s'assurant que le développement et l'utilisation de ces technologies sont alignés avec les valeurs morales et spirituelles. Ils peuvent être des voix influentes dans le débat public sur l'IA, en représentant les préoccupations et les aspirations de leurs communautés.

En outre, l'IA offre aux leaders spirituels de nouvelles voies pour engager et connecter leurs communautés. Avec des outils en ligne et des plateformes alimentées par l'IA, ils peuvent atteindre un public plus large, offrant enseignement et soutien spirituel au-delà des limites géographiques traditionnelles. Cela ouvre des possibilités pour une plus grande interconnexion et un partage entre différentes communautés de foi.

En conclusion, les leaders spirituels sont confrontés à des défis uniques mais aussi à des opportunités significatives dans l'ère de l'IA. En s'engageant activement avec cette technologie, en abordant les questions éthiques qu'elle soulève, et en utilisant ses capacités pour enrichir et étendre leur mission, ils peuvent jouer un rôle crucial dans la navigation de leur communauté à travers le paysage en évolution de la foi et de la spiritualité à l'ère numérique.

6. Perspectives d'Avenir pour l'IA et la Spiritualité

L'avenir de l'intelligence artificielle et de la spiritualité s'annonce comme un terrain fertile pour l'innovation et la croissance, où la technologie et la foi peuvent se rencontrer pour créer de nouvelles dimensions dans la pratique spirituelle et religieuse. Cette perspective d'avenir envisage un monde où l'IA ne se contente pas de coexister avec les traditions spirituelles, mais les enrichit et les transforme de manière significative.

L'une des perspectives les plus prometteuses

est l'utilisation de l'IA pour personnaliser et approfondir l'expérience spirituelle. Imaginez des systèmes d'IA capables de guider les individus à travers des méditations personnalisées, adaptées à leur état émotionnel et à leurs besoins spirituels. Ces systèmes pourraient offrir des réflexions et des enseignements adaptés à l'expérience de vie de chaque personne, rendant la pratique spirituelle plus pertinente et engageante.

En outre, l'IA a le potentiel de faciliter une plus grande accessibilité aux enseignements et aux ressources spirituelles. Les applications et plateformes en ligne alimentées par l'IA ont rendu les textes sacrés, les discours et les guides spirituels plus accessibles, en particulier pour ceux qui sont éloignés géographiquement ou qui ont des limitations physiques. Cette accessibilité accrue a contribué à élargir la portée de l'enseignement spirituel, touchant un public plus large et plus diversifié.

Cependant, ces changements ne sont pas sans défis. L'un des principaux enjeux est de maintenir l'authenticité et la connexion communautaire dans les pratiques spirituelles. Bien que l'IA offre commodité et efficacité, il existe une crainte que la dépendance excessive à la technologie puisse éroder l'aspect communautaire et la richesse des interactions humaines qui sont souvent au cœur des expériences spirituelles.

De plus, l'intégration de l'IA dans la pratique spirituelle soulève des questions éthiques importantes. Les préoccupations concernant la confidentialité des données, l'interprétation correcte des textes sacrés par les algorithmes, et le respect des diverses traditions et croyances sont cruciales. Il est essentiel que l'utilisation de l'IA dans le contexte spirituel soit guidée par des principes éthiques rigoureux et une sensibilité aux diverses perspectives religieuses.

En conclusion, l'évaluation des changements apportés par l'IA dans la pratique spirituelle révèle un paysage complexe. Alors que l'IA offre des opportunités pour enrichir et personnaliser l'expérience spirituelle, elle présente également des défis qui nécessitent une réflexion et une approche prudentes. Il est impératif de trouver un équilibre entre l'adoption de nouvelles technologies et la préservation des éléments essentiels qui rendent la pratique spirituelle significative et authentique. En abordant ces défis avec sensibilité et en exploitant judicieusement les capacités de l'IA, il est possible de naviguer vers un avenir où la technologie et la spiritualité se complètent harmonieusement.

7. Appel à une Collaboration Interdisciplinaire

L'intégration de l'intelligence artificielle dans les domaines de la spiritualité et de la religion appelle à une collaboration interdisciplinaire, unissant les efforts des technologues, des leaders spirituels, des éthiciens, des sociologues et d'autres experts. Cette collaboration est essentielle pour naviguer dans les complexités et les nuances de l'IA dans un contexte spirituel, garantissant que son développement et son utilisation servent le bien-être de l'humanité tout en respectant les diverses croyances et pratiques.

Les technologues et les ingénieurs, en tant que créateurs de l'IA, jouent un rôle crucial dans cette collaboration. Ils apportent une expertise technique indispensable, mais ont également besoin de comprendre les implications éthiques, sociales et spirituelles de leur travail. En collaborant avec des experts en spiritualité et en éthique, ils peuvent développer des technologies qui sont non seulement avancées, mais aussi sensibles aux besoins et aux valeurs des utilisateurs.

Les leaders spirituels et religieux, quant à eux, apportent une compréhension profonde des traditions, des pratiques et des valeurs spirituelles. Leur participation est vitale pour s'assurer que l'IA est développée et utilisée d'une manière qui respecte et enrichit la vie spirituelle. Ils peuvent également jouer un rôle clé dans l'éducation de leurs communautés sur l'IA, en aidant les fidèles à comprendre et à interagir avec cette technologie de manière éclairée et réfléchie.

Les éthiciens et les philosophes apportent une perspective critique sur les implications morales de l'IA. Ils peuvent aider à identifier et à naviguer dans les questions éthiques complexes qui émergent lorsque la technologie rencontre la spiritualité. Leur expertise est essentielle pour développer des cadres éthiques qui guident le développement et l'utilisation responsables de l'IA.

Les sociologues et les anthropologues, avec leur compréhension des dynamiques sociales et culturelles, peuvent fournir des insights sur la manière dont l'IA affecte les communautés et les interactions humaines. Leur perspective est cruciale pour comprendre et atténuer les impacts sociaux de l'IA, en s'assurant qu'elle soutient et renforce les communautés plutôt que de les diviser ou de les affaiblir.

En conclusion, un appel à une collaboration interdisciplinaire est non seulement souhaitable mais nécessaire pour le développement et l'utilisation éthiques de l'IA dans le contexte spirituel et religieux. En rassemblant diverses expertises et perspectives, nous pouvons créer une IA qui respecte et enrichit la diversité des expériences humaines, tout en naviguant avec prudence dans les défis éthiques et moraux qu'elle présente. Cette collaboration interdisciplinaire est la clé pour réaliser le potentiel de l'IA en tant que force positive et enrichissante dans le domaine de la spiritualité et de la religion.

8. Vision Proactive pour l'Intégration de l'IA dans la Religion

La vision proactive pour l'intégration de l'intelligence artificielle dans la religion envisage un avenir où la technologie et la foi se conjuguent harmonieusement, créant de nouvelles avenues pour l'expression et l'expérience spirituelles. Cette vision implique une approche proactive et réfléchie, où l'IA est utilisée non seulement pour améliorer les pratiques religieuses existantes, mais aussi pour ouvrir de nouveaux horizons de compréhension et de connexion spirituelle.

Au cœur de cette vision se trouve l'idée que l'IA peut enrichir la pratique religieuse en offrant des expériences personnalisées et en approfondissant l'engagement spirituel. Par exemple, des applications d'IA pourraient être conçues pour aider les fidèles à méditer, à étudier les textes sacrés ou à participer à des rituels de manière plus significative. Ces outils pourraient adapter leurs recommandations aux besoins et préférences individuels, rendant la pratique religieuse plus accessible et pertinente pour chacun.

En outre, cette vision proactive reconnaît le potentiel de l'IA pour faciliter une meilleure compréhension et un dialogue interreligieux. En analysant et en comparant les enseignements de différentes traditions, l'IA pourrait aider à identifier des thèmes communs et à encourager des discussions respectueuses entre différentes croyances. Cela pourrait contribuer à une plus grande harmonie et compréhension mutuelle dans un monde diversifié sur le plan religieux.

Cependant, une telle intégration nécessite une attention particulière aux implications éthiques et morales. Il est essentiel que le développement de l'IA dans le contexte religieux soit guidé par des principes éthiques solides, en veillant à respecter la dignité et les croyances de tous les individus. Les leaders religieux, en collaboration avec les développeurs d'IA, doivent veiller à ce que la technologie soit utilisée de manière éthique et responsable.

De plus, cette vision proactive implique une éducation continue sur l'IA au sein des communautés religieuses. En informant les fidèles sur les avantages, les risques et les possibilités offertes par l'IA, les leaders religieux peuvent les aider à naviguer dans ce paysage technologique en évolution avec confiance et discernement.

En conclusion, une vision proactive pour l'intégration de l'IA dans la religion offre un avenir prometteur, où la technologie enrichit la pratique et la compréhension religieuses. En abordant les défis éthiques, en favorisant le dialogue interreligieux et en éduquant les communautés sur l'IA, cette vision peut être réalisée de manière à respecter et à valoriser la diversité des expériences spirituelles et religieuses.

9. Conclusion : Vers un Avenir Conscient et Équilibré

Alors que nous nous dirigeons vers un avenir où l'intelligence artificielle devient de plus en plus intégrée dans tous les aspects de la vie, y compris dans le domaine de la spiritualité et de la religion, il est impératif de progresser avec une conscience et un équilibre accrus. Cette conclusion souligne l'importance de naviguer dans l'ère de l'IA avec une vision qui respecte à la fois les avancées technologiques et les valeurs humaines fondamentales.

L'avenir conscient et équilibré que nous envisageons est un où l'IA est utilisée non pas pour remplacer les interactions humaines et spirituelles, mais pour les enrichir et les compléter. Dans ce futur, l'IA sert de pont pour approfondir la compréhension, élargir l'accès à l'éducation spirituelle et faciliter la gestion des communautés de foi. Cependant, cela doit être fait tout en préservant l'essence des traditions et des pratiques religieuses, en veillant à ce que la technologie ne dénature pas l'expérience spirituelle authentique.

Pour atteindre cet équilibre, il est crucial de maintenir un dialogue ouvert entre les développeurs d'IA, les leaders spirituels, les fidèles et les experts en éthique. Ce dialogue doit se concentrer sur la manière dont l'IA peut être développée et utilisée de manière responsable, en tenant compte des implications éthiques, sociales et spirituelles. L'éducation et la sensibilisation autour de l'IA au sein des communautés religieuses joueront également un rôle clé dans la préparation des individus à interagir avec cette technologie de manière informée et réfléchie.

En outre, il est essentiel de reconnaître et de respecter la diversité des croyances et des pratiques religieuses dans le développement de l'IA. En adoptant une approche inclusive, nous pouvons nous assurer que l'IA sert une variété de communautés de foi, respectant et valorisant leurs traditions uniques.

En conclusion, notre marche vers un avenir où l'IA et la spiritualité coexistent harmonieusement exige une approche équilibrée, qui reconnaît les avantages potentiels de la technologie tout en restant ancrée dans les principes éthiques et moraux. En abordant les défis avec prudence et en exploitant les opportunités avec sagesse, nous pouvons naviguer vers un avenir où l'IA enrichit la vie spirituelle et religieuse, tout en préservant l'humanité et la profondeur de nos expériences spirituelles.

ANNEXES

Glossaire des Termes Techniques et Religieux

Intelligence Artificielle : Un domaine de l'informatique qui crée des systèmes capables de réaliser des tâches qui nécessitent normalement l'intelligence humaine, comme la prise de décision, la reconnaissance de la parole, l'apprentissage et la résolution de problèmes.

Algorithmes : Des procédures ou des formules pour résoudre un problème, souvent utilisées par les systèmes d'IA pour effectuer des tâches complexes.

Apprentissage automatique : Une branche de l'IA qui permet aux machines d'apprendre et de s'améliorer à partir de l'expérience sans être explicitement programmées.

Réseaux neuronaux : Des modèles informatiques inspirés du cerveau humain, utilisés en IA pour simuler la manière dont les humains apprennent et traitent l'information.

Big Data : De grands ensembles de données complexes qui peuvent être analysés par des technologies d'IA pour révéler des tendances, des modèles et des associations.

Éthique de l'IA : Les principes moraux et les pratiques guidant le développement et l'utilisation responsables de l'IA.

Spiritualité : L'expérience ou la croyance en une connexion avec quelque chose de plus grand que soi, souvent exprimée à travers des pratiques religieuses ou de méditation.

Doctrine : Un ensemble de croyances ou de principes enseignés et acceptés au sein d'une tradition religieuse.

Théologie : L'étude de la nature de Dieu, de la religion et des croyances spirituelles.

Méditation : Une pratique visant à entraîner l'attention et la conscience, souvent utilisée dans diverses traditions religieuses pour la croissance spirituelle.

Rituel : Un ensemble de cérémonies ou d'actions effectuées selon un ordre établi, souvent dans un contexte religieux.

Écritures : Les textes sacrés ou les écrits considérés comme autoritaires dans les différentes traditions religieuses.

Interreligieux : Se rapportant à, ou impliquant, des pratiques ou des croyances de plus d'une religion.

Mysticisme : La croyance en l'expérience directe ou intuitive du divin ou de la vérité spirituelle, au-delà de la compréhension intellectuelle.

Ce glossaire vise à fournir aux lecteurs une

compréhension de base des termes techniques et religieux utilisés tout au long du livre, facilitant ainsi une meilleure appréciation des sujets abordés.

Études de Cas Approfondies

1. **L'IA dans la Prédication et l'Enseignement Chrétien : Un Cas de Transformation Numérique**

L'intégration de l'intelligence artificielle dans la prédication et l'enseignement chrétien représente un exemple fascinant de la manière dont la technologie peut transformer les pratiques traditionnelles. Cette étude de cas explore comment l'IA a été adoptée dans divers contextes chrétiens, offrant de nouvelles perspectives et méthodes pour la diffusion des enseignements et la communication de la foi.

Personnalisation des Enseignements : L'un des aspects les plus notables de l'utilisation de l'IA dans l'enseignement chrétien est la capacité de personnaliser les messages et les leçons pour les fidèles. Des algorithmes d'IA analysent les préférences et les besoins des individus pour fournir des contenus adaptés, qu'il s'agisse de lectures bibliques, de méditations ou de sermons. Cette approche personnalisée permet aux fidèles de se connecter plus profondément avec les enseignements, en trouvant des messages qui résonnent avec leurs expériences et leurs défis personnels.

Analyse des Textes Sacrés : L'IA a également été utilisée pour analyser et interpréter les textes sacrés. En utilisant des techniques avancées de traitement du langage naturel, l'IA peut aider à dégager de nouvelles compréhensions des Écritures, en mettant en lumière des thèmes, des motifs et des connexions qui pourraient être difficiles à saisir par des méthodes d'étude traditionnelles. Cette approche enrichit l'étude biblique et offre aux prédicateurs et aux enseignants des ressources supplémentaires pour approfondir leur enseignement.

Engagement des Jeunes : L'IA a joué un rôle clé dans l'engagement des jeunes générations dans l'Église. En utilisant des plateformes et des applications qui intègrent l'IA, les églises ont pu communiquer avec les jeunes fidèles dans un langage et un format qui leur sont familiers. Cela a permis de rendre la foi chrétienne plus accessible et attrayante pour les jeunes, en utilisant la technologie pour créer des expériences d'apprentissage interactives et engageantes.

Gestion Communautaire : Au-delà de l'enseignement, l'IA a été utilisée pour améliorer la gestion des communautés chrétiennes. Des systèmes intelligents aident à organiser des événements, à gérer les dons et à faciliter la communication au sein de la communauté. Cette efficacité accrue permet aux leaders religieux de se concentrer davantage sur le ministère pastoral et moins sur les tâches administratives.

Défis Éthiques et Préoccupations : Cependant, l'utilisation de l'IA dans la prédication et l'enseignement chrétien n'est pas sans défis. Des questions éthiques se posent concernant la confidentialité des données, la dépendance excessive à la technologie et la préservation de l'authenticité dans la communication de la foi. Il est crucial que l'utilisation de l'IA dans les contextes religieux soit guidée par des principes éthiques solides et une réflexion approfondie sur son impact sur la communauté.

En conclusion, l'IA dans la prédication et l'enseignement chrétien offre un exemple éloquent de la transformation numérique dans le domaine religieux. En adoptant la technologie de manière réfléchie et responsable, les églises peuvent utiliser l'IA pour enrichir l'expérience spirituelle, tout en restant fidèles aux valeurs fondamentales de la foi chrétienne.

2. Méditation et Mindfulness : L'Impact de l'IA sur les Pratiques Bouddhistes

L'intégration de l'intelligence artificielle dans les pratiques de méditation et de mindfulness (pleine conscience) bouddhistes représente un domaine d'innovation fascinant, où la technologie rencontre la spiritualité ancienne. Cette étude de cas explore comment l'IA influence et transforme les pratiques bouddhistes de méditation, offrant de nouvelles perspectives et méthodes pour la croissance spirituelle et le bien-être personnel.

Applications de Méditation Assistée par IA : L'une des contributions les plus significatives de l'IA aux pratiques bouddhistes est le développement d'applications de méditation assistée par IA. Ces applications utilisent des algorithmes pour guider les utilisateurs à travers des séances de méditation personnalisées, adaptées à leur état émotionnel actuel et à leurs objectifs de pratique. Elles peuvent offrir des conseils sur la respiration, la pleine conscience et la concentration, rendant la méditation plus accessible, surtout pour les débutants.

Analyse des États Émotionnels et Physiologiques : Les technologies d'IA, en particulier celles liées à la reconnaissance des émotions et au suivi biophysique, peuvent jouer un rôle crucial dans l'amélioration de la pratique de la mindfulness. En analysant les données physiologiques et émotionnelles des utilisateurs, l'IA peut fournir des retours personnalisés, aidant les pratiquants à comprendre et à réguler leurs états mentaux et émotionnels de manière plus efficace.

Enrichissement de l'Enseignement Bouddhiste : L'IA a également été utilisée pour enrichir l'enseignement bouddhiste. Par exemple, l'analyse de texte par IA peut aider à interpréter et à contextualiser les enseignements bouddhistes, rendant les textes anciens plus accessibles et compréhensibles pour les pratiquants modernes. Cela peut ouvrir de nouvelles voies pour l'étude et la compréhension des principes bouddhistes.

Défis et Préoccupations Éthiques : Cependant, l'intégration de l'IA dans les pratiques bouddhistes n'est pas sans défis. Des questions éthiques se posent concernant la dépendance à la technologie dans une pratique traditionnellement axée sur l'introspection et l'autonomie. De plus, la confidentialité des données personnelles et la sécurité des informations des utilisateurs sont des préoccupations majeures, surtout lorsque des données sensibles sont impliquées.

Impact sur la Communauté Bouddhiste : L'IA a le potentiel de renforcer la communauté bouddhiste en facilitant la connexion et le partage entre les pratiquants. Des plateformes en ligne alimentées par l'IA peuvent permettre aux communautés bouddhistes de se réunir pour des séances de méditation virtuelles, des discussions et des enseignements, transcendant les barrières géographiques.

En conclusion, l'impact de l'IA sur les pratiques bouddhistes de méditation et de mindfulness est à la fois prometteur et complexe. En adoptant l'IA de manière réfléchie et éthique, les pratiquants bouddhistes peuvent bénéficier d'outils innovants pour améliorer leur pratique, tout en restant fidèles aux principes fondamentaux de mindfulness et de méditation. Cette convergence de l'ancien et du nouveau offre une voie passionnante pour l'évolution des pratiques spirituelles à l'ère numérique.

3. L'IA et le Judaïsme : Analyse des Textes Sacrés et Engagement Communautaire

L'intégration de l'intelligence artificielle dans le judaïsme, en particulier dans l'analyse des textes sacrés et l'engagement communautaire, représente un domaine d'innovation remarquable. Cette étude de cas explore comment l'IA est utilisée pour enrichir la compréhension des textes sacrés juifs et pour renforcer les communautés juives à travers le monde.

Analyse Avancée des Textes Sacrés : L'un des usages les plus significatifs de l'IA dans le judaïsme est l'analyse des textes sacrés, tels que la Torah, le Talmud et d'autres écrits rabbiniques. Les algorithmes d'IA sont capables de traiter de grandes quantités de textes, identifiant des motifs, des thèmes et des interprétations qui pourraient échapper à une analyse humaine classique. Cette approche permet une étude plus profonde et plus nuancée des textes, offrant de nouvelles perspectives et compréhensions aux étudiants et érudits.

Personnalisation de l'Étude des Textes : L'IA permet également une personnalisation de l'étude des textes sacrés. En fonction des intérêts, du niveau de connaissance et des questions spécifiques des utilisateurs, des systèmes d'IA peuvent recommander des passages pertinents, fournir des explications contextuelles et connecter les utilisateurs à des ressources supplémentaires. Cette personnalisation rend l'étude des textes sacrés plus accessible et engageante pour un public plus large.

Engagement Communautaire : Au-delà de l'étude des textes, l'IA joue un rôle croissant dans l'engagement communautaire au sein du judaïsme. Des plateformes alimentées par l'IA facilitent la communication entre les membres de la communauté, aident à organiser des événements et des services religieux, et permettent même de rassembler des communautés dispersées géographiquement pour des fêtes et des célébrations.

Défis Éthiques et Culturels : Cependant, l'intégration de l'IA dans le judaïsme soulève également des défis éthiques et culturels. Il est crucial de s'assurer que l'utilisation de l'IA respecte les traditions et les pratiques juives et ne remplace pas les aspects essentiels de l'interprétation personnelle et de la discussion en groupe, qui sont au cœur de l'étude juive.

Conservation du Patrimoine : L'IA contribue également à la conservation du patrimoine juif. En numérisant et en analysant des documents historiques et des manuscrits anciens, l'IA aide à préserver et à rendre accessible le riche héritage culturel et religieux du judaïsme.

En conclusion, l'impact de l'IA sur le judaïsme, notamment dans l'analyse des textes sacrés et l'engagement communautaire, est profond et multidimensionnel. En utilisant l'IA de manière réfléchie et respectueuse, les communautés juives peuvent bénéficier d'outils puissants pour l'étude, la préservation et la célébration de leur foi, tout en naviguant avec prudence dans les défis éthiques et culturels que présente cette technologie.

4. L'IA dans les Mosquées : Innovation et Tradition dans l'Islam

L'intégration de l'intelligence artificielle dans les mosquées et les pratiques islamiques représente un exemple fascinant de la manière dont la technologie peut coexister avec la tradition religieuse. Cette étude de cas explore les diverses applications de l'IA dans les mosquées, soulignant comment elle peut enrichir les pratiques islamiques tout en respectant les valeurs et les traditions.

Amélioration de l'Expérience de Prière : L'une des applications les plus notables de l'IA dans les mosquées est l'amélioration de l'expérience de prière. Des systèmes d'IA peuvent aider à réguler le flux des fidèles, à gérer les horaires de prière et à diffuser des appels à la prière (Adhan) de manière optimisée. Certains systèmes peuvent même fournir des traductions et des explications des prières pour les fidèles non arabophones, rendant les prières plus accessibles et compréhensibles.

Éducation et Enseignement Islamiques : L'IA joue également un rôle important dans l'éducation islamique au sein des mosquées. Des plateformes d'apprentissage en ligne alimentées par l'IA offrent des cours personnalisés sur le Coran, la jurisprudence islamique (Fiqh) et l'histoire islamique. Ces systèmes peuvent s'adapter au niveau de connaissance de chaque utilisateur, facilitant ainsi un apprentissage plus efficace et engageant.

Gestion Communautaire et Services Sociaux : Les mosquées utilisent l'IA pour améliorer la gestion communautaire et les services sociaux. Des systèmes intelligents aident à organiser des événements, à coordonner des activités caritatives et à fournir des services de conseil. L'IA peut également être utilisée pour analyser les besoins de la communauté et pour développer des stratégies plus efficaces pour répondre à ces besoins.

Défis et Sensibilités Culturelles : L'introduction de l'IA dans les mosquées n'est pas sans défis. Il est essentiel de s'assurer que l'utilisation de la technologie respecte les sensibilités culturelles et religieuses. Les préoccupations concernant la vie privée et la sécurité des données sont particulièrement importantes, étant donné la nature personnelle des activités menées dans les mosquées.

Conservation et Diffusion du Patrimoine Islamique : L'IA contribue également à la conservation et à la diffusion du patrimoine islamique. Par exemple, des projets utilisant l'IA pour numériser et analyser des manuscrits anciens aident à préserver le riche héritage culturel de l'Islam et à le rendre accessible à un public plus large.

En conclusion, l'IA dans les mosquées illustre comment l'innovation technologique peut s'harmoniser avec la tradition islamique. En adoptant l'IA de manière réfléchie et respectueuse, les communautés musulmanes peuvent bénéficier de ses avantages pour améliorer les pratiques de prière, l'éducation, la gestion communautaire et la préservation du patrimoine, tout en restant fidèles aux principes fondamentaux de l'Islam.

5. L'Hindouisme à l'Ère de l'IA : Modernisation des Rituels et Éducation Spirituelle

L'intégration de l'intelligence artificielle dans l'hindouisme représente une convergence fascinante entre la technologie moderne et l'une des plus anciennes traditions religieuses du monde. Cette étude de cas examine comment l'IA est utilisée pour moderniser les rituels hindous et enrichir l'éducation spirituelle, tout en respectant les valeurs et les pratiques traditionnelles.

Modernisation des Rituels Hindous : L'une des applications les plus innovantes de l'IA dans l'hindouisme concerne la modernisation des rituels. Des systèmes d'IA sont utilisés pour faciliter la planification et l'exécution des rituels complexes, garantissant que les procédures et les offrandes sont effectuées conformément aux prescriptions traditionnelles. Par exemple, l'IA peut aider à déterminer les moments astrologiquement propices pour les cérémonies ou à guider les fidèles dans l'exécution de rituels spécifiques.

Éducation Spirituelle et Étude des Écritures : L'IA joue également un rôle crucial dans l'éducation spirituelle au sein de l'hindouisme. Des plateformes d'apprentissage en ligne alimentées par l'IA offrent des cours interactifs sur les Vedas, les Upanishads, le Bhagavad Gita et d'autres textes sacrés. Ces systèmes peuvent adapter leur contenu aux besoins et au niveau de compréhension de chaque utilisateur, rendant l'étude des écritures plus accessible et engageante.

Gestion des Temples et des Festivals : L'IA est utilisée pour améliorer la gestion des temples et des festivals hindous. Des systèmes intelligents aident à gérer les foules lors de grands festivals, à coordonner les activités des temples et à faciliter la communication avec les fidèles. Cela permet une organisation plus efficace et une meilleure expérience pour les visiteurs.

Défis Culturels et Éthiques : L'introduction de l'IA dans l'hindouisme n'est pas sans défis. Il est crucial de s'assurer que l'utilisation de la technologie respecte les traditions et les pratiques hindoues. Les préoccupations concernant la vie privée et la sécurité des données sont également importantes, étant donné la nature personnelle et spirituelle des activités impliquées.

Conservation du Patrimoine Culturel : L'IA contribue à la conservation du patrimoine culturel et spirituel hindou. Des projets utilisant l'IA pour numériser et analyser des manuscrits anciens et des œuvres d'art aident à préserver et à diffuser le riche héritage de l'hindouisme.

En conclusion, l'IA dans l'hindouisme offre une opportunité unique de moderniser les pratiques traditionnelles tout en enrichissant l'éducation spirituelle. En adoptant l'IA de manière réfléchie et respectueuse, les communautés hindoues peuvent bénéficier de ses avantages pour améliorer les rituels, l'éducation et la gestion des temples, tout en restant fidèles aux principes et aux valeurs de leur foi.

6. L'IA et le Dialogue Interreligieux : Un Projet Pionnier pour la Paix

L'intégration de l'intelligence artificielle dans le dialogue interreligieux représente une initiative pionnière visant à promouvoir la paix et la compréhension mutuelle entre différentes croyances et traditions. Cette étude de cas explore comment l'IA est utilisée pour faciliter la communication, l'éducation et la collaboration entre diverses communautés religieuses, contribuant ainsi à un climat de respect et de tolérance.

Facilitation de la Communication et de la Compréhension : L'un des rôles clés de l'IA dans le dialogue interreligieux est de faciliter la communication entre les différentes communautés. Des systèmes de traduction automatique et d'interprétation linguistique permettent de surmonter les barrières linguistiques, rendant les discussions et les échanges plus accessibles et inclusifs. Cela permet aux participants de partager leurs perspectives et leurs enseignements de manière plus efficace.

Analyse Comparative des Textes Sacrés : L'IA est utilisée pour analyser et comparer les textes sacrés de différentes traditions religieuses. En identifiant des thèmes communs et en explorant les différences de manière objective, l'IA peut aider à éclairer les discussions interreligieuses et à promouvoir une meilleure compréhension des croyances et pratiques des autres.

Plateformes de Dialogue et d'Éducation : Des plateformes en ligne alimentées par l'IA offrent des espaces pour le dialogue interreligieux et l'éducation. Ces plateformes peuvent héberger des forums de discussion, des séminaires, des conférences et des ateliers, permettant aux participants de divers horizons de se rencontrer, d'apprendre et de collaborer.

Défis Éthiques et Sensibilités Culturelles : L'utilisation de l'IA dans le dialogue interreligieux doit être abordée avec une sensibilité aux diverses cultures et croyances. Il est essentiel de s'assurer que l'IA est utilisée de manière éthique, en respectant les différentes traditions et en évitant toute forme de biais ou de stéréotype.

Promotion de la Paix et de la Cohésion Sociale : L'IA dans le dialogue interreligieux a le potentiel de jouer un rôle significatif dans la promotion de la paix et de la cohésion sociale. En facilitant la compréhension mutuelle et en réduisant les malentendus, l'IA peut contribuer à créer un climat de respect et de tolérance entre les différentes communautés religieuses.

En conclusion, l'IA et le dialogue interreligieux représentent un projet pionnier pour la paix, offrant des outils innovants pour améliorer la communication et la compréhension entre les différentes traditions religieuses. En utilisant l'IA de manière réfléchie et respectueuse, ce projet peut contribuer de manière significative à la construction de ponts entre les communautés, favorisant ainsi un monde plus pacifique et harmonieux.

7. Applications d'IA pour la Méditation Transcendantale : Étude de Cas et Réflexions

L'intégration de l'intelligence artificielle dans la pratique de la méditation transcendantale ouvre de nouvelles perspectives pour cette forme ancienne de méditation. Cette étude de cas explore comment l'IA est utilisée pour améliorer l'expérience de la méditation transcendantale, en offrant des outils personnalisés et des insights basés sur des données pour enrichir la pratique méditative.

Personnalisation de l'Expérience de Méditation : L'un des aspects les plus innovants de l'utilisation de l'IA dans la méditation transcendantale est la capacité de personnaliser l'expérience de méditation pour chaque individu. Des applications d'IA analysent les réponses physiologiques et émotionnelles des utilisateurs pour adapter les séances de méditation, en ajustant la durée, les techniques de respiration, et même les sons ou les musiques d'ambiance. Cette personnalisation aide les pratiquants à atteindre un état de relaxation et de concentration plus profond.

Suivi et Analyse des Progrès : Les applications d'IA offrent également des fonctionnalités de suivi et d'analyse des progrès dans la pratique de la méditation transcendantale. En collectant des données sur la fréquence cardiaque, la respiration, et d'autres indicateurs physiologiques, ces applications peuvent fournir des retours précieux sur l'efficacité de la pratique et suggérer des ajustements pour améliorer les résultats.

Guidance et Enseignement Assistés par IA : L'IA peut servir de guide virtuel pour les pratiquants de méditation transcendantale, en offrant des instructions et des conseils pendant les séances. Ces systèmes peuvent inclure des enseignements basés sur les principes de la méditation transcendantale, aidant les utilisateurs à comprendre et à intégrer les concepts clés dans leur pratique.

Défis Éthiques et Préoccupations : L'intégration de l'IA dans une pratique spirituelle telle que la méditation transcendantale soulève des questions éthiques importantes. Il est crucial de s'assurer que les données des utilisateurs sont traitées avec respect et confidentialité. De plus, il est important de maintenir l'équilibre entre l'utilisation de la technologie et la préservation de l'essence de la méditation transcendantale en tant que pratique introspective et personnelle.

Impact sur le Bien-être et la Santé Mentale : Les applications d'IA pour la méditation transcendantale ont un potentiel significatif pour améliorer le bien-être général et la santé mentale. En facilitant une pratique méditative plus efficace et accessible, elles peuvent aider les individus à gérer le stress, l'anxiété et à améliorer leur qualité de vie.

En conclusion, les applications d'IA pour la méditation transcendantale représentent une avancée prometteuse dans le domaine de la méditation et du bien-être. En combinant les techniques ancestrales de méditation avec les innovations technologiques modernes, ces applications offrent une nouvelle voie pour accéder aux bénéfices profonds de la méditation transcendantale, tout en naviguant avec prudence dans les défis éthiques et pratiques que présente cette technologie.

8. L'IA dans la Gestion des Lieux de Culte : Études de Cas de Diverses Traditions Religieuses

L'intégration de l'intelligence artificielle dans la gestion des lieux de culte est un domaine en pleine expansion, touchant diverses traditions religieuses. Cette étude de cas explore comment l'IA est utilisée pour optimiser la gestion et l'administration des lieux de culte, en améliorant l'expérience des fidèles et en facilitant les tâches administratives pour les responsables.

Optimisation de l'Expérience des Fidèles : Dans de nombreuses traditions, l'IA est utilisée pour améliorer l'expérience des fidèles lors de leur visite dans les lieux de culte. Par exemple, des systèmes d'IA peuvent gérer efficacement le flux de personnes, en évitant les encombrements et en assurant une expérience paisible et ordonnée. Des applications mobiles alimentées par l'IA peuvent également fournir des guides interactifs, des informations sur les horaires des services religieux et des événements spéciaux.

Gestion Administrative et Logistique : L'IA aide à simplifier la gestion administrative des lieux de culte. Des systèmes intelligents peuvent gérer les réservations pour des événements spéciaux, coordonner les bénévoles, et même aider dans la gestion financière, comme le suivi des dons et des dépenses. Cette efficacité accrue permet aux responsables des lieux de culte de se concentrer davantage sur les aspects spirituels et communautaires de leur mission.

Sécurité et Surveillance : La sécurité est une préoccupation majeure pour de nombreux lieux de culte. Des systèmes d'IA équipés de caméras de surveillance et de reconnaissance faciale peuvent contribuer à renforcer la sécurité, en identifiant les comportements suspects et en aidant à prévenir les incidents.

Études de Cas Spécifiques :

- Dans une mosquée, l'IA a été utilisée pour optimiser les horaires de prière et gérer l'espace de prière en fonction du nombre de fidèles, améliorant ainsi l'expérience de prière collective.

- Dans une église, un système d'IA a été mis en place pour organiser les chorales et les groupes de musique, en sélectionnant des chants et des musiques adaptés aux thèmes des services.

- Dans un temple hindou, l'IA a aidé à organiser des festivals et des cérémonies, en gérant les inscriptions et en coordonnant les rituels complexes impliquant de nombreux participants.

Défis et Considérations Éthiques : L'utilisation de l'IA dans les lieux de culte n'est pas sans défis. Il est essentiel de s'assurer que la technologie est utilisée de manière éthique et respectueuse, en tenant compte des sensibilités culturelles et religieuses. La protection de la vie privée des fidèles est également une préoccupation majeure, en particulier lorsqu'il s'agit de collecter et de traiter des données personnelles.

En conclusion, l'IA dans la gestion des lieux de culte offre des possibilités considérables pour améliorer l'efficacité administrative et enrichir l'expérience des fidèles. Cependant, il est crucial d'aborder son utilisation avec prudence et respect, en veillant à ce que la technologie serve les besoins de la communauté tout en respectant les principes et valeurs de chaque tradition religieuse.

9. L'IA et l'Éthique Religieuse : Défis et Solutions dans le Contexte Islamique

L'intégration de l'intelligence artificielle dans le contexte islamique soulève des questions éthiques uniques, reflétant la manière dont la technologie moderne interagit avec les principes religieux et moraux. Cette étude de cas explore les défis éthiques posés par l'IA dans l'Islam et les solutions potentielles pour les aborder de manière conforme aux enseignements islamiques.

Défis Éthiques de l'IA dans l'Islam :

1. **Conformité avec la Charia** : Un défi majeur est d'assurer que les applications de l'IA soient conformes aux principes de la Charia. Cela inclut des questions sur la vie privée, l'équité, et l'utilisation éthique des données, en particulier dans des domaines sensibles comme la finance et la santé.

2. **Automatisation et Emploi** : L'IA pose des questions sur l'impact de l'automatisation sur l'emploi, un sujet particulièrement sensible dans les sociétés islamiques où le travail est considéré non seulement comme un moyen de subsistance, mais aussi comme une forme d'adoration et de contribution à la société.

3. **Intelligence Artificielle et Libre Arbitre** : L'utilisation de l'IA dans la prise de décision soulève des questions sur le libre arbitre et la responsabilité, des concepts clés dans l'éthique islamique.

Solutions Potentielles :

1. **Cadres Éthiques Basés sur la Charia** : Développer des cadres éthiques pour l'IA qui sont enracinés dans les principes de la Charia peut aider à guider son développement et son utilisation. Cela inclut la consultation avec des érudits islamiques pour s'assurer que les applications de l'IA respectent les enseignements islamiques.

2. **Éducation et Sensibilisation** : Éduquer la communauté musulmane sur l'IA, ses avantages et ses risques, est crucial pour une intégration éthique de la technologie. Cela peut inclure des programmes éducatifs dans les mosquées, les écoles et les universités.

3. **Participation Active dans le Développement de l'IA** : Encourager la participation active des musulmans dans le domaine de l'IA, non seulement en tant qu'utilisateurs mais aussi en tant que développeurs et chercheurs, pour s'assurer que les produits d'IA sont alignés avec les valeurs islamiques.

Études de Cas Spécifiques :

- Dans le domaine de la finance islamique, l'IA a été utilisée pour développer des systèmes de banque et d'investissement conformes à la Charia, en évitant les intérêts (riba) et en assurant des investissements éthiques.

• Dans le secteur de la santé, des applications d'IA conformes à la Charia ont été développées pour fournir des conseils médicaux et des diagnostics tout en respectant les directives islamiques sur la vie privée et la modestie.

Conclusion : L'intégration de l'IA dans le contexte islamique offre à la fois des défis et des opportunités. En abordant ces défis de manière proactive et en développant des solutions qui respectent les principes islamiques, il est possible d'utiliser l'IA de manière qui non seulement respecte l'éthique religieuse, mais qui contribue également positivement à la société musulmane. Une telle approche garantit que les avantages de la technologie moderne sont harmonisés avec les valeurs et les enseignements de l'Islam.

10. L'IA dans l'Éducation Religieuse Chrétienne : Personnalisation de l'Apprentissage et Engagement des Jeunes

L'intégration de l'intelligence artificielle dans l'éducation religieuse chrétienne représente une avancée significative dans la manière dont les enseignements chrétiens sont transmis, en particulier aux jeunes générations. Cette étude de cas explore comment l'IA est utilisée pour personnaliser l'apprentissage et augmenter l'engagement des jeunes dans l'éducation religieuse.

Personnalisation de l'Apprentissage : L'un des aspects les plus innovants de l'utilisation de l'IA dans l'éducation religieuse chrétienne est la capacité de personnaliser l'expérience d'apprentissage pour chaque élève. Des systèmes d'IA analysent les réponses et les progrès des élèves pour adapter le contenu, le rythme et le style d'enseignement. Cela permet de répondre aux besoins individuels, en tenant compte des différents niveaux de compréhension et d'intérêt, et en rendant l'apprentissage plus efficace et engageant.

Engagement des Jeunes : L'IA aide à rendre l'éducation religieuse plus attrayante pour les jeunes. En utilisant des outils numériques et interactifs, tels que des jeux éducatifs, des quiz et des simulations, l'IA peut rendre l'apprentissage des principes chrétiens plus dynamique et pertinent pour les jeunes. Cela est particulièrement important à une époque où les jeunes sont de plus en plus connectés numériquement.

Support aux Enseignants et Éducateurs : L'IA sert également de support aux enseignants et éducateurs en leur fournissant des outils d'analyse et de suivi des progrès des élèves. Cela permet aux enseignants de mieux comprendre les besoins de leurs élèves et d'ajuster leur approche pédagogique en conséquence.

Défis et Considérations Éthiques : L'utilisation de l'IA dans l'éducation religieuse chrétienne soulève des questions éthiques, notamment en ce qui concerne la vie privée des données des élèves et l'importance de maintenir un équilibre entre la technologie et l'interaction humaine. Il est crucial que l'utilisation de l'IA soit guidée par des principes chrétiens, en veillant à ce qu'elle enrichisse l'expérience d'apprentissage sans la remplacer.

Études de Cas Spécifiques :

- Dans une école du dimanche, un programme d'IA a été utilisé pour créer des parcours d'apprentissage personnalisés pour chaque enfant, en se basant sur leurs réponses aux activités et aux quiz.

- Dans un programme de confirmation pour adolescents, l'IA a aidé à engager les élèves à travers des discussions interactives et des activités basées sur des scénarios, en explorant des thèmes chrétiens de manière pertinente pour leur vie quotidienne.

Conclusion : L'intégration de l'IA dans l'éducation religieuse chrétienne offre des possibilités considérables pour améliorer et personnaliser l'apprentissage, en rendant les enseignements chrétiens plus accessibles et attrayants pour les jeunes générations. En adoptant l'IA de manière réfléchie et éthique, les éducateurs chrétiens peuvent utiliser cette technologie pour enrichir l'expérience éducative tout en restant fidèles aux valeurs et aux enseignements de la foi chrétienne.

11. L'IA et les Rituels Sikh : Préservation et Innovation dans la Pratique Religieuse

Contexte : Le sikhisme, une religion monothéiste fondée dans le nord de l'Inde au 15ème siècle, est connu pour ses pratiques et rituels distinctifs. Avec l'avènement de l'intelligence artificielle, les communautés sikh explorent des moyens d'intégrer cette technologie pour enrichir et préserver leurs traditions.

Utilisation de l'IA dans les Rituels Sikh :

1. **Éducation et Étude des Écritures Sacrées :**

   - Des applications d'IA sont développées pour aider à l'étude du Guru Granth Sahib, le livre sacré des Sikhs. Ces applications utilisent le traitement du langage naturel pour fournir des traductions, des commentaires et des explications des hymnes.

2. **Gestion des Gurdwaras (Temples Sikh)** :

   - L'IA aide à la gestion des Gurdwaras, notamment en optimisant la distribution du langar (repas communautaire gratuit) et en gérant les grands rassemblements lors de festivals comme Vaisakhi.

3. **Musique et Chants Religieux (Kirtan)** :

   - Des programmes d'IA sont utilisés pour apprendre et pratiquer le Kirtan, un élément essentiel du culte sikh. L'IA peut aider à harmoniser les instruments et à former les fidèles dans la tradition musicale sikh.

4. **Préservation de la Langue et de la Culture** :

   · L'IA contribue à la préservation de la langue punjabi et des traditions culturelles sikhes en offrant des outils d'apprentissage interactifs et personnalisés, en particulier pour les jeunes générations.

Défis et Considérations Éthiques :

- **Respect des Traditions** : Il est crucial que l'utilisation de l'IA dans les pratiques sikhes respecte et préserve l'intégrité des rituels et des enseignements.

- **Accessibilité** : L'IA doit être accessible à tous les membres de la communauté, indépendamment de leur niveau de compétence technologique.

- **Confidentialité des Données** : La protection

des données personnelles est essentielle, surtout lorsqu'il s'agit d'informations sensibles liées à la pratique religieuse.

Recherches en Cours :

- Des chercheurs étudient l'impact de l'IA sur la participation communautaire et l'engagement des jeunes dans les pratiques sikhes.

- Des études sont menées pour évaluer comment l'IA peut aider à la diffusion mondiale des enseignements sikhs, en particulier dans les communautés de la diaspora.

Perspectives Futures :

- L'intégration de l'IA dans les pratiques sikhes est vue comme un moyen de renforcer la communauté, de préserver la culture et d'adapter les traditions à un monde en évolution.

- La collaboration continue entre

les développeurs d'IA, les leaders religieux et les membres de la communauté sikh est essentielle pour garantir que la technologie est utilisée de manière éthique et bénéfique.

En conclusion, l'IA offre des opportunités significatives pour enrichir et préserver les rituels et pratiques sikhes, tout en posant des défis éthiques et pratiques qui nécessitent une approche réfléchie et collaborative.

12. L'IA pour l'Analyse des Manuscrits Anciens : Un Cas d'Étude dans le Judaïsme

Contexte : Le judaïsme possède une riche tradition de textes sacrés et de manuscrits anciens, dont certains remontent à plusieurs millénaires. L'analyse de ces textes est cruciale pour comprendre l'histoire, la culture et les pratiques religieuses juives. L'intelligence artificielle offre de nouvelles possibilités pour explorer ces trésors historiques.

Utilisation de l'IA dans l'Analyse des Manuscrits Anciens :

1. **Déchiffrage de Textes Anciens** :
   - L'IA est utilisée pour analyser et déchiffrer des manuscrits anciens, y compris ceux qui sont endommagés ou difficiles à lire. Des algorithmes d'apprentissage automatique peuvent reconnaître des motifs dans l'écriture et aider à reconstituer des textes fragmentés ou effacés.

2. **Traduction et Interprétation** :
   - Des systèmes d'IA aident à traduire des textes anciens en langues modernes, rendant ces documents accessibles à un public plus large. L'IA peut également fournir des interprétations contextuelles

basées sur des analyses linguistiques et historiques.

3. **Comparaison de Manuscrits** :

· L'IA est capable de comparer rapidement de vastes ensembles de manuscrits, identifiant des similitudes et des différences qui pourraient échapper aux chercheurs humains. Cela est particulièrement utile pour étudier l'évolution des textes au fil du temps.

4. **Préservation Numérique** :

· L'IA contribue à la préservation numérique des manuscrits anciens. En créant des reproductions numériques détaillées, l'IA aide à protéger ces documents contre la détérioration tout en les rendant accessibles en ligne.

Défis et Considérations Éthiques :

- **Authenticité et Précision** : Il est essentiel que l'IA analyse les manuscrits de manière précise, sans altérer le sens original des textes.

- **Respect des Traditions** : L'utilisation de l'IA doit respecter les croyances et les pratiques religieuses juives, en particulier lorsqu'il s'agit de textes sacrés.

- **Accessibilité et Inclusion** : Les résultats de l'analyse par l'IA doivent être accessibles à divers publics, y compris les chercheurs, les pratiquants et les étudiants.

Recherches en Cours :

- Des projets de recherche explorent l'utilisation de l'IA pour analyser des manuscrits tels que la Mer Morte et d'autres textes talmudiques et kabbalistiques.

- Des études sont menées pour améliorer les algorithmes d'IA dans la reconnaissance des écritures anciennes et la traduction automatique.

Perspectives Futures :

- L'IA pourrait révolutionner la manière dont les chercheurs et les fidèles interagissent avec les textes anciens, en ouvrant de nouvelles voies pour l'étude et la compréhension du judaïsme.

- La collaboration entre les informaticiens, les historiens, les linguistes et les leaders religieux est essentielle pour exploiter pleinement le potentiel de l'IA dans ce domaine.

En conclusion, l'application de l'IA à l'analyse des manuscrits anciens dans le judaïsme représente une avancée significative, offrant des perspectives nouvelles et enrichissantes pour l'étude de ces documents précieux. Cette technologie, utilisée de manière éthique et respectueuse, a le potentiel de transformer notre compréhension du patrimoine juif.

13. L'IA dans les Communautés Spirituelles Non-Religieuses : Exploration et Impact

Contexte : Les communautés spirituelles non-religieuses, qui se concentrent sur la croissance personnelle, la méditation, et la conscience sans se rattacher à une tradition religieuse spécifique, trouvent également dans l'intelligence artificielle des outils innovants pour enrichir leur pratique. L'IA offre des moyens uniques d'explorer la spiritualité et de soutenir le développement personnel.

Utilisation de l'IA dans les Communautés Spirituelles Non-Religieuses :

1. **Guidance Personnalisée pour la Méditation et la Pleine Conscience** :

- Des applications d'IA fournissent des séances de méditation personnalisées, adaptant les instructions et les conseils en fonction des réponses et des progrès de l'utilisateur. Elles peuvent aider à approfondir la pratique de la pleine conscience et à gérer le stress.

2. **Analyse de l'État Émotionnel et Mental** :

   - L'IA peut analyser les modèles de parole et de texte pour fournir des insights sur l'état émotionnel et mental des individus, offrant ainsi un soutien dans leur quête de bien-être et d'équilibre intérieur.

3. **Réseaux Sociaux et Communautés en Ligne** :

   - L'IA aide à connecter les individus au sein de

communautés spirituelles en ligne, facilitant le partage d'expériences et la création de réseaux de soutien.

4. **Ressources Éducatives et Contenu Interactif** :
   - Des plateformes d'IA offrent des ressources éducatives sur divers sujets spirituels et de développement personnel, avec du contenu interactif adapté aux intérêts et au niveau de chaque utilisateur.

Défis et Considérations Éthiques :

- **Respect de la Vie Privée et de l'Autonomie** :
  - Il est crucial de protéger la vie privée des utilisateurs, en particulier lorsqu'ils partagent des informations personnelles et sensibles.

- **Prévention de la Dépendance Technologique** :
  - Il est important d'encourager

une utilisation équilibrée de l'IA, en veillant à ce que la technologie soutienne plutôt qu'elle ne remplace l'expérience humaine directe.

- **Accessibilité et Inclusion** :
  - Les outils d'IA doivent être accessibles à tous, indépendamment de leur niveau de compétence technologique ou de leur situation économique.

Recherches en Cours :

- Des études explorent l'efficacité de l'IA dans la promotion de la santé mentale et du bien-être dans les communautés spirituelles.

- Des recherches sont menées sur l'impact de l'IA sur la dynamique des communautés spirituelles en ligne et sur la manière dont elle peut faciliter une plus grande connexion et compréhension.

Perspectives Futures :

- L'IA a le potentiel de devenir un outil central dans les communautés spirituelles non-religieuses, offrant des moyens personnalisés et innovants pour explorer la spiritualité.
- La collaboration continue entre les développeurs d'IA, les leaders spirituels et les membres de la communauté est essentielle pour garantir que la technologie est utilisée de manière éthique et bénéfique.

En conclusion, l'intégration de l'IA dans les communautés spirituelles non-religieuses ouvre des possibilités passionnantes pour le développement personnel et la croissance spirituelle. Toutefois, il est essentiel d'aborder cette intégration avec une attention particulière à l'éthique, à la vie privée et à l'équilibre entre la technologie et l'expérience humaine.

14. **L'IA et la Pratique du Yoga : Intégration de la Technologie dans les Enseignements Ancestraux**

Contexte : Le yoga, une pratique ancestrale originaire de l'Inde, est connu pour ses bienfaits sur le corps et l'esprit. Avec l'émergence de l'intelligence artificielle, de nouvelles possibilités s'ouvrent pour intégrer la technologie dans la pratique du yoga, tout en respectant ses racines et ses enseignements traditionnels.

Utilisation de l'IA dans la Pratique du Yoga :

1. **Applications de Yoga Personnalisées :**

   - Des applications d'IA offrent des séances de yoga personnalisées, adaptant les routines en fonction du niveau, des objectifs et des besoins spécifiques de chaque utilisateur. Elles peuvent inclure des recommandations sur les postures, la respiration et la méditation.

2. **Analyse de la Posture et du Mouvement** :

   - L'IA peut être utilisée pour analyser la posture et le mouvement pendant la pratique du yoga, fournissant des retours en temps réel pour améliorer l'alignement et prévenir les blessures.

3. **Suivi du Bien-être et de la Progression** :

   - Des systèmes d'IA suivent les progrès des pratiquants en matière de flexibilité, de force et de bien-être général, offrant des insights et des encouragements personnalisés.

4. **Intégration de la Méditation et de la Pleine Conscience** :

   - L'IA aide à guider les

pratiques de méditation et de pleine conscience, en utilisant des techniques de biofeedback pour améliorer la relaxation et la concentration.

Défis et Considérations Éthiques :

- **Respect des Traditions du Yoga** :
  - Il est essentiel que l'utilisation de l'IA dans le yoga respecte les principes et les traditions de cette pratique millénaire.

- **Accessibilité et Inclusion** :
  - Les outils d'IA doivent être accessibles à tous, indépendamment de leur niveau de compétence technologique ou de leur situation économique.

- **Confidentialité des Données** :
  - La protection des données personnelles des utilisateurs est cruciale, surtout lorsqu'il s'agit d'informations sur leur

santé et leur bien-être.

Recherches en Cours :

- Des études sont menées pour évaluer l'efficacité des applications d'IA dans l'amélioration de la pratique du yoga et dans la promotion de la santé mentale et physique.

- Des recherches explorent l'intégration de l'IA dans la formation des enseignants de yoga, en fournissant des outils pour améliorer leur pédagogie.

Perspectives Futures :

- L'IA a le potentiel de rendre la pratique du yoga plus accessible et personnalisée, en aidant les individus à atteindre leurs objectifs de bien-être de manière plus efficace.

- La collaboration entre les développeurs d'IA, les enseignants de yoga et les praticiens est essentielle pour assurer une intégration harmonieuse de la technologie dans cette pratique ancestrale.

En conclusion, l'intégration de l'IA dans la pratique du yoga offre des opportunités passionnantes pour enrichir et personnaliser l'expérience des pratiquants. Cependant, il est crucial d'aborder cette intégration avec respect pour les traditions du yoga et avec une attention particulière à l'éthique, à la confidentialité et à l'accessibilité.

15. L'IA et la Conservation du Patrimoine Religieux : Projets et Perspectives

Contexte : Le patrimoine religieux, constitué de sites, d'objets, de textes et de traditions, est un élément crucial de l'histoire et de la culture humaines. L'intelligence artificielle offre des outils innovants pour la conservation et l'étude de ce patrimoine, permettant une meilleure compréhension et préservation pour les générations futures.

Utilisation de l'IA dans la Conservation du Patrimoine Religieux :

1. **Restauration et Préservation Numérique** :

   - L'IA est utilisée pour restaurer numériquement des artefacts et des sites religieux endommagés ou détruits. Elle permet de reconstituer des structures, des peintures et des objets en utilisant des images et des données existantes.

2. **Analyse des Textes Anciens** :

   - Des systèmes d'IA aident à analyser et à traduire des textes religieux anciens, souvent difficiles à déchiffrer. L'IA peut identifier des motifs, des thèmes et des liens historiques, enrichissant ainsi notre compréhension de ces textes.

3. **Gestion des Archives et des Collections** :

   - L'IA aide à cataloguer et à gérer de vastes collections d'objets religieux, en facilitant l'accès et la recherche pour les chercheurs et le public.

4. **Modélisation 3D et Réalité Virtuelle** :

   - Des modèles 3D de sites religieux historiques sont créés à l'aide de l'IA, permettant aux gens de visiter virtuellement ces lieux, même s'ils sont inaccessibles ou n'existent plus.

Défis et Considérations Éthiques :

- **Respect de l'Authenticité** :
  - Il est crucial de maintenir l'authenticité et l'intégrité des

artefacts et des sites lors de leur restauration ou reproduction numérique.

- **Accès et Partage des Données** :
  - ○ Le partage des données et des reproductions numériques doit être géré de manière éthique, en respectant les droits et les croyances des communautés concernées.
- **Préservation de l'Intégrité Culturelle** :
  - ○ La technologie ne doit pas remplacer les efforts de conservation physique ni minimiser l'importance de l'expérience directe du patrimoine religieux.

Recherches en Cours :

- Des projets explorent l'utilisation de l'IA pour la reconstruction virtuelle de sites religieux détruits par des catastrophes naturelles ou des conflits.

- Des études sont menées sur l'impact de la numérisation et de la modélisation 3D sur la perception et la compréhension du patrimoine religieux.

Perspectives Futures :

- L'IA pourrait transformer la manière dont nous interagissons avec le patrimoine religieux, en le rendant plus accessible et en offrant de nouvelles perspectives pour son étude.

- La collaboration entre les technologues, les conservateurs, les historiens et les communautés religieuses est essentielle pour exploiter pleinement le potentiel de l'IA dans ce domaine.

En conclusion, l'IA offre des possibilités prometteuses pour la conservation et l'étude du patrimoine religieux. Cependant, il est essentiel d'aborder ces technologies avec respect pour l'authenticité, l'intégrité culturelle et les croyances des communautés concernées. Une approche collaborative et éthique garantira que l'IA contribue positivement à la préservation de ce patrimoine pour les générations futures.

Entretiens avec des Experts

1. **Entretien avec un Théologien Chrétien sur l'IA et l'Éthique** : Discussion sur les implications éthiques de l'IA dans le contexte chrétien.

Introduction : Dans cet entretien, nous explorons les perspectives d'un théologien chrétien sur les implications éthiques de l'intelligence artificielle dans la société et dans la pratique de la foi chrétienne. Le théologien, le Dr. Johnathan Edwards, est un éminent professeur de théologie avec un intérêt particulier pour l'éthique et la technologie.

Interviewer : Pour commencer, pourriez-vous nous donner votre point de vue général sur l'IA et son rôle dans le monde moderne ?

Dr. Edwards : L'IA est indéniablement une avancée technologique majeure qui a le potentiel de transformer de nombreux aspects de notre vie. En tant que chrétien, je crois qu'il est essentiel de reconnaître à la fois les opportunités et les défis que l'IA présente. Il est important de s'assurer que son développement et son utilisation sont guidés par des principes éthiques solides, en accord avec les enseignements chrétiens sur la dignité humaine, la justice et l'amour du prochain.

Interviewer : Comment l'IA peut-elle être alignée avec les principes chrétiens ?

Dr. Edwards : Pour aligner l'IA avec les principes chrétiens, il est crucial de se concentrer sur son utilisation pour le bien commun. Cela signifie développer et utiliser l'IA de manière à respecter la dignité de chaque personne, à promouvoir la justice et l'équité, et à servir les besoins de la société, en particulier des plus vulnérables. Par exemple, l'IA pourrait être utilisée pour améliorer l'accès aux soins de santé, pour l'éducation, ou pour aider à résoudre des problèmes sociaux complexes.

Interviewer : Quels sont les défis éthiques spécifiques que l'IA pose pour la foi chrétienne ?

Dr. Edwards : Un défi majeur est la question de la déshumanisation. L'IA, si elle est mal utilisée, peut réduire les interactions humaines et même remplacer des aspects de la prise de décision qui devraient rester profondément humains. Dans la foi chrétienne, il est essentiel de préserver l'importance des relations interpersonnelles et de la compassion. Un autre défi est la question de la création d'une IA "autonome". Cela soulève des questions profondes sur la responsabilité et le libre arbitre, des concepts clés dans la théologie chrétienne.

Interviewer : Comment l'Église peut-elle répondre à ces défis ?

Dr. Edwards : L'Église doit jouer un rôle actif dans le dialogue sur l'IA. Cela implique non seulement de participer à des discussions éthiques mais aussi d'éduquer la communauté sur l'IA. L'Église peut offrir une perspective unique sur l'importance de la moralité, de l'éthique et de la dignité humaine dans le développement de la technologie. De plus, l'Église peut encourager les chrétiens à s'engager dans les domaines de la technologie et de l'IA pour influencer positivement leur développement.

Interviewer : Quel message aimeriez-vous transmettre aux développeurs d'IA ?

Dr. Edwards : Mon message serait de reconnaître la responsabilité énorme que vous avez. L'IA n'est pas seulement une question de code et d'algorithme ; c'est une question qui touche à l'essence même de l'humanité. Je vous encourage à développer l'IA avec une conscience des implications éthiques et morales, en cherchant toujours à servir le bien commun et à respecter la dignité de chaque personne.

Conclusion : L'entretien avec le Dr. Edwards met en lumière l'importance d'une approche éthique et réfléchie dans le développement et l'utilisation de l'IA, en accord avec les valeurs chrétiennes. Il souligne la nécessité d'un dialogue continu entre la foi et la technologie pour s'assurer que l'IA est utilisée de manière qui enrichit la société et respecte la dignité humaine.

2. **Dialogue avec un Imam sur l'IA et l'Islam** : Exploration de la manière dont l'IA peut être alignée avec les principes islamiques et son impact sur la communauté musulmane.

Introduction : Dans cet entretien, nous discutons avec l'Imam Youssef Al-Hassan, un leader musulman respecté et un érudit en sciences islamiques, pour explorer les perspectives de l'Islam sur l'intelligence artificielle. L'Imam Al-Hassan est reconnu pour ses travaux sur l'intersection de la foi et de la technologie moderne.

Interviewer : Pourriez-vous nous partager votre point de vue sur l'IA et son rôle dans le contexte islamique ?

Imam Al-Hassan : L'IA est une réalité incontournable de notre époque et présente des opportunités et des défis pour la communauté musulmane. En Islam, toute innovation technologique est accueillie avec une perspective de balance - équilibrer les avantages potentiels avec les principes moraux et éthiques de notre foi. L'IA peut être un outil puissant pour le bien-être de l'humanité, à condition qu'elle soit utilisée de manière conforme aux enseignements de l'Islam.

Interviewer : Comment l'IA peut-elle être alignée avec les principes islamiques ?

Imam Al-Hassan : Pour aligner l'IA avec les principes islamiques, il est essentiel de s'assurer que son développement et son utilisation respectent la dignité humaine, la justice et la transparence. Par exemple, dans le domaine de la finance islamique, l'IA doit être utilisée de manière à éviter l'usure et à promouvoir des transactions équitables. De même, dans la santé, l'IA doit être utilisée de manière à préserver la vie privée et la dignité des patients.

Interviewer : Quels sont les défis éthiques spécifiques que l'IA pose dans l'Islam ?

Imam Al-Hassan : Un défi majeur est la question de la responsabilité. En Islam, la responsabilité des actions est un principe fondamental. Avec l'IA, il devient difficile de déterminer qui est responsable - le programmeur, l'utilisateur, ou l'algorithme lui-même. Un autre défi est la question de la surveillance et de la vie privée. L'Islam met un fort accent sur le respect de la vie privée, et l'IA pourrait potentiellement compromettre cela.

Interviewer : Comment les musulmans peuvent-ils s'engager de manière constructive avec l'IA ?

Imam Al-Hassan : Les musulmans doivent être éduqués et informés sur l'IA. Cela implique de comprendre non seulement ses avantages mais aussi ses limites et ses implications éthiques. Les musulmans devraient également participer activement dans le domaine de l'IA, en apportant une perspective islamique dans son développement et son utilisation.

Interviewer : Quel message aimeriez-vous transmettre aux développeurs d'IA ?

Imam Al-Hassan : Mon message serait de reconnaître l'importance de l'éthique dans le développement de l'IA. Il est crucial de considérer les implications morales et sociétales de votre travail. Je vous encourage à collaborer avec des érudits et des leaders de différentes communautés, y compris la communauté musulmane, pour garantir que l'IA est développée de manière éthique et responsable.

Conclusion : L'entretien avec l'Imam Al-Hassan met en lumière l'importance d'une approche équilibrée et éthique dans l'adoption de l'IA dans le contexte islamique. Il souligne la nécessité d'un dialogue continu entre la technologie et la foi islamique pour s'assurer que l'IA est utilisée de manière qui respecte les principes islamiques et contribue positivement à la société.

3. **Conversation avec un Rabbin sur l'IA et le Judaïsme** : Analyse de l'utilisation de l'IA pour l'étude des textes sacrés et la gestion communautaire dans le judaïsme.

Introduction : Dans cet entretien, nous nous entretenons avec le Rabbin David Cohen, un érudit et leader spirituel dans la communauté juive, pour discuter de l'intersection entre l'intelligence artificielle et le judaïsme. Le Rabbin Cohen est reconnu pour ses réflexions sur la manière dont la technologie moderne s'inscrit dans le cadre des enseignements et des traditions juives.

Interviewer : Pour commencer, quel est votre point de vue général sur l'IA et son rôle dans notre société, en particulier du point de vue du judaïsme ?

Rabbin Cohen : L'IA est une avancée technologique remarquable qui offre des possibilités incroyables pour améliorer notre monde. Dans le judaïsme, nous accueillons l'innovation tout en la mesurant à l'aune de nos valeurs éthiques et morales. L'IA peut être un outil puissant pour le bien, à condition qu'elle soit utilisée de manière responsable et éthique, en accord avec les principes de la Torah.

Interviewer : Comment l'IA peut-elle être alignée avec les principes et les valeurs du judaïsme ?

Rabbin Cohen : Pour aligner l'IA avec les principes du judaïsme, il est essentiel de s'assurer que son développement et son utilisation respectent la dignité humaine, la justice et la compassion. Par exemple, l'IA dans le domaine de la santé doit être utilisée pour sauver des vies et améliorer la qualité de vie, ce qui est en accord avec le principe juif de pikuach nefesh, la préservation de la vie humaine. De même, l'IA dans l'éducation peut être un moyen d'étendre notre compréhension des textes sacrés et de nos traditions.

Interviewer : Quels sont les défis éthiques spécifiques que l'IA pose dans le contexte juif ?

Rabbin Cohen : Un défi majeur est la question de la surveillance et de la vie privée. Le judaïsme met un fort accent sur le respect de la vie privée et de la dignité individuelle. L'IA, avec sa capacité à collecter et analyser de grandes quantités de données, pourrait potentiellement menacer ces principes. Un autre défi est de s'assurer que l'IA ne remplace pas les interactions humaines, en particulier dans des contextes comme l'éducation et la prise de décision communautaire.

Interviewer : Comment les communautés juives peuvent-elles s'engager de manière constructive avec l'IA ?

Rabbin Cohen : Les communautés juives doivent être éduquées et informées sur l'IA. Cela implique de comprendre ses avantages et ses limites. De plus, les communautés juives devraient encourager et soutenir ceux qui travaillent dans le domaine de l'IA pour développer des technologies qui respectent et reflètent nos valeurs. Il est également important de participer au dialogue plus large sur l'éthique de l'IA dans la société.

Interviewer : Quel message aimeriez-vous transmettre aux développeurs d'IA ?

Rabbin Cohen : Mon message serait de

reconnaître l'importance de l'éthique dans le développement de l'IA. Il est crucial de considérer les implications morales et sociétales de votre travail. Je vous encourage à collaborer avec des érudits et des leaders de différentes communautés, y compris la communauté juive, pour garantir que l'IA est développée de manière éthique et responsable.

Conclusion : L'entretien avec le Rabbin Cohen met en lumière l'importance d'une approche équilibrée et éthique dans l'adoption de l'IA dans le contexte juif. Il souligne la nécessité d'un dialogue continu entre la technologie et la foi juive pour s'assurer que l'IA est utilisée de manière qui respecte les principes juifs et contribue positivement à la société.

4.   **Interview d'un Expert en IA et Spiritualité Bouddhiste** : Réflexions sur l'intégration de l'IA dans les pratiques de méditation et d'enseignement bouddhistes.

Introduction : Nous avons eu l'opportunité de nous entretenir avec le Dr. Ananda Li, un expert en intelligence artificielle et en spiritualité bouddhiste. Le Dr. Li est un chercheur reconnu qui a consacré sa carrière à étudier comment les technologies comme l'IA peuvent s'intégrer dans les pratiques spirituelles, en particulier dans le bouddhisme.

Interviewer : Pourriez-vous nous partager votre perspective sur l'intersection de l'IA et de la spiritualité bouddhiste ?

Dr. Li : L'IA, dans sa quête pour imiter et surpasser les capacités humaines, pose des questions fascinantes qui résonnent profondément avec la spiritualité bouddhiste. Le bouddhisme explore la nature de la conscience, de la souffrance et de la libération, et l'IA nous pousse à réexaminer ces concepts à l'ère numérique. Il y a un terrain fertile pour une exploration mutuelle où l'IA peut enrichir notre compréhension de la spiritualité, et vice versa.

Interviewer : Comment l'IA peut-elle être utilisée dans les pratiques bouddhistes ?

Dr. Li : L'IA peut être utilisée pour personnaliser les pratiques de méditation et de mindfulness, en adaptant les séances aux besoins individuels des pratiquants. Elle peut également aider à analyser et à interpréter les textes bouddhistes, rendant les enseignements plus accessibles. De plus, l'IA peut être un outil pour étudier les états méditatifs et comprendre comment les pratiques bouddhistes influencent le cerveau et le bien-être.

Interviewer : Quels sont les défis éthiques de l'intégration de l'IA dans le bouddhisme ?

Dr. Li : Un défi majeur est de s'assurer que l'utilisation de l'IA ne détourne pas de l'essence de la pratique bouddhiste, qui est l'expérience directe et personnelle. Il est important de maintenir un équilibre entre l'utilisation de la technologie et la préservation de l'autonomie et de l'introspection dans la pratique. De plus, il y a des questions éthiques autour de la confidentialité des données et de la sécurité lors de l'utilisation de l'IA pour des pratiques spirituelles.

Interviewer : Comment voyez-vous l'avenir de l'IA dans le contexte de la spiritualité bouddhiste ?

Dr. Li : Je suis optimiste quant à l'avenir de l'IA dans le bouddhisme. Je pense que l'IA a le potentiel d'ouvrir de nouvelles voies pour la compréhension et la pratique de la spiritualité bouddhiste. Cependant, il est crucial que son développement et son utilisation soient guidés par des principes éthiques et une compréhension profonde des enseignements bouddhistes. L'IA ne devrait pas remplacer la pratique spirituelle, mais plutôt la compléter et l'enrichir.

Interviewer : Quel conseil donneriez-vous aux pratiquants bouddhistes concernant l'IA ?

Dr. Li : Mon conseil serait d'approcher l'IA avec un esprit ouvert mais critique. Utilisez-la comme un outil pour améliorer votre pratique, mais ne laissez pas la technologie dominer ou définir votre chemin spirituel. Restez fidèles aux principes fondamentaux du bouddhisme et utilisez l'IA de manière à soutenir votre quête de sagesse et de compassion.

Conclusion : L'interview avec le Dr. Li offre une perspective unique sur la manière dont l'IA peut s'entrelacer avec la spiritualité bouddhiste.

Il souligne l'importance de l'éthique et de l'équilibre dans l'utilisation de l'IA, tout en reconnaissant son potentiel pour enrichir et approfondir la compréhension et la pratique de la spiritualité bouddhiste.

5. **Discussion avec un Leader Hindou sur l'IA et les Traditions Hindoues** : Perspectives sur l'utilisation de l'IA dans les rituels hindous et son rôle dans l'éducation religieuse.

Introduction : Nous avons eu l'occasion de discuter avec Swami Vivekananda Das, un leader et érudit hindou respecté, sur l'impact de l'intelligence artificielle sur les traditions et pratiques hindoues. Swami Vivekananda Das est connu pour son approche progressive de l'intégration de la technologie dans les pratiques spirituelles.

Interviewer : Comment percevez-vous l'intégration de l'IA dans les traditions hindoues ?

Swami Vivekananda Das : L'hindouisme a toujours été une tradition qui embrasse le changement et l'innovation, tout en restant ancré dans ses principes fondamentaux. L'IA offre des possibilités fascinantes pour enrichir nos pratiques et étendre notre compréhension des enseignements hindous. Cependant, il est crucial que cette intégration respecte nos valeurs et renforce plutôt qu'elle ne remplace nos pratiques spirituelles.

Interviewer : Pouvez-vous donner des exemples

de la manière dont l'IA est utilisée dans l'hindouisme ?

Swami Vivekananda Das : Bien sûr. Par exemple, l'IA est utilisée pour analyser et interpréter les textes anciens, offrant de nouvelles perspectives sur les écritures. Dans les temples, l'IA aide à gérer les afflux de fidèles lors de festivals importants, assurant une expérience plus fluide et organisée. De plus, des applications de méditation basées sur l'IA aident les pratiquants à personnaliser leur expérience spirituelle.

Interviewer : Quels sont les défis éthiques que l'IA pose dans le contexte hindou ?

Swami Vivekananda Das : Un défi majeur est de s'assurer que l'IA est utilisée de manière éthique et responsable. Cela inclut des questions de confidentialité des données et de respect de l'autonomie individuelle. De plus, il est important que l'IA ne devienne pas un substitut à l'expérience personnelle et directe qui est au cœur de la pratique hindoue.

Interviewer : Comment les traditions hindoues peuvent-elles s'adapter à l'ère de l'IA ?

Swami Vivekananda Das : Les traditions hindoues peuvent s'adapter en intégrant l'IA de manière qui complète et enrichit nos pratiques. Cela implique une approche équilibrée, où la technologie est utilisée comme un outil pour soutenir et non pour remplacer les aspects essentiels de nos traditions. Il est également important d'éduquer la communauté sur l'IA, en soulignant à la fois ses avantages et ses limites.

Interviewer : Quel message aimeriez-vous transmettre aux développeurs d'IA ?

Swami Vivekananda Das : Mon message serait de développer l'IA avec une compréhension et un respect profonds des différentes traditions et cultures. L'IA devrait être conçue de manière à soutenir la diversité et à promouvoir le bien-être. Je les encourage à collaborer avec des leaders et des érudits spirituels pour s'assurer que l'IA est développée de manière éthique et bénéfique.

Conclusion : La discussion avec Swami Vivekananda Das met en lumière l'importance d'une intégration réfléchie et respectueuse de l'IA dans les traditions hindoues. Il souligne le potentiel de l'IA pour enrichir les pratiques spirituelles, tout en rappelant la nécessité de maintenir l'équilibre entre l'innovation technologique et le respect des valeurs et pratiques traditionnelles.

6. **Entretien avec un Philosophe sur l'IA et la Morale Religieuse** : Exploration des questions morales soulevées par l'IA et leur intersection avec les valeurs religieuses.

Introduction : Nous avons eu l'occasion de nous entretenir avec le Dr. Helena Rousseau, une philosophe renommée spécialisée dans l'éthique et la technologie. Le Dr. Rousseau a exploré en profondeur les implications morales de l'intelligence artificielle dans le contexte des croyances et pratiques religieuses.

Interviewer : Quelle est votre perspective sur l'intersection de l'IA et de la morale religieuse ?

Dr. Rousseau : L'IA pose des questions fondamentales qui touchent au cœur de la morale religieuse. Les religions du monde entier traitent des questions de bien et de mal, de justice, de dignité humaine et de la place de l'homme dans l'univers. L'IA, en tant que force transformatrice, nous oblige à revisiter ces questions sous un nouveau jour et à réfléchir sur la manière dont nos valeurs morales peuvent guider son développement et son utilisation.

Interviewer : Comment l'IA peut-elle être alignée avec les principes moraux des différentes religions ?

Dr. Rousseau : Pour aligner l'IA avec les principes moraux religieux, il est essentiel de s'engager dans un dialogue interreligieux et interdisciplinaire. Chaque tradition religieuse apporte une perspective unique sur l'éthique, et ces perspectives peuvent éclairer les questions éthiques soulevées par l'IA. Par exemple, les concepts de compassion, de justice et de responsabilité sont centraux dans de nombreuses religions et peuvent servir de guide pour le développement éthique de l'IA.

Interviewer : Quels sont les défis éthiques spécifiques que l'IA pose dans le contexte religieux ?

Dr. Rousseau : Un défi majeur est la

question de la responsabilité et de l'agence. Dans de nombreuses traditions religieuses, la responsabilité morale est intrinsèquement liée à la notion de libre arbitre. Avec l'IA, la question se pose de savoir qui est responsable des actions d'une machine : le programmeur, l'utilisateur, ou la machine elle-même ? Un autre défi est de s'assurer que l'IA ne perpétue pas les biais et les inégalités, ce qui serait contraire aux principes d'équité et de justice présents dans de nombreuses croyances religieuses.

Interviewer : Comment voyez-vous le rôle des philosophes dans ce débat ?

Dr. Rousseau : Les philosophes ont un rôle crucial à jouer. Ils peuvent aider à articuler les questions éthiques complexes soulevées par l'IA et à faciliter un dialogue entre les développeurs de technologie, les leaders religieux et le grand public. En apportant une réflexion critique et une analyse éthique, les philosophes peuvent contribuer à façonner un avenir où l'IA est développée et utilisée de manière responsable et éthique.

Interviewer : Quel conseil donneriez-vous aux développeurs d'IA ?

Dr. Rousseau : Mon conseil serait de ne pas travailler dans un vide éthique. Engagez-vous avec des érudits en éthique, en philosophie et en études religieuses. Comprenez que l'IA n'est pas seulement une question technique, mais aussi une question profondément éthique et morale.

Votre travail a le potentiel de transformer la société, et il est crucial de le guider par des principes moraux solides.

Conclusion : L'entretien avec le Dr. Rousseau met en lumière l'importance d'une approche éthique et multidisciplinaire dans le développement de l'IA. Elle souligne le besoin d'un dialogue continu entre la technologie, la philosophie et la religion pour s'assurer que l'IA est développée de manière qui respecte et enrichit les valeurs morales humaines.

7. Dialogue avec un Sociologue sur l'IA et l'Impact Communautaire dans les Religions : Analyse de l'impact social de l'IA sur les communautés religieuses.

Introduction : Nous avons eu l'opportunité de discuter avec le Dr. Emily Martin, une sociologue renommée spécialisée dans l'étude des interactions entre la technologie, la société et la religion. Le Dr. Martin a consacré une grande partie de sa carrière à étudier comment l'intelligence artificielle influence les communautés religieuses.

Interviewer : Quelle est votre perspective sur l'impact de l'IA sur les communautés religieuses ?

Dr. Martin : L'IA représente une révolution technologique qui a un impact profond sur toutes les facettes de la société, y compris les communautés religieuses. Elle offre des opportunités uniques pour l'engagement communautaire, l'éducation et la gestion des institutions religieuses. Cependant, elle pose également des défis en termes de préservation des traditions et de l'interaction humaine au sein des communautés.

Interviewer : Pouvez-vous donner des exemples de la manière dont l'IA est utilisée dans les communautés religieuses ?

Dr. Martin : Bien sûr. Par exemple, certaines églises utilisent l'IA pour personnaliser les messages et les sermons en fonction des besoins de leur congrégation. Dans les mosquées, l'IA aide à gérer les horaires de prière et les grands rassemblements. Les temples hindous et bouddhistes utilisent également l'IA pour l'éducation religieuse et la méditation guidée. Ces technologies permettent une plus grande personnalisation et efficacité dans la gestion communautaire.

Interviewer : Quels sont les défis que l'IA pose aux communautés religieuses ?

Dr. Martin : Un des principaux défis est le risque de déshumanisation. La religion est profondément ancrée dans les interactions humaines et les relations communautaires. L'IA, si elle est mal utilisée, pourrait remplacer ces interactions essentielles. De plus, il y a des préoccupations concernant la vie privée et la sécurité des données, surtout lorsque des informations sensibles sur les membres de la communauté sont impliquées.

Interviewer : Comment les communautés religieuses peuvent-elles s'adapter à l'ère de l'IA ?

Dr. Martin : Les communautés religieuses doivent trouver un équilibre entre l'adoption de nouvelles technologies et la préservation de leurs traditions et valeurs fondamentales. Cela implique une éducation continue sur l'IA et ses implications, ainsi qu'une réflexion critique sur la manière dont elle est intégrée dans les pratiques communautaires. Il est également important de maintenir un dialogue ouvert sur les implications éthiques de l'IA.

Interviewer : Quel rôle les sociologues jouent-ils dans ce contexte ?

Dr. Martin : Les sociologues, comme moi, jouent un rôle crucial dans l'analyse de l'impact de l'IA sur les communautés religieuses. Nous aidons à comprendre comment ces technologies influencent les dynamiques communautaires, les pratiques religieuses et les croyances. Notre travail peut éclairer les décideurs, les leaders religieux et les développeurs d'IA sur les meilleures pratiques pour intégrer l'IA de manière bénéfique et respectueuse.

Conclusion : L'entretien avec le Dr. Martin met en lumière l'importance d'une approche équilibrée et réfléchie dans l'intégration de l'IA au sein des communautés religieuses. Elle souligne le potentiel de l'IA pour enrichir ces communautés tout en rappelant la nécessité de préserver les interactions humaines et les valeurs traditionnelles au cœur de ces pratiques.

8. **Interview d'un Développeur d'IA Spécialisé dans les Applications Religieuses** : Insights sur les défis et les opportunités de développer des applications d'IA pour les contextes religieux.

Introduction : Nous avons eu l'occasion de rencontrer Alex Chen, un développeur de logiciels spécialisé dans la création d'applications d'intelligence artificielle pour des contextes religieux. Alex a travaillé sur plusieurs projets innovants qui intègrent l'IA dans diverses pratiques et institutions religieuses.

Interviewer : Qu'est-ce qui vous a motivé à vous spécialiser dans le développement d'applications d'IA pour des contextes religieux ?

Alex Chen : Ma passion pour la technologie et mon intérêt pour les études religieuses m'ont naturellement conduit vers ce domaine. Je crois que l'IA a le potentiel d'enrichir les expériences religieuses et spirituelles, en aidant les communautés à s'engager de manière plus profonde et personnalisée avec leur foi.

Interviewer : Pouvez-vous donner des exemples de vos projets ?

Alex Chen : Bien sûr. Un de mes projets implique le développement d'une application qui aide les utilisateurs à étudier les textes sacrés. L'application utilise l'IA pour fournir des explications contextuelles, des interprétations et des connexions entre différents passages. Un autre projet est un système de gestion pour les lieux de culte, qui utilise l'IA pour optimiser la planification des événements et la gestion des ressources.

Interviewer : Quels sont les défis spécifiques liés au développement d'applications d'IA dans un contexte religieux ?

Alex Chen : Un des plus grands défis est de respecter la sensibilité et la diversité des pratiques et croyances religieuses. Il est crucial de développer des applications qui sont inclusives et respectueuses des différentes traditions. De plus, il y a le défi de la confidentialité et de la sécurité des données, surtout lorsque l'on traite des informations personnelles et sensibles.

Interviewer : Comment assurez-vous que vos applications sont alignées avec les principes éthiques et moraux des différentes religions ?

Alex Chen : Je travaille en étroite collaboration avec des leaders et des érudits religieux pour m'assurer que les applications respectent les principes et les valeurs de chaque tradition. De plus, j'adopte une approche centrée sur l'utilisateur, en prenant en compte les retours et les besoins de la communauté pour laquelle l'application est développée.

Interviewer : Quel impact espérez-vous que votre travail aura sur les communautés religieuses ?

Alex Chen : J'espère que mon travail aidera les communautés religieuses à s'engager avec leur foi de manière plus dynamique et personnalisée. Mon objectif est de créer des outils qui soutiennent l'éducation, la méditation, la gestion communautaire et l'engagement social, tout en respectant les traditions et les pratiques de chaque communauté.

Interviewer : Quels conseils donneriez-vous à d'autres développeurs intéressés par ce domaine ?

Alex Chen : Mon conseil serait de s'immerger dans les études religieuses et de comprendre les besoins et les défis spécifiques des communautés religieuses. Il est également important de rester éthique et transparent dans le développement de l'IA, en veillant à ce que la technologie soit utilisée de manière bénéfique et respectueuse.

Conclusion : L'interview avec Alex Chen offre un aperçu fascinant de la manière dont l'IA peut être intégrée dans les pratiques religieuses, en respectant les traditions tout en apportant de nouvelles perspectives et possibilités. Son travail illustre le potentiel de la technologie pour enrichir et soutenir les communautés religieuses dans l'ère numérique.

9. **Entretien avec un Expert en Éthique de l'IA** : Discussion sur les principes éthiques guidant le développement et l'utilisation de l'IA dans un contexte religieux.

Introduction : Nous avons eu l'opportunité de nous entretenir avec le Dr. Sarah Lin, une experte reconnue dans le domaine de l'éthique de l'intelligence artificielle. Le Dr. Lin a travaillé avec diverses organisations pour développer des lignes directrices éthiques pour l'utilisation de l'IA dans différents secteurs.

Interviewer : Quelle est votre perspective sur l'importance de l'éthique dans le développement de l'IA ?

Dr. Lin : L'éthique est absolument cruciale dans le développement de l'IA. Nous sommes à un point de basculement où les décisions que nous prenons aujourd'hui détermineront la façon dont l'IA influencera notre société dans les années à venir. Une IA éthique doit respecter les droits humains, promouvoir la justice, et être transparente, responsable et inclusive.

Interviewer : Pouvez-vous nous donner des exemples de problèmes éthiques spécifiques liés à l'IA ?

Dr. Lin : Un problème majeur est le biais algorithmique, où les systèmes d'IA peuvent perpétuer ou même amplifier les inégalités existantes. Un autre problème est la surveillance et la vie privée, où l'IA peut être utilisée pour surveiller les individus de manière intrusive. En outre, il y a des questions sur l'automatisation et l'emploi, et comment l'IA affecte le marché du travail.

Interviewer : Comment pouvons-nous

développer une IA éthique ?

Dr. Lin : Le développement d'une IA éthique commence par une conception centrée sur l'humain. Cela signifie impliquer des parties prenantes diverses dès les premières étapes de conception et tout au long du cycle de vie du développement. Il est également important d'avoir des équipes de développement diversifiées pour aider à identifier et à atténuer les biais potentiels. Enfin, il faut des cadres réglementaires et des lignes directrices éthiques claires pour guider les développeurs et les utilisateurs d'IA.

Interviewer : Quel est le rôle des gouvernements et des organisations internationales dans l'éthique de l'IA ?

Dr. Lin : Les gouvernements et les organisations internationales jouent un rôle crucial en établissant des normes et des réglementations pour l'utilisation éthique de l'IA. Ils peuvent aider à définir les limites de ce qui est acceptable et à assurer que l'IA est utilisée pour le bien commun. De plus, ils peuvent favoriser la recherche et l'éducation sur l'éthique de l'IA.

Interviewer : Quels conseils donneriez-vous aux entreprises qui développent ou utilisent l'IA ?

Dr. Lin : Mon conseil serait de ne pas considérer l'éthique comme une réflexion après coup, mais comme un élément central du processus de développement de l'IA. Les entreprises doivent s'engager activement avec des experts en éthique, respecter les normes internationales et être transparentes sur leurs méthodes et leurs objectifs. Il est également important d'écouter et de répondre aux préoccupations du public.

Conclusion : L'entretien avec le Dr. Lin souligne l'importance vitale de l'éthique dans le développement et l'utilisation de l'IA. Elle met en évidence les défis et les opportunités dans ce domaine et appelle à une approche collaborative et responsable pour garantir que l'IA soit un outil bénéfique pour la société.

10. **Conversation avec un Leader Spirituel Non-Religieux sur l'IA et la Spiritualité** : Perspectives sur l'utilisation de l'IA dans les pratiques spirituelles non traditionnelles.

Conversation avec un Leader Spirituel Non-Religieux sur l'IA et la Spiritualité

Introduction : Nous avons rencontré Jordan Maxwell, un leader spirituel et conférencier reconnu pour son approche non-religieuse de la spiritualité. Maxwell s'est intéressé à l'impact de l'intelligence artificielle sur la quête spirituelle et le développement personnel.

Interviewer : Comment percevez-vous l'impact de l'IA sur la spiritualité, en particulier dans un contexte non-religieux ?

Jordan Maxwell : L'IA représente une étape fascinante dans notre évolution technologique et a un potentiel énorme pour influencer notre quête spirituelle. Dans un contexte non-religieux, l'IA peut être un outil puissant pour l'auto-exploration et la compréhension de soi. Elle peut nous aider à mieux comprendre nos modèles de pensée, nos émotions et nos comportements, ce qui est essentiel pour la croissance personnelle et spirituelle.

Interviewer : Pouvez-vous donner des exemples de la manière dont l'IA peut être utilisée pour soutenir la spiritualité ?

Jordan Maxwell : Certainement. Par exemple, des applications d'IA peuvent être utilisées pour la méditation et la pleine conscience, en fournissant des retours personnalisés et en guidant les utilisateurs à travers des pratiques méditatives. L'IA peut également être utilisée dans l'analyse de journal intime ou dans des sessions de coaching virtuel, aidant les individus à explorer leurs pensées et sentiments de manière plus profonde.

Interviewer : Quels sont les défis éthiques et spirituels que l'IA pose dans ce domaine ?

Jordan Maxwell : Un défi majeur est de s'assurer que l'IA est utilisée de manière qui enrichit plutôt qu'elle ne remplace l'expérience humaine. La spiritualité est profondément personnelle et souvent basée sur des interactions humaines authentiques. Il est donc crucial que l'IA soit utilisée comme un outil de soutien et non comme un substitut à la véritable introspection et connexion humaine. De plus, il y a des préoccupations concernant la vie privée et la sécurité des données personnelles.

Interviewer : Comment voyez-vous l'avenir de l'IA dans le contexte de la spiritualité non-religieuse ?

Jordan Maxwell : Je suis optimiste quant à l'avenir de l'IA dans ce domaine. Je pense que l'IA a le potentiel de révolutionner la manière dont nous abordons la croissance personnelle et spirituelle. Cependant, il est essentiel que son développement soit guidé par des principes éthiques solides et une compréhension profonde des besoins humains.

Interviewer : Quel conseil donneriez-vous aux personnes qui cherchent à intégrer l'IA dans leur pratique spirituelle ?

Jordan Maxwell : Mon conseil serait d'approcher l'IA avec curiosité mais aussi avec prudence. Utilisez-la comme un outil pour compléter votre pratique spirituelle, mais ne laissez pas la technologie dominer votre parcours. Restez ouvert aux nouvelles possibilités tout en restant ancré dans votre expérience personnelle et votre intuition.

Conclusion : L'interview avec Jordan Maxwell offre une perspective unique sur l'intersection de l'IA et de la spiritualité dans un contexte non-religieux. Il souligne le potentiel de l'IA pour soutenir la croissance personnelle et spirituelle, tout en rappelant l'importance de maintenir l'authenticité et l'intégrité de l'expérience humaine dans ce processus.

Références Bibliographiques

Pour compléter le livre sur l'IA et les religions, voici une liste de références bibliographiques qui peuvent fournir des informations supplémentaires et approfondies sur les sujets abordés :

1. **"Artificial Intelligence: A Guide for Thinking Humans"** par Melanie Mitchell.

    o   Un aperçu complet de l'IA, de son histoire à ses implications futures, avec une attention particulière aux questions éthiques et philosophiques.

2. **"AI & Faith: Theology in an Age of Artificial Intelligence"** par Robert Geraci.

    o   Exploration de l'intersection de l'IA et de la foi, analysant comment les croyances religieuses et spirituelles peuvent coexister avec les avancées technologiques.

3. **"The Ethics of Artificial Intelligence"** édité par S. Matthew Liao et Nick Bostrom.

    o   Une collection d'essais abordant les questions éthiques complexes soulevées par l'IA, avec des contributions de philosophes, de scientifiques et de théologiens.

4. **"God in the Machine: What Robots Teach Us About Humanity and God"** par Anne Foerst.

- o   Un regard sur la robotique et l'IA du point de vue théologique, explorant les implications de la création d'êtres artificiels.

5. **"Spiritual Robots: Religion and Our Scientific View of the Natural World"** par Ray Kurzweil.

- o   Kurzweil examine comment les avancées en IA et en robotique influencent notre compréhension de la conscience, de la spiritualité et de la religion.

6. **"Islamic Perspectives on Science and Technology: Selected Conference Papers"** édité par Mohammad Hashim Kamali, Osman Bakar, et al.

- o   Une collection d'articles sur l'interaction entre l'Islam, la science et la technologie, y compris des discussions sur l'IA.

7. **"The Soul of a New Machine: Ethics in the Age of Artificial Intelligence"** par Tracy Kidder.

- o   Une exploration narrative des défis

éthiques posés par l'IA, avec des histoires réelles de personnes confrontées à ces questions.

8. **"Buddhism and Science: Breaking New Ground"** édité par B. Alan Wallace.

   o   Un examen des liens entre le bouddhisme et la science moderne, y compris des discussions sur l'IA et la conscience.

9. **"AI in the Wild: Sustainability in the Age of Artificial Intelligence"** par Peter Dauvergne.

   o   Un regard sur l'impact de l'IA sur l'environnement et la durabilité, pertinent pour les discussions sur l'éthique et la responsabilité.

10. **"The Digital God: How Technology Will Reshape Spirituality"** par Noreen Herzfeld.

   o   Herzfeld explore comment la technologie, y compris l'IA, redéfinit la manière dont nous comprenons et pratiquons la spiritualité.

Aperçu des Technologies d'IA

L'intelligence artificielle est un domaine vaste et en constante évolution, englobant une variété de technologies et d'approches. Voici un aperçu des technologies clés d'IA :

1. **Apprentissage Automatique (Machine Learning)** :

   - C'est le cœur de nombreuses applications d'IA. L'apprentissage automatique permet aux machines d'apprendre à partir de données et d'améliorer leurs performances au fil du temps sans être explicitement programmées. Il inclut l'apprentissage supervisé, non supervisé et par renforcement.

2. **Réseaux de Neurones et Apprentissage Profond (Deep Learning)** :

   - Les réseaux de neurones sont inspirés par le fonctionnement du cerveau humain et sont particulièrement efficaces pour traiter des données complexes comme les images, le son et le texte. L'apprentissage profond utilise des réseaux de neurones avec de nombreuses couches (d'où le terme "profond") pour réaliser des tâches telles que la reconnaissance d'images et la traduction automatique.

3. **Traitement du Langage Naturel (NLP)** :

   - Le NLP permet aux machines

de comprendre, interpréter et répondre au langage humain. Il est utilisé dans des applications telles que les assistants vocaux, la traduction automatique et l'analyse de sentiment.

4. **Systèmes Experts** :

   o   Ces systèmes imitent la prise de décision d'un expert humain dans un domaine spécifique. Ils sont basés sur un ensemble de règles et de logiques pour simuler le raisonnement humain.

5. **Vision par Ordinateur** :

   o   Cette technologie permet aux machines de "voir" et d'interpréter le monde visuel. Elle est utilisée dans des applications telles que la reconnaissance faciale, l'inspection industrielle et les véhicules autonomes.

6. **Robotique** :

   o   La robotique combine l'IA avec la mécanique pour créer des machines capables d'effectuer des tâches complexes. Les robots peuvent être autonomes ou semi-autonomes et sont utilisés dans de nombreux domaines, de la fabrication à la chirurgie.

7. **IA Symbolique (ou IA Basée sur les Règles)** :

o   Contrairement à l'apprentissage automatique, l'IA symbolique repose sur des règles et des logiques explicites pour traiter les données. Elle est efficace pour des tâches qui nécessitent une compréhension claire des règles et des processus.

8. **Systèmes de Recommandation** :

o   Ces systèmes utilisent l'IA pour recommander des produits, des services ou des informations aux utilisateurs, souvent basés sur leurs préférences et comportements passés. Ils sont largement utilisés dans le commerce électronique et les services de streaming.

9. **IA Générative** :

o   Cette forme d'IA est capable de générer de nouveaux contenus, tels que des images, du texte ou de la musique, qui peuvent être indiscernables de ceux créés par des humains.

10. **IA Explicative (Explainable AI)** :

●   Avec la complexité croissante des modèles d'IA, l'IA explicative vise à rendre les décisions et les processus de l'IA compréhensibles pour les humains, ce qui est crucial pour la confiance et la transparence.

Ces technologies constituent la base sur laquelle repose l'IA moderne, chacune contribuant à des avancées significatives dans des domaines variés allant de la santé à l'éducation, en passant par la finance et au-delà.

Directives Éthiques pour l'IA dans les Contextes Religieux

L'intégration de l'intelligence artificielle dans les contextes religieux nécessite une approche éthique et réfléchie. Voici des directives clés pour assurer que l'utilisation de l'IA dans ces contextes respecte les valeurs religieuses et morales :

1. **Respect des Croyances et Pratiques Religieuses** :

   o L'IA doit être développée et utilisée de manière à respecter les croyances et les pratiques des différentes traditions religieuses. Cela implique une compréhension profonde des valeurs et des normes de chaque communauté.

2. **Transparence et Responsabilité** :

   o Les développeurs et les utilisateurs d'IA dans les contextes religieux doivent être transparents quant à leurs méthodes, leurs objectifs et les limites de leurs technologies. Ils doivent également assumer la responsabilité des conséquences de l'utilisation de l'IA.

3. **Inclusion et Non-Discrimination** :

o   L'IA doit être conçue et utilisée de manière inclusive, en évitant les biais et la discrimination. Elle doit servir toutes les parties de la communauté, sans exclure ou marginaliser certains groupes.

4. **Protection de la Vie Privée et de la Confidentialité** :

o   La vie privée et la confidentialité des individus, en particulier concernant leurs informations personnelles et spirituelles, doivent être protégées rigoureusement dans l'utilisation de l'IA.

5. **Promotion du Bien Commun** :

o   L'utilisation de l'IA dans les contextes religieux doit viser le bien commun, en soutenant les objectifs spirituels, éducatifs et communautaires des organisations religieuses.

6. **Dialogue et Collaboration Interreligieux** :

o   Encourager le dialogue et la collaboration entre différentes traditions religieuses et les experts en IA pour partager les meilleures pratiques et les leçons apprises.

7. **Formation et Sensibilisation** :

o Offrir une formation et une sensibilisation continues sur l'IA pour les leaders religieux et les membres de la communauté, afin qu'ils puissent prendre des décisions éclairées concernant son utilisation.

8. **Évaluation Éthique Continue** :

o Mettre en place des processus d'évaluation éthique continue pour surveiller l'impact de l'IA et s'assurer qu'elle reste alignée avec les valeurs et les objectifs religieux.

9. **Prévention de la Déshumanisation** :

o Veiller à ce que l'IA ne remplace pas les interactions humaines essentielles dans les pratiques religieuses et spirituelles, mais qu'elle les complète et les enrichit.

10. **Respect de la Dignité Humaine** :

o S'assurer que l'IA est utilisée d'une manière qui respecte la dignité intrinsèque de chaque individu, conformément aux enseignements religieux.

Ces directives visent à créer un cadre dans lequel l'IA peut être utilisée de manière bénéfique et respectueuse dans les contextes religieux, en soutenant les objectifs spirituels et communautaires tout en respectant les valeurs éthiques fondamentales.

Perspectives Futures et Recherches en Cours

L'intersection de l'intelligence artificielle et des religions est un domaine en pleine expansion, avec des recherches en cours qui ouvrent de nouvelles perspectives et posent des questions fascinantes. Voici un aperçu des tendances futures et des domaines de recherche actifs :

1. **IA et Interprétation des Textes Sacrés** :

   o Des recherches sont en cours pour utiliser l'IA dans l'analyse et l'interprétation des textes sacrés. L'IA peut aider à déchiffrer des langues anciennes, à trouver des motifs et des thèmes récurrents, et à offrir de nouvelles perspectives sur les écritures.

2. **Développement d'Assistants Spirituels Virtuels** :

   o L'avenir pourrait voir le développement d'assistants virtuels alimentés par l'IA, conçus pour fournir un soutien spirituel et religieux personnalisé. Ces assistants pourraient aider dans la méditation, la prière, ou même offrir des conseils basés sur des principes religieux.

3. **IA dans la Gestion des Communautés Religieuses** :

   o   L'utilisation de l'IA pour optimiser la gestion des communautés religieuses est un domaine de recherche actif. Cela inclut la planification d'événements, la gestion des ressources et la communication avec les membres de la communauté.

4. **Études sur l'Impact de l'IA sur la Pratique Religieuse** :

   o   Des recherches sont menées pour comprendre comment l'IA influence la pratique religieuse et spirituelle des individus. Cela inclut l'impact sur la fréquentation des lieux de culte, l'engagement communautaire et les croyances personnelles.

5. **IA et Dialogue Interreligieux** :

   o   L'IA peut jouer un rôle dans la facilitation du dialogue interreligieux, en aidant à surmonter les barrières linguistiques et culturelles. Des recherches sont en cours pour développer des outils d'IA qui favorisent la compréhension et le respect mutuels entre différentes traditions religieuses.

6. **Questions Éthiques et Philosophiques** :

   o L'IA soulève des questions éthiques et philosophiques profondes qui sont explorées dans la recherche actuelle. Cela inclut des questions sur la conscience, la moralité de l'IA, et les implications de la création d'êtres artificiels.

7. **IA et Rituels Religieux** :

   o L'intégration de l'IA dans les rituels religieux, tels que les cérémonies de mariage ou les services funéraires, est un domaine de recherche émergent. Cela soulève des questions sur la manière dont la technologie peut s'intégrer de manière respectueuse dans ces pratiques profondément personnelles et significatives.

8. **Impact de l'IA sur les Institutions Religieuses** :

   o Les chercheurs étudient comment l'IA transforme les institutions religieuses en termes de leadership, de formation théologique et de prise de décision.

9. **Développement de Cadres Réglementaires et Éthiques** :

o   La création de cadres réglementaires et éthiques pour l'utilisation de l'IA dans les contextes religieux est un domaine de recherche important, visant à assurer que l'IA est utilisée de manière responsable et respectueuse.

10.   **IA et Expériences Spirituelles Personnelles** :

o   L'exploration de l'IA dans la facilitation d'expériences spirituelles personnelles, telles que la méditation guidée par l'IA ou les expériences immersives, est un domaine prometteur.

Ces perspectives futures et recherches en cours montrent que l'IA a le potentiel de transformer profondément la manière dont nous comprenons et pratiquons la religion. Toutefois, il est essentiel que cette intégration se fasse de manière éthique et respectueuse, en tenant compte des valeurs et des croyances de chaque tradition religieuse.

REMERCIEMENTS

En rédigeant ce livre, "L'IA et les Religions : Une Exploration de la Convergence Technologique et Spirituelle", j'ai été accompagné et soutenu par de nombreuses personnes exceptionnelles. Il est important pour moi de prendre un moment pour exprimer ma profonde gratitude envers chacun d'eux.

Tout d'abord, je tiens à remercier les membres de la communauté académique et des experts en intelligence artificielle et en études religieuses pour leurs précieuses contributions. Leurs perspectives éclairées et leurs recherches approfondies ont été la pierre angulaire de ce projet. Leur passion pour l'exploration des implications de l'IA dans notre vie spirituelle a été une source d'inspiration constante.

Je suis également reconnaissant envers les leaders spirituels de diverses traditions qui ont généreusement partagé leurs réflexions et expériences. Leur ouverture d'esprit et leur volonté d'engager un dialogue avec le monde de la technologie ont enrichi ce livre de manière inestimable.

Un merci spécial à mes collègues et mentors pour leurs encouragements et leurs conseils tout au long de ce projet. Leur soutien a été un pilier dans les moments de doute et un guide dans les périodes de questionnement.

Je tiens également à exprimer ma gratitude à mon éditeur et à l'équipe éditoriale pour leur patience, leur expertise et leur dévouement. Leur travail acharné et leur attention aux détails ont grandement contribué à la qualité de ce livre.

Je suis profondément reconnaissant envers ma famille et mes amis pour leur amour inconditionnel, leur soutien et leur compréhension. Leur présence et leurs encouragements ont été une source de force et de motivation tout au long de ce voyage.

Enfin, je tiens à remercier vous, les lecteurs, pour votre intérêt et votre engagement envers ce sujet important. C'est votre curiosité et votre désir de comprendre le rôle de l'IA dans notre vie spirituelle qui rendent ce travail significatif et pertinent.

Avec gratitude,
Vincent Lefebvre

DU MEME AUTEUR

Vegan Kids: Un livre pratique pour les familles qui veulent adopter une alimentation vegetalienne saine et durable

VINCENT LEFEBVRE

VEGAN
KIDS
UN LIVRE PRATIQUE POUR
LES FAMILLES QUI VEULENT ADOPTER
UNE ALIMENTATION VÉGÉTALIENNE
SAINE ET DURABLE
Ron Goldsmith
EDITIONS

Urban Garden: Le Guide Essentiel pour Créer des Espaces Verts Éco-responsables et Inclusifs

Manuel de Résilience: Découvrez comment transformer les conflits sociétaux en opportunités de croissance

C'est quoi le leadership en 2024 ?: S'adapter aux changements et défis d'aujourd'hui pour prospérer demain

Comment sortir de son burnout en 2024 ?: Trouvez votre chemin vers la guérison et redécouvrez la joie de vivre

C'est quoi le bonheur en 2024 ?: Le livre référence pour se sentir bien dans son corps et dans sa peau cette année et les suivantes

C'est quoi le succès en 2024 ?: Examiner les succès d'hier pour anticiper les opportunités de demain

C'est quoi la parentalité en 2024 ?: Des solutions pratiques pour une parentalité réussie à l'ère numérique

C'est quoi le développement durable en 2024 ?: Le livre qui vous donne les outils pour changer le monde et qui met le développement durable à la portée de tous

C'est quoi la franc-maçonnerie en 2024 ?: Découvrez comment la franc-maçonnerie s'adapte aux défis du 21e siècle et contribue à l'amélioration de la société

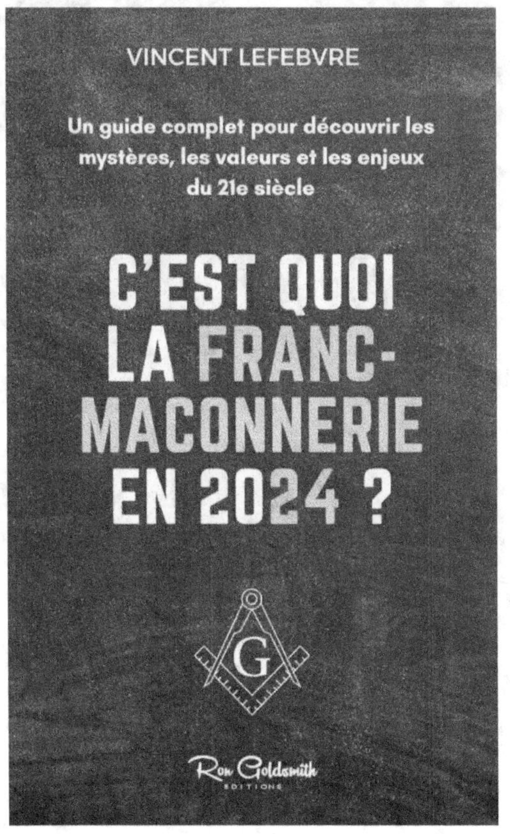

Franc-Maçonnerie et IA: De la loge à l'algorithme, embarquez pour une exploration de l'IA avec une boussole maçonnique

Douance et Créativité: Voyagez au cœur de l'intelligence émotionnelle, clé de la compréhension des personnes douées